Christoph Lindenberg

Waldorfschulen: Angstfrei lernen, selbstbewußt handeln

Praxis eines verkannten Schulmodells

rororo

Rowohlt

25. Auflage Dezember 2000

Originalausgabe
Veröffentlicht im Rowohlt Taschenbuch Verlag GmbH,
Reinbek bei Hamburg, April 1975

Umschlaggestaltung Jürgen Wulff
Gesamtherstellung Clausen & Bosse, Leck
Printed in Germany
ISBN 3 499 60323 3

Waldorfschulen

Inhaltsverzeichnis

1. Versuch, ins Gespräch zu kommen

Der Bauer schreibt nicht – und wer schreibt, ist kein Bauer. In der Schule und Erziehung droht oft ähnliches. Da gibt es die vielschreibenden Pädagogen, deren Werke so klingen, als hätten sie nie einen Klassenraum, geschweige denn einen Kindergarten betreten, und da gibt es die Praktiker – mögen sie nun Routiniers oder «geborene Erzieher» sein –, die oft schweigend, vielleicht sogar ohne großes Nachdenken unterrichten, erziehen, weiterwursteln.

Pestalozzi – wohl der größte in der Reihe derer, die die Ausnahme von der Regel darstellen – zeigt uns die Schwierigkeiten einer Existenz, die sinnend und denkend eine neue Erziehung praktiziert und gleichzeitig darstellt. In der Gestalt Pestalozzis sieht man auch das Problematische, wenig Glückhafte einer solchen pädagogisch-literarischen Doppelexistenz, die *beides*, erziehen und bedenken, wirklich will. Pestalozzis literarische Tätigkeit war nicht das geldverdienende Nebenher eines Schulbuchautors unserer Tage, der von woandersher genommene Wissenschaft meint in Jugendform gießen zu müssen. Pestalozzi zeigt eine Existenz, die versuchte, das Tun zu bedenken und das Denken, die Einsicht, in Praxis zu verwandeln – und das ist vielleicht das schwerste Geschäft überhaupt. Eben diese Schwierigkeiten, die in der Sache liegen, führten zu Urteilen über Pestalozzi wie dem Lavaters: «Zur Besorgung würde ich Pestalozzi nicht einmal meinen Hühnerstall anvertrauen; aber wenn ich König wäre, würde ich ihn zu meinem ersten Rate machen.» Damit wäre Pestalozzi aber kein Pestalozzi mehr, der von der Spannung zwischen Schulalltag, stetiger Neuerung und korrigierendem Denken lebt.

Die Waldorfbewegung heute ist – wiederum trotz mancher Ausnahmen – eine eher schweigende Bewegung der Praktiker. Diese Bemerkung wird vielleicht gerade die Waldorflehrer selber erstaunen lassen. Mancher, der heute bemerkt, daß über Waldorfschulen in der Öffentlichkeit nicht viel und vor allem nicht viel Zutreffendes berichtet, geredet und geschrieben wird, wird andererseits bemerken müssen, daß es möglich ist, durch eine einzige Schule, durch ein einziges neues Modell nicht nur größte Aufmerksamkeit zu erregen, sondern sogar die Meinungen über Erziehung beeinflussen zu können. Man denke an Summerhill und Ivan Illichs Vorschläge. Eine solche Breitenwirkung hängt unter anderem davon ab, ob man sich dem Gespräch stellt, ob man sich bemüht, die Öffentlichkeit zu erreichen. Es gibt heute an die hundert Waldorfschulen in Europa, Nord- und Südamerika, in Afrika und Australien. Diese hundert Schulen sind alle der Anlage nach Modelle für ein neues pädagogisches Handeln, es sind wirklich – und darauf soll später genauer eingegangen werden – neue Gemeinschaftsformen: nämlich freie, pädagogische Gemeinschaften. Und doch: man hört nur wenig von ihnen. Gewiß gibt es da auch viel vorsätzliches Schweigen von seiten der beamteten Pädagogen. Aber mit welchem Recht erwarten wir Waldorflehrer, daß andere unsere Sache vertreten sollen, wenn wir selber es nicht in genügendem Maße tun?

Das war nicht immer so. Von den etwa sechzig Lehrern der ersten, 1919 in Stuttgart gegründeten Freien Waldorfschule konnte ich bei genau zwanzig ermitteln, daß sie etwa 55 selbständige Darstellungen veröffentlicht haben. Und das in den knapp zwanzig Jahren von 1919 bis 1938, als die Schule von den Nazis geschlossen wurde. Und zwar publizierten damals eine Handarbeitslehrerin und die Musiklehrer, die Klassenlehrer ebenso wie die Fachlehrer der Oberstufe. Bei Durchsicht der von der Walddorfschule herausgegebenen Monatsschriften konnte man die Namen von siebzehn weiteren Lehrern finden, die, mit zwei Ausnahmen, alle mehrfach in Aufsätzen aus ihrer Arbeit berichteten. Nimmt man an, daß in anderen, von mir nicht berücksichtigten Publikationen noch ungefähr drei weitere Lehrer veröffentlicht haben, so stellt man nicht ohne Erstaunen fest, daß zwei Drittel des ursprünglichen Waldorfkollegiums sich der Mühe der literarischen Produktion und der damit verbundenen Reflexion unterzog.[1] Der durch dieses Modell gesetzte Anspruch sollte nicht einfach aufgegeben werden, etwa durch die billige Bemerkung, die damaligen Lehrer seien alle Genies gewesen.

Nach 1945, als in Deutschland die Waldorfschulen neu gegründet wurden, wurde gewiß von Eltern und Lehrern unendlich viel für die Ausbreitung der Waldorfschulen getan. Man kann im Hinblick auf viele neue Versuche – man denke an die Hibernia-Schule in Wanne-Eickel oder an die Entwicklungen in Kassel – nicht sagen, daß die Waldorfpädagogik nur in alten Bahnen allein weitermache, daß es also nichts zu berichten gäbe. Aber in publizistischer Hinsicht ist – im Vergleich zu Wollen und Anspruch – ein Defizit zu bemerken. Durch dieses Defizit führen die Waldorfschulen heute noch im Bewußtsein vieler eine Art privater Existenz, abseits der Aufmerksamkeit der breiten Öffentlichkeit, abseits der allgemeinen pädagogischen Diskussion. Ein Beispiel. Seit 1919 beginnt die Waldorfschule den Unterricht in den Fremdsprachen im ersten Schuljahr. Die Kinder im siebten Lebensjahr lernen Englisch und Französisch sprechen. 1970 wird in einer kleinen Universitätsstadt, in der seit 1945 eine Waldorfschule existiert, an einer Grundschule Englisch im ersten Schuljahr eingeführt. Diese Presse feiert das neue und wagemutige Experiment. Auch die wagemutigen Experimentatoren lassen sich gerne feiern, obwohl sie wissen, daß es dieses Experiment schon seit 51 Jahren gibt. Im Halbschatten einer nicht unterrichteten Öffentlichkeit gedeiht aber nicht nur das Unwissen, auch das Vorurteil treibt seine Blüten. Vielerorts gilt die Waldorfschule noch immer als eine Art «Dummenschule», und das trotz der Tatsache, daß ein *größerer* Prozentsatz an Schülern eines Jahrgangs als an staatlichen Schulen vergleichbare Abschlußprüfungen ablegte.[2] Noch immer geschieht es, daß Eltern sich erst dann auf die Existenz der Waldorfschule besinnen oder auf sie hingewiesen werden, wenn irgendwo im staatlichen Schulwesen etwas schiefgelaufen ist – um dann freilich feststellen zu müssen, daß auch die Waldorfschule ihr Kind nicht aufnehmen kann, weil sie längst überfüllt ist. Aber trotzdem können ein Vater oder eine Mutter, die ihre Kinder in eine Waldorfschule schicken – aus Überzeugung, versteht sich – gefragt werden: «Haben denn Ihre Kinder das nötig?»

Seit einigen Jahren hat sich das allerdings ein wenig geändert. Man kann das an den Darstellungen der pädagogischen Lexika und an Standardwerken ablesen. Da liegt vor mir das ‹*Fischer Lexikon Pädagogik*›, 1964 herausgegeben von Hermann Groothoff. Ein Werk, das sich durch völlige Praxisferne auszeichnet. Das Register nennt der Maler Max Liebermann, den Chemiker Liebig, den Soziologen Lorenz von Stein, es nennt auch Alfred Weber. Ehrenwerte Männer, wissenschaftlich respektabel, zweifellos, aber: keine Pädagogen. Der Name des Begründers der Waldorfpädagogik, Rudolf Steiner, fehlt. Auch finden sich Begriffe wie «Kleinkinderbewahranstalt» oder «Paskche Maschine» und ähnliches mehr, aber das Stichwort «Waldorfpädagogik» oder «Waldorfschule» fehlt. In diesem Vorgehen folgt Groothoff dem ‹*Pädagogischen Lexikon*› von Hermann Schwarz (Bielefeld 1931) und dem ‹*Lexikon der Pädagogik*› (Bern 1951). Ein Werk, das sich eine «enzyklopädische Darstellung» nennt und den Titel trägt ‹*Die Pädagogik im XX. Jahrhundert*›, begnügt sich noch 1960 damit, den Namen der Waldorfschulen bloß zu nennen. Derselbe Autor widmet bereits 1969 in einem Werk über Reformpädagik den Waldorfschulen 7 Seiten.[3] In dem 1971 – wieder von Hermann Groothoff – herausgegebenen ‹*Neuen Pädagogischen Lexikon*› findet sich ebenso wie in dem ‹*Lexikon der Pädagogik*› (auch 1971) je ein kompetenter Artikel über Waldorfpädagogik von Ernst Michael Kranich.

1979 erschien schließlich in dem II. Band der ‹*Klassiker der Pädagogik*›, herausgegeben von Hans Scheuerl, eine Darstellung Rudolf Steiners neben Essays über Makarenko, Piaget, Montessori, Dewey und anderen. Einen wirklichen Rückfall in das Schweigen der Adenauerschen Restaurationsepoche fand man erstaunlicherweise in dem dreibändigen ‹*Funkkolleg*›, herausgegeben von Wolfgang Klafki und anderen. Grund dieses Schweigens dürfte sein, daß das ‹*Funk-Kolleg*› systematisch und nicht historisch vorgeht. Dennoch ein Versäumnis, das auch den Verfassern des ‹*Funk-Kollegs*› anzulasten ist, weil auch unter systematischem Gesichtspunkt – etwa dem der kollegialen Selbstverwaltung der Schule – die Waldorfschulen so viel Erfahrung haben, daß eine Vernachlässigung dieses empirischen Materials auch dann nicht verzeihlich ist, wenn man es selbst erst sichten und aufbereiten müßte. Auch dazu ist schließlich die pädagogische Wissenschaft da. So war auch das ‹*Funk-Kolleg*› seinerzeit repräsentativ für ein noch immer weitverbreitetes Schweigen über Waldorfpädagogik in den Hörsälen deutscher Universitäten. Dieses Schweigen hatte nicht nur in der mangelnden Öffentlichkeitsarbeit der Waldorfschulen seinen Grund. Immerhin erscheint monatlich die Zeitschrift *Erziehungskunst*, herausgegeben vom Bund der freien Waldorfschulen, es liegen in den Schriftenreihen *Menschenkunde und Erziehung* und *Erziehung vor dem Forum der Zeit* fast 40 Monographien zu einzelnen Themen der Waldorfpädagogik vor, darüber hinaus noch viele andere Publikationen außerhalb dieser Schriftenreihen, nicht zuletzt das pädagogische Vortragswerk Rudolf Steiners mit etwa 180 Vorträgen.[4]

Der wirkliche Grund des Schweigens über die Waldorfpädagogik lag tatsächlich nicht bloß in diesen Äußerlichkeiten. Eher konnte man ihn schon in einer auf beiden Seiten vorhandenen Sprachbarriere suchen. Einerseits sprechen die Erziehungswissenschaftler, oft fern der Praxis und in wissenschaftliche Selbstgespräche vertieft, einen derart «elaborierten Code», daß sie weder zur Praxis noch zu den Praktikern Zugang finden. Zum andern hat sich auch in den Kreisen der Waldorflehrer ein eigener pädagogischer Dialekt herausgebildet, haben sich Denkformen verfestigt, die so nicht jedermanns Sache sind. Tiefer aber als in allen direkten Kommunikationsschwierigkeiten liegt der *eigentliche* Grund des Schweigens und der Geniertheit: Man fürchtet, sich mit der Waldorfpädagogik auf eine Art pädagogisches Sektierertum einzulassen. Man hat irgendeine, nur selten auf Kenntnis und Studium beruhende Vorstellung von der Anthroposophie Rudolf Steiners, und man meint mit der Anerkennung der Waldorfpädagogik sich zugleich eine völlig vertrackte «Weltanschauung» einzuhandeln. Albert Reble formuliert in seiner ‹*Geschichte der Pädagogik*› das allgemeine Mißverständnis in wissenschaftlich zurückhaltender Art: «Es handelt sich bei Steiners Lehre um eine metaphysisch verwurzelte intuitive Schau mit kulturkritischem Einschlag. Sie hält wenig von exakten wissenschaftlichen Methoden und drängt in Erziehung und Schule die rationale Seite zugunsten der Phantasiepflege, der musischen Bildung und der persönlichen Führung zurück.»[5] Für jeden, der lesen kann, signalisiert die seltsame Wortfolge «metaphysisch verwurzelte intuitive Schau», daß es sich bei der Lehre Steiners mindestens um etwas völlig Unkontrollierbares («hält wenig von exakten wissenschaftlichen Methoden»), wenn nicht gar um destillierten Blödsinn handeln muß. Offen ausgesprochen hat das zum Beispiel Ulrich Sonnemann in seinem Artikel ‹*Rudolf Steiners Geheimwissenschaft vom Geist*› (*Süddeutsche Zeitung*, 25. Februar 1961). Sonnemann spricht Steiner jede wirkliche Intuition – was immer das sein mag – ab und bezeichnet Steiner als eine «sehr deutsche Vereinigung von Sterngucker, Organisator und Schulmeister». Sonnemann schließt dann aber mit folgender Bemerkung: «Schon der unmittelbare Einfluß seiner Lehre auf die Anhänger, der mit ihrer eigenen Wahrheit nicht verwechselt werden sollte, scheint im ganzen ein Segen, . . . (und) übt auf Menschen, die sich zu ihm bekennen, befreiende Wirkungen aus.» Hier also wird Unsinn Wohltat. Sonnemann fährt fort, das Wohltuende der unsinnigen Anthroposophie zu rühmen: «. . . und zählt all das nicht wenig im Vergleich mit der Schulbewegung, die er (Steiner) schuf, diesem segensvoll mächtigen, über zwei Kontinente verbreiteten Werk seiner Waldorfschulen? . . . und so ist deren Pädagogik, dies wahre Geschenk Steiners an die Welt, der bei uns so verwurzelten (Pädagogik) eines vorzeitigen intellektuellen Überforderns, lieblosen Herausforderns des Jugendlichen in die starre Erwachsenenwelt, klar überlegen.» Diese Unterscheidung zwischen wohltätiger Praxis und verschrobener Theorie bleibt aber nicht ohne Folge. Ein theoretisch unbegründetes pädagogisches Wirken erscheint letztlich als Zufallsprodukt oder zumindest als höchst private Sache, die vielleicht der subjektiven Disposition der Lehrer («pädagogischer Idealismus») zuzuschreiben ist, und man beruhigt sich wieder: Eine Sache, die man theoretisch – und damit auch im allgemeinen – nicht ernst zu nehmen braucht, wird nie eine Herausforderung und damit auch nie ein ernsthaft korrigierender Faktor des öffentlichen Schulwesens.

Die Waldorfschulen gerieten ferner in den fünfziger und frühen sechziger Jahren weitgehend in den Ruf, besondere Schulen für besondere Schüler zu sein. Walter Schultze gab dem Ausdruck. Es «wurde die Arbeit der Waldorfschulen zu einer Hilfe besonders für viele Kinder, die dem Leistungsdruck und Zwang der öffentlichen Schule nicht gewachsen sind»[6]. Das ist freundlich gesagt und auch freundlich gemeint. Es entspricht weitgehend der verbreiteten Auffassung, die Waldorfschule sei eine Schule für pädagogische Problemfälle. Die Waldorfschule selber fühlt sich so natürlich mißverstanden, und besonders fatal wird es, wenn eine Schule, die ursprünglich für die Kinder von Proletariern gegründet wurde, so in den – weder beabsichtigten noch berechtigten – Ruf gerät, eine Schule für die verkorksten Kinder der Reichen, die Schulgeld zahlen können, zu sein. Wirklich verhängnisvoll wird es schließlich, wenn die freien Schulen selber sich nicht als Alternative zum System der öffentlichen Schulen begreifen. In dem Sammelwerk ‹*Freie Schule – Gesellschaftliche Funktion des Freien Schulwesens in der Bundesrepublik*› (Stuttgart 1971), das auch vom Bund der freien Waldorfschulen mitherausgegeben wurde, findet sich ein Vorwort von Georg Picht, in dem Picht den freien Schulen eine Funktion zuschreibt, die freien Schulen zu einer Existenzberechtigung verhelfen soll. Würden sich die freien Schulen mit der von Picht nahegelegten Funktion einverstanden fühlen, so würden sie vielleicht ihre physischen Überlebenschancen im bürokratisch desorganisierten Bildungsdschungel der Bundesrepublik erhöhen – aber um den Preis des geistigen Selbstmordes. Georg Picht schreibt: «Jedes Erziehungssystem produziert seine Opfer. Es ist nicht schwer vorauszusagen, wo die Opfer dieses Systems (des Strukturplans, C. L.) zu finden sein werden. Psychisch labile, affektiv gefährdete, in ihrer Entwicklung gestörte oder bedrohte Kinder und Jugendliche werden in den überdimensionalen Schulorganismen, die hier geschaffen werden sollen, keine Oase mehr finden, in der sie, von personalen Bindungen gehalten, vor den Schrecknissen der *brave new world* geschützt werden können. Junge Menschen, die nach einem geistigen Zentrum suchen, erfahren in diesem Schulsystem nur noch, daß der Geist in der modernen Gesellschaft als organisierendes Prinzip nicht mehr vorgesehen ist . . . Aber wenn je ein Schulsystem, so ist dieses (des Strukturplans, C. L.) auf ein Antisystem angewiesen, das seine Opfer aufzufangen vermag und seine Einseitigkeiten kompensiert. Die Freien Schulen hatten schon immer jene erzieherischen Aufgaben zu lösen, die das staatliche Schulwesen seiner Struktur nach nicht bewältigen konnte. Die Dringlichkeit dieses Auftrages wird sich verschärfen. Das Zentralproblem der nächsten Jahrzehnte wird nicht der Bildungsnotstand, so ernst er ist, sondern der Erziehungsnotstand unserer Jugend sein.»[7]

Würden sich die freien Schulen und insbesondere die Waldorfschulen als Auffangstelle für die Opfer der staatlichen Pädagogik verstehen und sich auf diese Aufgabe auch organisatorisch einrichten – gewiß, sie hätten genug zu tun. Und überdies hätten hinfort Bildungsplaner, Kultusminister und andere staatlich beauftragte und beauftragende Schulorganisatoren und Verwalter einen ruhigen Schlaf. Für die Fehler ihrer Handlungen, für die Opfer ihrer Planungen und Verordnungen wäre gesorgt. Die staatliche Schulorganisation hätte so nicht einmal mehr die Chance, ein lernendes System zu sein: Bekanntlich lernt man ja aus seinen Fehlern, und diese Fehler, diese Lernchance würde dem öffentlichen Schulwesen genommen. Die freien Schulen würden immer mehr in die Rolle einer Diät-Pädagogik gedrängt: Schonkost und individuelle Betreuung bis hin zur Heilpädagogik.

Die faktischen Verhältnisse in der Bundesrepublik Deutschland sind aber so, daß die überwiegende Mehrzahl der Anregungen zur Schul- und Bildungsreform nicht aus der verwalteten Schule der staatlichen Organisation hervorgegangen ist. Es sind ganz wesentlich die freien Schulen, Landerziehungsheime und Waldorfschulen gewesen, die Reformansätze entwickelt haben und wegen ihrer beweglichen Schulorganisation auch ausprobieren oder ausführen konnten.

Man könnte hier einwenden: Reform werde heute nur noch von der Unterrichtsverwaltung betrieben. In der Tat, so scheint es: Die Unterrichtsverwaltungen haben die Tendenz, Reformen zu dekretieren. Eine wirkliche Realisierung von Neuerungen kommt aber in überzeugender Weise auch heute am ehesten dort zustande, wo Lehrer – ob an staatlichen oder freien Schulen – einen Freiraum haben für eigene Initiative. Die verordneten Reformen vertrockneten eher im Sand des Alltags – die vorhandenen interessanten Modelle sind in einem Freiraum mit Initiative der Lehrer entstanden. Wo diese Initiative fehlte, ist – meines Wissens ohne Ausnahme – der Reformversuch gescheitert.

Entscheidend ist in diesem Zusammenhang, daß es heute nicht um pädagogische Basteleien an einzelnen Unterrichtsmethoden geht, sondern um eine grundsätzlich neue Konzeption dessen, was Schule ist. Einer der Reformer, die im Staatsdienst geblieben sind und dort die Freiheit einer Versuchsschule ausnutzen konnten, Peter Petersen (Jena-Plan), hat seine Erfahrungen dahin zusammengefaßt, daß er sagte: die Erfahrung von 50 Jahren habe ihn gelehrt, daß die neue Schule, um die gekämpft werde, «niemals auf dem Wege über eine Änderung der Unterrichtsmethoden kommen werde», ebensowenig wie durch den bloßen Einsatz der helfenden Wissenschaften Pädagogik, Psychologie und Soziologie. Es gehe um etwas anderes: «Aus der Schule als Ganzem etwas Neues zu machen, d. h. das Schulleben von Grund auf radikal zu ändern.»[8]

Unter diesem Anspruch steht nun die Waldorfschule. Inwiefern die Waldorfschule etwas radikal Neues ist oder sein sollte, wird sich nicht mit wenigen Sätzen deutlich machen lassen. Aber wenn man zur Verdeutlichung an dieser Stelle ein *Bündel von Einzelheiten* anführt, die von Anfang an in der Waldorfschule geplant und verwirklicht wurden, so wird man sich denken können, daß eine derartige Vielfalt von Änderungen nur aus der radikalen Änderung des Grundkonzepts von dem, was Schule überhaupt ist, hervorgehen konnte:

– Die Waldorfschule organisiert sich aus der Zusammenarbeit von Eltern, Lehrern und Schülern. Sie ist nicht, wie das Allg. Preußische Landrecht von 1794, § 1 II 12, formulierte, «eine Veranstaltung des Staates», sondern die Veranstaltung einer frei sich bildenden Vereinigung von Menschen.
– Die Waldorfschule verwaltet sich selbst, besonders durch die kollegiale Selbstverwaltung des Lehrerkollegiums. Es gibt keinen Direktor und unter den vollangestellten Lehrern keine anderen Unterschiede als die, die sich aus Initiative und Arbeitseinsatz ergeben. Für alle gilt die gleiche Gehaltsordnung ohne Rangstufen.
– Die Waldorfschule bemüht sich um eine anthropologisch orientierte Erziehung, das heißt, sie stellt Unterrichtsinhalte, Stundenplan usw. auf die Notwendigkeiten und erwachenden Fähigkeiten der jungen Menschen ein. Der Unterrichtsstoff wird nicht gelehrt, damit das Kind den Stoff lernt, sondern damit durch den Stoff die kindliche Entwicklung gefördert wird, das eigene Erleben sich abklärt, die Wahrnehmung sich differenziert.
– Die Waldorfschule beginnt mit dem Unterricht der Fremdsprachen bereits in der ersten und zweiten Grundschulklasse, weil in diesem Alter das Kind noch unmittelbar nachahmend lernt und Intonation und Aussprache übernimmt.

- Die Waldorfschule kennt nicht nur einen verstärkten künstlerischen Unterricht, sondern auch Handarbeitsunterricht und handwerklichen Unterricht, der auf der Oberstufe durch Technologie ergänzt wird. So wird das Moment der Arbeit einbezogen. Aller Unterricht wird für Jungen und Mädchen erteilt.
- Im Epochenunterricht in den inhaltlich betonten Fächern hat die Waldorfschule eine Form der Unterrichtsökonomie erprobt, die Konzentration und intensive Kontaktnahme mit dem Stoff ermöglicht.
- Die Waldorfschule kennt keine Auslese, das heißt kein Sitzenbleiben, sie kennt keine Zensuren und den mit Zensuren verbundenen äußerlichen Leistungsdruck.
- Die Waldorfschule ist eine Gesamtschule, die nicht nach dem Leistungsprinzip selektiert, sondern die Schülergruppen, in denen verschiedene Sozialschichten und Leistungsmöglichkeiten vereint sind, gemeinsam führt. Erst auf der Oberstufe kann recht spät eine innere Differenzierung erfolgen, ohne daß der Klassenverband gesprengt wird, und ohne, daß die soziale Identität des Schülers verlorengeht.
- Im wöchentlichen pädagogisch-psychologischen Konferenzgespräch ist die Selbstfortbildung der Lehrer institutionalisiert. Der Möglichkeit nach wird hier Forschung mit der schulischen Praxis verbunden.
- Der Schularzt gehört mit zum Lehrerkollegium. Er nimmt an der Konferenz teil, besucht den Unterricht, untersucht die Kinder, so daß der gesundheitlich-medizinische Aspekt des Unterrichts über bloß hygienische Maßnahmen hinaus berücksichtigt wird, womöglich unterrichtet der Schularzt auch an der Oberstufe.

Schon diese grobe Übersicht zeigt, daß hier in der Grundkonzeption der Waldorfschule soziale und soziologische, entwicklungspsychologische und lernpsychologische, schulorganisatorische und politische, medizinische und lebenspraktische Gesichtspunkte zusammen um eine Aufgabe sich konzentrieren: die Erziehung des jungen Menschen. Es geht bei der Waldorfpädagogik überhaupt nicht darum, daß irgendein einzelnes Prinzip geritten werde, weder das methodische noch das soziale. Man kann deshalb verstehen, wenn ein engagierter Schulreformer aus dem Anfang unseres Jahrhunderts, H. W. Jannasch, in seinem Lebensrückblick ‹*Erziehung zur Freiheit*› über die Waldorfschule schreibt: «Mir schien diese Schule die einzige wirkliche Reformschule der Zeit zu sein, während die eigene Tätigkeit demgegenüber mit Zugeständnissen an das gängige Schulwesen untermischt war.»[9]

Das Erstaunliche an dem Ansatz der Waldorfschulen ist, daß er bereits aus dem Jahre 1919 datiert. Ein deutscher Kultusminister konnte vor einigen Jahren mit Recht bemerken: «Wer sich näher mit der Waldorfpädagogik befaßt, stellt mit Erstaunen fest, daß viele der Ideen, die heute als angeblich neu in der pädagogischen Diskussion auftauchen, gar nicht so neu sind, sondern in den Waldorfschulen seit einem halben Jahrhundert Wirklichkeit geworden sind.»[10]

In der Tat ist der Entwurf von 1919 – der die Prüfung durch die Praxis vielfach bestanden hat – noch heute der bundesdeutschen Wirklichkeit weit voraus. Ja, manche Elemente sind in der öffentlichen Diskussion bis heute kaum bedacht: so die medizinisch-hygienische Begleitung des Unterrichts. Gewiß gibt es an den öffentlichen Schulen Routineuntersuchungen, besonders durch den Zahnarzt, aber die Erforschung der gesundheitlichen Folgen *des Unterrichts* ist etwas ganz anders. Daß es dies Problem überhaupt gibt, ist erst 1973/74 durch die Folgen der Einführung der Neuen Mathematik in das allgemeine Bewußtsein gedrungen. Die in der Waldorfschule verwirklichte Gesamtschule – etwas altertümlich «einheitliche Volks- und höhere Schule» genannt – kam in der Bundesrepublik Deutschland Ende der sechziger Jahre ins Gespräch, dasselbe trifft für den frühen Beginn des Fremdsprachenunterrichts im siebten Lebensjahr zu. Die Entdeckung schließlich, daß der Lehrplan, das sogenannte Curriculum, nicht nur eine Angelegenheit von Konvention, Tradition und den «Anforderungen des Lebens» (sprich: des Staates und der Wirtschaft), sondern das wichtigste Instrument der Gestaltung und Erneuerung der Schule ist, das hat Saul B. Robinsohn erst 1967 in der bahnbrechend wirkenden Schrift ‹*Bildungsreform als Revision des Curriculum*› wiederentdeckt.

Kurzum: der einheitliche und umfassende Ansatz der Waldorfschulen, der die Schule nicht durch Teilreformen (wie «Arbeitsunterricht», «musische Erziehung») oder durch die Proklamation prinzipieller Erziehungsstile wie der «antiautoritären Erziehung», sondern durch die Erneuerung der gesamten Schulwirklichkeit verändern will, kann kein theoretischer Zufall sein. Dieses Modell, das gleichzeitig

1. die Schulstruktur und Schulverfassung,
2. die Unterrichtsinhalte (Lehrplan),
3. das pädagogische Verhalten und den Sinn des Lernens

aus einem anthropologischen Ansatz heraus so verändert, daß die 1919 gestellten Themen dieser Erneuerung noch heute aktuell und nicht eingeholt sind, kann nur als geschlossene Konzeption begriffen werden. Diese Konzeption, die sich trotz widriger Umstände verwirklichen ließ, ist durch die nachfolgende Geschichte bestätigt worden. Man muß sich darüber klar sein, daß über Wahrheit einer Theorie nicht im Bereich der Theorie entschieden werden kann. Freilich, wäre eine Theorie nur dazu da, die theoretischen Bedürfnisse und sprachlichen Gewohnheiten der Theoretiker zu befriedigen – wie es an unseren Universitäten heute nur allzu oft geschieht, dann könnte rein logisch deduktiv oder durch Berufung auf wissenschaftliche Autoritäten über Wahrheit entschieden werden. Aber die Wahrheit der Psychoanalyse entscheidet sich dort, wo sie helfen und heilen kann – oder dort, wo sie beim Helfen und Heilen versagt. Und ebenso entscheidet sich die Wahrheit des Marxismus und Sozialismus nicht im theoretischen Rechtbehalten, sondern in der Besserung des Lebens der arbeitenden Bevölkerung, in einem menschenwürdigeren Leben überhaupt. Man muß einsehen, daß eine vernünftige, sich bewährende Praxis eine Herausforderung an das begreifende Denken ist. Eine solche Praxis, die sich überdies trotz finanzieller Not und sozialer Diskriminierung in der Nachkriegsrestauration der fünfziger Jahre durchsetzt, kann nicht à la Palmström, «weil nicht sein kann, was nicht sein darf», wegdiskutiert oder verschwiegen werden.

Auf den folgenden Seiten soll nun der Versuch unternommen werden, die Grundzüge dieser Pädagogik einigermaßen einsichtig zu machen. Normalerweise appelliert der, der etwas einsichtig machen will, an bestimmte Prinzipien, an Überzeugungen, an Forderungen, die, wie die Idee der Gerechtigkeit und Chancengleichheit, als unmittelbar einleuchtend erscheinen. So gewinnt er sich leicht Zustimmung. Insofern ist dies Verfahren ganz nützlich. Die Übereinstimmung im Prinzipiellen aber hat nicht nur den Nachteil, daß damit über die Praxis noch wenig ausgemacht ist. Weit schlimmer ist, daß man die Bedingungen der Praxis, die Folgen bestimmter Maßnahmen zu wenig bedenkt und untersucht. In der sozialen Wirklichkeit kommt es nur wenig auf allgemeine Prinzipien an: Entscheidend sind die Folgen, die eine Einrichtung, ein System produziert. Ein Gesinnungsethiker mag die Idee der Gerechtigkeit, der Freiheit u. a. m. auf sein Panier schreiben und nach dem Grundsatz «fiat iustitia, pereat mundus» die Welt reformieren. Der verantwortlich Handelnde muß sich an den Bedingungen der Wirklichkeit orientieren. Das will auch die Waldorfpädagogik. Entscheidend ist hier freilich, was man unter Wirklichkeit versteht. Die Wirklichkeit, auf die es in der Schule ankommt, ist nicht das Zeugnis oder das Abitur, sind nicht allein Kenntnisse. Zur Wirklichkeit gehört die Gesundheit des Schülers ebenso wie sein Schlaf, zur ihr gehören sein seelisches Wohlbefinden ebenso wie seine ideellen Interessen, zur Wirklichkeit der Schule gehört vor allem des spätere Leben.

Noch ein Mißverständnis sei abgewehrt. Man hört oft, von seiten der Waldorflehrer selber ebenso wie von Nicht-Waldorfleuten: Die Waldorfschule orientiere sich am «Menschenbild der Anthroposophie» oder am «anthroposophischen Menschenbild». Diese Ausdrucksweise ist schief und deutet unter Umständen auf ein Mißverständnis. Interessant ist zunächst die Beobachtung, daß Steiner diesen Ausdruck selber nicht verwendet hat. Das Wort «Menschenbild» erweckt die Assoziation eines festen, statischen Bildes, eines Leitbildes, eines Vorbildes, einer ideellen Richtschnur. An derartiges ist bei Steiner nicht gedacht. Er spricht deshalb auch vorzugsweise von Menschenerkenntnis. Steiner formuliert das einmal so: «Anthroposophische Pädagogik will ja aus derjenigen Menschenerkenntnis heraus wirken, die nur auf dem Boden geisteswissenschaftlicher Anthroposophie zu erringen ist; sie will wirken aus einer Menschenerkenntnis heraus, welche den ganzen Menschen umfaßt nach Leib, Seele und Geist.»[11] Wohlgemerkt: Steiner spricht nicht von einer einfach vorhandenen Menschenerkenntnis, sondern von einer zu erringenden Menschenerkenntnis. Auch die genauere Bestimmung, daß nämlich die Menschenerkenntnis auf dem Boden geisteswissenschaftlicher Anthroposophie zu erringen sei, bedeutet eben nicht, daß man es in der Anthroposophie mit einem gesicherten Dogmenbestand zu tun habe. Was die Anthroposophie zunächst will, ist, daß sie das Spektrum, *die Breite menschlicher Beobachtungsmöglichkeiten* erweitert. So tritt auch die anthroposophische Erkenntnis in der Pädagogik vorzüglich als Beobachtungshinweis auf: Beachte, was geschieht, wenn man bei einem Kind das Gedächtnis allein beansprucht! Beobachte den Zusammenhang zwischen Körperbau, Leibesbewegung und seelischen Dispositionen! Diese und andere Hinweise möchten der Beobachtung, der Aufmerksamkeit des Erziehers Richtung und Kraft geben, nicht aber soll Anthroposophie feste Regeln und ewige Wahrheiten vermitteln. Steiner hat diesen dogmatischen Gebrauch seiner Erkenntnisse, das Hererzählen von Anthroposophie, abgelehnt. Wenn jemand, so sagte Steiner, den Menschen doziert, wie der Mensch aufgebaut und organisiert sei, «so ist dies wirklich eine höchst unfruchtbare Wissenschaft, und es ist etwas, worüber man sich sogar in einer gewissen Weise lustig machen kann. Denn wenn es dabei bleibt, daß die Leute diese Dinge wie eine Art religiöses Bekenntnis sektiererisch verbreiten, so kommt für die Kultur der Menschheit, für das wirkliche Leben eigentlich nichts dabei heraus. Heraus kommt erst dann etwas aus diesen Dingen, wenn man sie nimmt – ich möchte sagen – als Richtkräfte, um das Leben reicher zu betrachten» (20. April 1920).[12]

Es ist gewiß richtig, daß auch heute in der von Steiner charakterisierten sektiererischen Art anthroposophische Pädagogik als religiöses Bekenntnis verkündet wird. Das ist für die Vertiefung pädagogischer Einsichten nicht sonderlich fruchtbar. Aber solche Erscheinungen sind angesichts einer durch Jahrzehnte vielfach feindlichen Umwelt, angesichts einer Umwelt, die notorisch kinderfeindlich und unpädagogisch ist, nur zu verständlich. Beobachten, Neues entdecken, Erfahrungen ständig bedenken ist schwieriger, als an einem geglaubten Menschenbild sich orientieren. Und nicht in jeder Lage sind Lehrer und Erzieher distanziert überlegende Forscher, methodische Beobachter. Neben dem, was eindeutig als dogmatische Verkrustungen zu diagnostizieren ist, muß man überdies bemerken, daß ein Lehrer als ständiger Praktiker nicht immer ein gedanklich vermitteltes Verhältnis zu seinen Erfahrungen und Handlungen hat. Neben langjähriger, fragwürdiger Routine gibt es auch *Einsichten,* die in langjähriger Praxis gewohnheitsgemäß gehandhabt werden. Und das ist gut so. Der pädagogische Theoretiker, der meint, eine solche Sache beurteilen zu müssen, sollte nicht erwarten, daß ein Lehrer, der seit Jahrzehnten in der Schularbeit steht, sich im jeweiligen Jargon der in Mode befindlichen Pädagogik ausdrücken kann; er muß unterscheiden zwischen einer Ausdrucksweise, die ihm antiquiert dünken mag, und dem Problem oder Phänomen, um das es geht.

Schließlich sollte man ganz freimütig feststellen, daß gerade die tiefwurzelnde existenzielle Überzeugung von der Richtigkeit dieser neuen Pädagogik es war, die ganz wesentlich dazu beigetragen hat, daß man die Arbeit der Waldorfschulen trotz politischer Verbote und wirtschaftlicher Bedrängnis weiterführte, bis in die sechziger Jahre, in denen die Waldorfbewegung wieder stärker ins öffentliche Bewußtsein trat und einen so großen Aufschwung nahm, daß sie heute dem Wunsch nach neuen Waldorfschulen nicht mehr nachkommen kann. Wolfgang Scheibe hat die positive Funktion jener Überzeugungstreue erkannt: «Die weltanschauliche Gebundenheit der Waldorfschulkreise und deren Konzentration auf Steiners Lehre sind u. a. Ursache dafür, daß in dieser Schule in ungebrochener Tradition ein Stück Reformpädagogik bis heute lebendig geblieben sind.»[13] Bloße Experimentatoren oder Wissenschaftler hätten so lange nicht bei ihrer Arbeit ausgehalten. Sie wären zufrieden gewesen, wenn ein Buch geschrieben worden wäre.

Der lebendig gebliebene Ansatz dieser umfassenden Reform führt aber trotz des freundlichen Binnenklimas nicht etwa zu einer Insel der Seligen, auf der Ältestes treu bewahrt wird, es wird auch den Schülern nicht die Illusion einer heilen Welt vorgegaukelt. Aber überall bemüht man sich, eine menschliche Schule für Kinder von heute und morgen zu erhalten, eine Schule, in der Kinder angstfrei lernen und selbstbewußt leben und handeln dürfen.

2. Die Erziehungsfrage als Bewußtseinsfrage

Erziehung und Unterricht sind heute in einer völlig anderen Lage als vor hundert oder hundertfünfzig Jahren. Noch im Jahre 1850 etwa drückte das unmittelbare Leben mit seinen tausendfachen Anforderungen der Erziehung weitgehend seinen Stempel auf. Das Wasser mußte aus dem Brunnen gepumpt werden, das Brennholz mußte gehackt, der Garten mußte versorgt werden. Das Brot wurde auf dem «Lande», auf dem damals noch 70 Prozent der deutschen Bevölkerung lebten, noch weitgehend selbst gebacken. In dieser Umwelt war Erziehung noch nicht problematisch, weil die unmittelbaren Notwendigkeiten des Lebensunterhalts pädagogisch wirkten. Das soll nicht heißen, daß diese unmittelbare Pädagogik, die sich naturwüchsig aus der Praxis des Alltags bildete, gut gewesen ist. Keineswegs. Es heißt nur, daß die Forderungen der täglichen Arbeit einfach da waren und sich durchsetzten: Es hatte keinen Sinn, über sie zu debattieren. Wo man über Pädagogik redete, befand man sich im Bereich des Bürgertums, das vom allzu unmittelbar wirkenden Zwang der Praxis freigesetzt war. Aber auch in diesen bürgerlichen Debatten über Pädagogik war der Rahmen des Denkbaren eng gesteckt. Man vergegenwärtige sich nur den Kult des Militärischen und Heroischen, man denke an die zahlreichen Tabus – ob sie nun die Religion oder die Fragen des sexuellen Lebens angingen: Weitgehend herrschten normative Vorstellungen, und diese Normen bestimmten sowohl den Unterricht wie auch die Erziehung. Das ist heute anders geworden.

Die gesellschaftlichen Folgen der industriellen Revolution haben in mehrfacher Hinsicht neue Möglichkeiten geschaffen. Da ist nicht nur der technisierte Unterricht mit Sprachlabor, Fernsehen, Film, Tonband und programmierten Unterrichtseinheiten, da sind nicht nur Möglichkeiten, Schüler per Bus und Bahn zu weit entfernten Riesenschulen zu transportieren, da ist vor allem in den Industrieländern der gewaltige Reichtum, der es möglich macht, immer größere Teile des Sozialprodukts für Erziehung auszugeben[13a]. Lehrer können länger und – wie man zu hoffen wagt – gründlicher ausgebildet werden. Schüler gehen länger zur Schule, mehr Schüler besuchen «bessere», «höhere» Schulen. Darüber hinaus hält das Prinzip Schule nun auch Einzug in die permanente berufliche Fortbildung, das Dritte Programm im Fernsehen dient vielfach der Bildung und dem Fernunterricht; man beobachte, wie – scheinbar notgedrungen – die Universitäten verschulen, wie das Prinzip Schule in alle Dritten Programme des Fernsehens Einzug gehalten hat und wie schließlich auch der vorschulische Bereich «verschult» wird: Dann sieht man in alldem die Folgen der industriellen Revolution. Dank der industriell erwirtschafteten Reichtümer kann so viel gelernt werden, für den industriellen Fortschritt wird so viel gelernt und in der Industrie muß ständig weiter gelernt werden.

Noch in den sechziger Jahren war man gewillt, sich von der industriellen Arbeitswelt auch die Normen und Ziele der Erziehung liefern zu lassen. Sätze wie: «Die Industrie braucht phantasiebegabte, einfallsreiche, selbständige und verantwortungsbereite Mitarbeiter», wurden als gültig akzeptiert. Die von Georg Picht seinerzeit ausgerufene Bildungskatastrophe wurde ja deshalb als so verhängnisvoll an die Wände des bundesdeutschen Wohnzimmers gemalt, weil, so sagte man, wir mit den Japanern und Amerikanern industriell nicht Schritt halten könnten, wenn unsere Schulen nicht besser würden. Heute steht man den Anforderungen der Industrie wesentlich mißtrauischer gegenüber: Man fürchtet die Ausbeutung der Produktivkraft Intelligenz. Überdies hat die

«Umweltkrise» der letzten Jahre die Skepsis gegenüber den Zielen der Industrie ebenso wachsen lassen, wie man begonnen hat, den einseitigen Fortschritt zu fürchten. Die verlorengegangenen Erziehungsnormen jedenfalls konnten durch die industriellen Anforderungen nicht ersetzt werden.

Die Umwelt aber, die die Industrie geschaffen hat, ist in einer ganz anderen Art erzieherisch, als es die alte Arbeitswelt im 18. und 19. Jahrhundert gewesen ist. Die eigentlich technischen Vorgänge erziehen zwar in einem gewissen Sinne auch – in weit höherem Maße aber muß zu ihrem sinnvollen Gebrauch erzogen werden. Am eindringlichsten verdeutlicht die normale Wohnumgebung eines Stadtkindes das Unpädagogische seiner Lebenswelt: Die Etagenwohnung gibt an Lern- und Lebenserfahrung bitter wenig her. Die eigentlich bewirkenden Vorgänge sind in Leitungen und Gehäusen versteckt: Warum die Bewegung des einen Schalters Wärme, die des anderen Licht, die eines dritten Musik und Bilder hervorruft, bleibt verborgen. Die Technik entzieht dem heranwachsenden Menschen das Bild des Naturgeschehens. Ebenso aber entzieht die moderne Wohnung, die nur Schlaf- und Eßstätte ist, dem Kind den Anblick des arbeitenden Erwachsenen. Den Vater lernt es als biertrinkenden Fernseher oder als Zeitungsleser kennen, auch die Tätigkeiten der Mutter sind im Zeitalter der Spülmaschinen und Konservenbüchsen nicht mehr sonderlich instruktiv. Das Fegen und Aufwischen mag noch seinen Sinn unmittelbar verdeutlichen – aber wie wenig kann heute ein Kind aus der unmittelbaren Umwelt lernen. Ähnliches gilt für unsere Straßen, für den normalen Ziergarten, der zum Rasenmähen da ist. Der Weg zum Kindergarten und zur Schule erfordert vor allem die Beachtung der Verkehrszeichen – das Kind wird, wenn es brav ist, zu einem signalgesteuerten Wesen. Da bleiben menschliche Verhaltensweisen, Reaktionen, Worte, die zentralen Erfahrungsbereiche des Kindes, auch später des Jugendlichen, auf der Strecke. Die eigentliche *Welt*erfahrung muß mit Worten oder Bildern oder durch andere Veranstaltungen eigens in der Schule neu geschaffen werden.

Es ist vielleicht überflüssig, hier noch eigens anzumerken, daß es für die Zukunft der Kinder wichtig ist, daß ihnen Welterfahrungen zugänglich gemacht oder durch lebensvolle Bilder vermittelt werden. Jede Definition, jede auf bloße Struktur reduzierte Information engt Kinder ein. Das Kind braucht *Ansätze* des Welterlebens und Verstehens, die wachsen können, die sich wandeln können. Zu derartigen Ansätzen gehören auch Fragen, etwa nach dem Wohin und Woher des Regens, der Elektrizität.

Die technische Gegenwart hat so die Erziehung weitgehend ihrer naturwüchsigen Unmittelbarkeit, ja sogar anschaulicher gesellschaftlicher Erfahrung entkleidet. Erziehung ist heute in einem ganz anderen Maße als in früheren Jahrhunderten Manipulation, eine von Menschen gemachte und damit problematische Sache. Dies soll nicht beklagt werden, auch wenn es einem persönlich leid tut, weil man selber noch in einer Welt aufwuchs, in der man mitarbeitend lernte.

Unter diesen Umständen wird deutlich, wie weitgehend Erziehung und Unterricht heute durch Denken und Meinen, durch Gefühl und Planung, kurz: durch menschliches Bewußtsein vermittelt ist. Jürgen Habermas hat vor kurzem ausgesprochen, daß die kulturellen Selbstverständlichkeiten heute aufgestört, daß nicht nur die Traditionsinhalte, sondern auch die Techniken der Überlieferung durch das verbreitete Bewußtsein von ihrer Bedingtheit fragwürdig und damit legitimationsbedürftig geworden sind. Durch wen, wo und wie kann in dieser Lage Pädagogik begründet werden? Die Waldorfschulen sind deshalb freie Schulen, weil sie meinen, daß politische Instanzen im engeren Sinne dieses Wortes – also Parlamente und Regierungen – durch die allzu pauschale Ermächtigung der Wähler nicht die begründete Berechtigung haben, diese pädagogischen Fragen zu entscheiden. Das System demokratischer Wahlen, bei denen zwischen SPD und CDU zu wählen ist, wird überstrapaziert, wenn damit auch über Rahmenpläne und Curricula abgestimmt wird. Noch viel weniger ist aber die staatliche Bürokratie, die weitgehend in der Stille der Ausschüsse und Gremien entscheidet, durch irgend etwas anderes als den Besitz der Macht zur Entscheidung legitimiert. Die Waldorfschulen dagegen arbeiten unter der Voraussetzung, daß die am Erziehungsprozeß Beteiligten, Eltern, Lehrer und, soweit das möglich ist, Schüler, selber bestimmen sollen, wie erzogen und was unterrichtet werden soll.[14]

Die schwierigere Frage aber ist, woran sollen sich Eltern und Lehrer in ihren Absichten, in den Unterrichtsinhalten und Methoden eigentlich orientieren? Es wurde schon oben verdeutlicht, daß die Waldorfschule sich nicht an irgendwelchen Prinzipien orientieren möchte: schon gar nicht an so edlen Grundsätzen wie «Gelobt sei, was hart macht», «Das Kind soll alles selber entscheiden, finden usw.». Auch glaubt man nicht, daß heute irgend jemand wissen kann, für welche konkreten Lebenssituationen, die in dreißig oder fünfzig Jahren sich eingestellt haben werden, unsere Kinder erzogen werden sollen. Denn es ist sehr die Frage, ob sie in einer volltechnisierten Überflußgesellschaft oder in einer Gesellschaft des Energie- und Rohstoffmangels leben werden. Es ist sehr viel Verschiedenes möglich: eine Welt, die im Umweltschmutz erstickt ebenso wie eine Freizeit-Welt, die von einer Unterhaltungsindustrie gesteuert wird. In solcher Unwissenheit bleibt eigentlich *nur eine Möglichkeit*, nämlich die, *junge Menschen nicht auf bestimmte Planungsziele oder angebliche Zukunftsnotwendigkeiten zu trimmen*, sondern sie in ihrem eigenen Wesen und Können so zu wecken und zu steigern, daß sie in sich und aus sich selber die Mittel und Wege finden können, ihr Leben zu meistern. Es kann nicht die Aufgabe einer jetzt lebenden Generation sein, die Marschroute der kommenden Generation festzulegen. Vielmehr muß es das Ziel sein, jedem jungen Menschen die innere Freiheit – etwa von Denkmechanismen, Klischeevorstellungen und Hemmungen – zu ermöglichen, ihm jenes selbstkritische Selbstvertrauen zu vermitteln und letztlich die Kräfte zu üben, die ihn in Zukunft selbstbewußt handeln lassen.

Allein: wie will man das erreichen?

Es ist einleuchtend, daß unter solchen Umständen die Entwicklung der Kinder selber *einen* Orientierungspunkt für erzieherisches Handeln abgibt. Die Tatsache der Entwicklung vom schreienden Säugling bis zum achtzehnjährigen Schulabgänger ist eine Tatsache, gegen die man sich eigentlich nicht blind machen kann. Dennoch bestehen heute zwei Tendenzen, die höchst differenziert verlaufenden Entwicklungsprozesse der physiologischen, der seelischen und geistigen Entwicklung unberücksichtigt zu lassen oder sie als Quantité negligeable zu behandeln. Die eine Tendenz ist die der technokratischen Macher, meist behavioristisch orientiert. Sie interessiert das Innenleben des Kindes nicht. Wichtig ist ihnen allein, was man mit dem Kind machen kann – und man kann sehr viel machen, weil – bildhaft gesprochen – junge Menschen aus einem sehr leicht formbaren «Material» sind. Die spezifischen Dressurakte dieser Macher werden an dem plastischsten, noch am wenigsten widerspenstigen «Material», an Kindern vor dem siebten Lebensjahr, vorgenommen: Frühlesenlernen war eine Zeitlang das Paradestück ihrer Vorführungen. Man kann heute sagen, daß der erste Anlauf einer behavioristischen Pädagogik gescheitert ist – ein zweiter könnte geschickter inszeniert werden. Weit aktueller ist heute derjenige pädagogische Ansatz, der Erziehung in erster Linie als Sozialisationsvorgang beschreibt, der mit sozialem Engagement die erzieherische Bedeutung der gesellschaftlichen Strukturen und Mächte herausarbeitet und der Erziehung oft die Aufgabe zuschreibt, ausgleichend und kompensierend zu wirken. Erziehung in dieser sozialen Perspektive zu sehen ist auch schon immer Kennzeichen der Waldorfschule gewesen. Allein aus der Waldorfpädagogik ergibt sich, daß eine sozial interessierte Erziehung sich auch an anthropologischen, entwicklungsphysiologischen und entwicklungspsychologischen Daten orientieren muß, wenn sie Erfolg auf Dauer haben will. Darüber unten mehr.

Die Entwicklung des Kindes, namentlich der physiologisch-gesundheitliche Aspekt dieser Entwicklung, muß die primäre Orientierungsmarke der Erziehung sein, weil

- man es hier mit einem real Vorgegebenen zu tun hat, das als ein Nicht-Wiederholbares, nicht Umkehrbares den Erfolg aller Bemühungen begründet und bestimmt;
- man gerade hier, besonders in der frühkindlichen Entwicklung, die schwersten gesundheitlichen Schäden, die weitreichendsten psychosomatischen Folgen verursachen kann;

– auch die erkennenden und motivierenden Prozesse nur dann gut verlaufen, wenn der junge Mensch in sie – seiner Entwicklungsstufe gemäß – so ganz eintauchen kann, daß er sie mit seiner eigenen Persönlichkeit auch emotional erfaßt. Wissen, das zum Beispiel nur von außen angelernt, «beigebracht» wird, bleibt für das kindliche Erleben etwas Fremdes. Deshalb beginnt die Überwindung der Fremdbestimmung in jenem Erziehungsprozeß, der auf die realen Möglichkeiten des Kindes Rücksicht nimmt.

Gegen diese Behauptungen wird zum Beispiel eingewandt, daß bestimmte für Europa typische Reifungsvorgänge und seelische Krisen in anderen Gesellschaften – etwa auf Samoa oder bei den Eingeborenen Australiens – gar nicht auftreten oder ganz anders verlaufen. Die Entwicklungsschritte des Kindes seien also auch nur das Produkt gesellschaftlicher Verhältnisse. Die Verhaltensweisen und Intelligenzphasen würden nicht von quasi biologischen Vorgängen gesteuert, sondern von den Erwartungen, Forderungen und Vorbildern der Erwachsenen geprägt. Weiter kann man einwenden, daß die Entwicklung bei den einzelnen Individuen sehr verschieden verlaufe. Die menschliche Entwicklung sei kein aufgestauter Mechanismus, der nach einem bestimmten Schema ablaufe. Von einer gesetzmäßigen Abfolge der Phasen könne keine Rede sein, vielmehr von einem sehr bunten, individuellen Chaos. Eine Phasendogmatik enthalte gar für die Pädagogik die Gefahr, daß eine objektivistische Norm aufgestellt werde, nach der alle Kinder über den gleichen Kamm geschoren werden. Ein dritter Einwand geht davon aus, daß zwar einstmals ein gesetzmäßiger Ablauf der biologischen und seelischen Reifung bestanden habe, daß sich aber heute durch die Akzeleration diese Verhältnisse verschoben hätten: Zahnwechsel und Geschlechtsreife (Menarche) haben sich verfrüht – umgekehrt aber habe sich die seelische und intellektuelle Entwicklung verlangsamt. Dadurch würden heute biologische und innere Reifung auseinanderfallen: Es gebe keine objektiven (biologischen) Kriterien mehr für die immer stärker chaotisierte seelische Reifung.

Vor dem Hintergrund dieser Einwände kann man das in der Waldorfpädagogik Gewollte und Gemeinte besser verdeutlichen. Zunächst kann und soll überhaupt nicht bestritten werden, daß bei Völkern, die, wie die Ureinwohner Australiens, eine ganz andere Entwicklung durchgemacht haben, bestimmte Reifevorgänge – besonders Stadien der kognitiven Entfaltung – anders verlaufen als in Europa oder Nordamerika. Auch soll nicht geleugnet werden, daß etwa die besondere Form der Pubertätskrise, wie sie in Europa vor Jahren ablief, sozio-kulturell bedingt ist. Mit dieser Feststellung allein ist aber noch längst nicht ausgemacht, ob es nicht – zumindest hierzulande – doch regional beobachtbare, altersspezifische Grundmöglichkeiten und Tendenzen der Entwicklung der Kinder gibt. Man kann sich das Zusammenwirken der verschiedenen Faktoren wie eine Zusammenarbeit mehrerer Menschen denken, die jeweils zu einem Projekt das Ihre beizutragen haben. So wie bei einer gemeinsamen Arbeit drei oder vier Menschen mit höchst unterschiedlicher Energie, Intelligenz, Ausdauer und je besonderen Aufgaben an die Arbeit gehen können, so wie der eine dem anderen aushelfen kann, so wie einer der drei dauernd oder zeitweilig die Führung übernehmen kann: so ähnlich wirken sozio-kulturelle Umgebung, Elternhaus, kindliche Reifung und die eigene Individualität des Kindes zusammen. Jeder einzelne dieser Faktoren ist aber in sich so komplex, daß er eben nur mit einem Menschen, nicht mit einer rechnerischen Größe verglichen werden kann.

Das eigentliche Problem dieser Zusammenarbeit ist die Verständigung zwischen Kind, Erzieher und Umwelt – und die klappt zum Beispiel dann nicht, wenn jeder Partner eine andere Sprache spricht, wenn er auf die Möglichkeiten und Schwächen des anderen nicht eingehen will. In einem kaum beobachteten Maße stellen sich Kinder voller Vertrauen und Erwartung auf Eltern und Lehrer ein. Die erzieherische Arbeit der Erwachsenen erfordert auch, daß Eltern in Sprache, Verhalten und Erwarten auf die Kinder eingehen und sie beobachten lernen. So sind Kleinkinder vor dem sechsten Lebensjahr rationalen Erwägungen oder Begründungen nach Erwachsenenart noch nicht zugänglich, namentlich dann nicht, wenn es sich um ihre eigenen Wünsche handelt. Sie verstehen diese Sprache noch nicht. Michaela fragt ihren Vater, dessen VW mühsam den Berg hinaufschnauft: «Warum überholt der Mann uns da? Warum fährt der so schnell?» Während der Vater noch überlegt, wie er PS, Auto als Statussymbol und Geschwindigkeitswahn erklären soll, gibt Michaela schon die Antwort: «Ich weiß, der hat Hunger!» Diese Erklärung ist sinnlich unmittelbar zugänglich. Wichtiger aber als die Sprache der Wörter ist in diesem Alter die Sprache des Vormachens. Wenn die Mutter im Garten Blumen pflanzt oder in der Küche backt, so will das Kind auch pflanzen oder backen. Das wird zwar gemeinhin als störend empfunden, wer aber das Wohl seines Kindes höher einschätzt als das Gelingen des Kuchens, wird das Kind mitmachen lassen. Die allerwichtigste Sprache in diesem Alter ist die mütterliche und väterliche Aufmerksamkeit, die Zuwendung und Pflege, Regelmaß des Lebens und Stabilität der elterlichen Gefühle: kurz das häusliche Klima, das Dasein der Eltern. Dort, wo die Mutter fehlt oder nur abends zu Hause ist, wo Bezugspersonen häufig wechseln, wo Kinder abgeschoben oder vernachlässigt werden: da bricht die Kommunikation zusammen, da helfen auch die schönsten Spielzeuge und Geschenke nicht. Das Kind zieht sich seelisch zurück, es gerät in die Isolierung, die Eltern fühlen sich ebenfalls nicht verstanden, Konflikte bahnen sich an.[15]

Die Frage, ob Eltern in der Lage sind, sich um ihre Kinder zu kümmern, wird nicht allein durch die materiellen Bedingungen, die im Elternhaus herrschen, beantwortet. Es gibt Situationen, in denen materielle Bedingungen die Mutter zwingen, sich eine Arbeit zu suchen. Heute fehlt es aber in vielen Fällen im Elternhaus weniger am Geld als an der Einsicht in die Entwicklungsgesetze des Kindes, an planvollem Handeln, an Selbstdisziplin der Eltern. Insofern ist die Erziehung und pädagogische Aufklärung der Eltern heute der vielleicht produktivste und positivste Eingriff in den Faktor «Umwelt des Kindes» oder «Klassenlage». Wo bei Eltern Einsicht in die pädagogische Relevanz des eigenen Verhaltens, der elterlichen Sprache usw. hervorgerufen werden kann, wo Mütter ihre Aufgabe als Mütter, wo Väter ihre Aufgabe als Väter ergreifen, da spielt die *materielle* Situation eine nachgeordnete Rolle. Die *soziale* Schichtung spielt hier insofern eine Rolle, als bestimmte Schichten zu pädagogischer Aufklärung keinen Zugang haben oder sich gegen sie abschließen. Soll es zu einer wirklichen Zusammenarbeit, zur pädagogischen Kommunikation aller möglichen Faktoren kommen, so muß die Arbeit dort aufgenommen werden, wo Eltern und Erzieher lernen, sich auf die Besonderheiten der Kinder einzustellen, ihre «Sprache» zu verstehen und zu sprechen. Um zur Beobachtung der Entwicklung des Kindes anzuregen, sei skizzenhaft auf wenige Tatsachen hingewiesen. In der Gegenwart bekannt sind vor allem die Arbeiten von Jean Piaget. So hat Piaget zum Beispiel Versuche gemacht, bei denen eine Wassermenge vor den Augen von Kindern aus einem höheren Glas in ein niedrigeres umgegossen wurde. In der Regel sagen vier bis sechs Jahre alte Kinder, das Wasser habe abgenommen, es sei weniger geworden. Mit sieben oder acht Jahren sagt das Kind: «Es ist dasselbe Wasser», oder: «Man hat nur umgegossen.» Mit neun Jahren wird es auch begreifen, daß das Gewicht dasselbe geblieben ist, mit elf bis zwölf Jahren ist ihm deutlich, daß auch das Volumen unverändert bleibt.[16]

Durch sehr viele derartige Experimente hat Piaget herausgefunden, daß nicht nur die intellektuelle Entwicklung, sondern auch die emotionale und moralische Entwicklung der Kinder beobachtbare Schritte und Veränderungen zeigt.

Es soll im folgenden nicht der Versuch gemacht werden, eine Phasenlehre der kindlichen Entwicklung zu erneuern. Es wird von zu beobachtenden Entwicklungsschritten gesprochen, die individuell sehr unterschiedliche Erscheinungen hervorbringen. Eine Phaseneinteilung an irgendwelchen Phänomen festzumachen, etwa am Trotz, und daraus eine erste und zweite Trotzphase zu postulieren, erscheint nicht sinnvoll, wohl aber scheint es sinnvoll, Entwicklung in ihrer bunten Vielfalt zu beobachten und nach der in ihr zur Erscheinung drängenden Tiefenstruktur zu fragen. Die Entwicklungsstufen sind in der Regel viel feiner differenziert, als man im allgemein glaubt. Wer nun gegen die hochspezialisierte, experimentelle Methode von Piaget einzuwenden hat, daß jedes Experiment die Tendenz habe, sein Ergebnis mitzuformen, der kann selber Kinder im Hinblick auf ihre Entwicklung beobachten. Dabei wird man bemerken können, daß auf verschiedenen Ebenen Veränderungen vorgehen:

- im Verhalten,
- in der Begriffsbildung,
- in der Wahrnehmung,
- im Sprechen,
- in der Bewegung,
- in der Leibesentwicklung.

Das *Verhalten* des Kleinkindes ist weitgehend durch Nachahmung gekennzeichnet. Nun handelt es sich bei der Nachahmung keineswegs allein darum, daß bestimmte Tätigkeiten oder Arbeiten der Eltern nachgeahmt werden, in offener oder verborgener Weise werden überhaupt Eindrücke nachgeahmt und so verstärkt. Ein Kind sieht eine gerupfte Ente auf dem Küchentisch. Am Abend legt sich das Kind auf ein Bett, es sieht furchtbar elend aus. Man hält es für krank und bestürmt es mit Fragen, auf die es zunächst keine Antwort gibt. Schließlich sagt es mit tonloser Stimme: «Ich bin die tote Ente.» Der Kinderarzt Alfred Nitschke berichtet, wie von Kindern unbewußt auch Leiden und Gebrechen nachgeahmt werden und daß solche Nachahmung zu neuen Leiden führen kann. Ja sogar das Spielzeug ist nicht ohne Einfluß. Nitschke berichtet einen erschütternden Fall: Der Körper eines kleinen Kindes ruhte wie ein zusammengeklapptes Taschenmesser zwischen den ausgestreckten dünnen Beinchen. Dazu lagen die schlaffen Arme oft nach vorn ausgestreckt auf der Decke. Der Ausdruck war verstimmt und abweisend, auffallend der große ruhige Blick. Alle Bemühungen der Klinik führten zu keinem Erfolg, bis man bei einer Vorführung in der Vorlesung entdeckte, daß das Kind seinen liebsten Spielgefährten, einen großen Stoffhasen, imitierte. Es war ein großes Tier, mit sehr langen, dünnen, schlaff hängenden Armen und Beinen, einem Kopf mit auffallend starren großen Augen. Der Hase war zu Hause der einzige Spielpartner des Kindes gewesen. Als man dieses Spielzeug durch ein anderes ersetzte, begann das Kind nach einiger Zeit mit Lust zu essen, veränderte ohne Zutun der Pflegenden seine Haltung und genas auf Dauer.[17] Das Kleinkind nimmt so unmittelbar sinnlich auf, es spielt, was es hört und sieht: Auto, Flugzeug, Krankenwagen mit Martinshorn werden ausdauernd imitiert. Für die gesunde leiblich-seelische Entwicklung ist es von allergrößter Bedeutung, daß den Kindern sinnvolles Tun vorgelebt wird, daß ihnen vielfältige Anregung, anstatt einseitiger gegeben wird. Darüber hinaus wäre eine Untersuchung verdienstvoll, welche Eindrücke auf das Kind, das sie nachahmt, krankmachend wirken. Die Verständigung und Kommunikation geht in diesem Alter den Weg über die unmittelbaren Sinneseindrücke.

Wer Kleinkinder beim Spielen beobachtet, wird bemerken, daß sie oft mit sich selber spielen, noch wenig zum Zusammenspiel neigen und daß sie gleichzeitig rhythmisch oder melodisch dazu sprechen/singen. Dieses Verhalten ändert sich etwa um das siebte Jahr herum: Das extreme Nachahmen hört auf, und im Spiel entsteht immer stärker das Zusammenspiel. Mit dem neunten oder zehnten Jahr ist die Entwicklungsstufe voll erreicht, wo eine Gruppe nach Regeln spielt. Ein derartiges Spiel nach Regeln beginnt etwa mit dem siebten Jahr, Hüpfspiele gehören hierhin, bald werden die Regeln und Bedingungen genauer: Es wird zum Spiel einer Gruppe. Solche Gruppen bilden gerne Banden, haben einen Anführer, und man unternimmt etwas zusammen. Diese Banden haben strenge, einfache Regeln, die nicht alle formuliert sind, die aber als Selbstverständlichkeiten befolgt werden. Diese Gruppen lösen sich erst in der Zeit kurz vor der Geschlechtsreife auf zugunsten individuellerer, gefühls- oder interessenbetonter Freundschaften.[18]

So wie sich das Verhalten wandelt, so wandelt sich auch das *Wahrnehmen*. Hier nur eine kurze Bemerkung. Wer mit Kindern Ferien macht, wird wissen, daß Kinder, auch wenn sie schon schulreif sind, noch nicht mit Landschaftsschönheiten gefüttert werden können. Ein acht Jahre altes Mädchen wurde gefragt, was denn das Schönste auf der Griechenlandreise gewesen sei. Antwort: «Weißt du, an der Grenze, da haben wir ein kleines Häschen gesehen.» Blaues Meer und Akropolis werden noch nicht eigentlich wahrgenommen. Am Meer ist es wichtig, daß man Burgen bauen, daß man spielen kann. Die Sonne muß nicht den ganzen Tag scheinen. So sieht das Kind noch bis zum zehnten Jahr in erster Linie seine Spielumgebung: Schrittweise erweitert sich das Feld der Wahrnehmungen vom Bereich des Umgangs bis zur Welt der Schönheit des Sternenhimmels.

Am besten untersucht ist der Bereich der *Begriffsbildung*. Es geht aber bei der Entwicklung der kindlichen Begriffsbildung nicht nur darum, daß Sachverhalte nach unserer Meinung besser beschrieben werden. Ein Junge, der noch nicht drei Jahre alt war, rief beim Anblick des Meeres, das er zum erstenmal sah, «Wasserlappen»: Das Feuchte war für ihn mit der unangenehmen Erfahrung des Waschlappens verbunden. Der Begriff ist noch undifferenziert, nicht genau treffend, dafür aber voller Erlebnis, voller Antrieb zum Weglaufen. Mit neun Jahren können nicht besonders geschulte Kinder Abstrakta, etwa das Wort «Gesinnung», noch nicht verstehen. Ich habe mich einmal bemüht, einem Jungen, dem Sohn eines «Gastarbeiters», klarzumachen, was Zinsen sind. Ich wandte alle meine Erklärungskünste an, schließlich strahlte der Zehnjährige auf und sagte: «Ja, ich verstehe, Zinsen sind eine *Strafe* dafür, daß man Geld leiht.» Vorstellungen, Begriffe sind bis zu einem Alter, das in der Nähe der Pubertät liegt, noch wenig abstrakt, haben eine starke Tendenz zur Anschaulichkeit oder zu einer moralischen Einfärbung. Die Abstraktion wächst langsam aus einem stark dynamischen, oft anschaulich-moralischen Welterleben. Die Distanz des nüchternen Erkennens tritt erst langsam ein. Diese qualitative Veränderung der Begriffe ist pädagogisch wichtiger als die Dinge, die sich ergeben, wenn man etwa die Entwicklung der Größenvorstellungen untersucht.

Die physische Entwicklung des Kindes ist nicht bloß Wachstum, sondern ein sehr vielschichtiger Vorgang. Ein mehrfacher Gestaltwandel ist äußerlich sichtbar: Der Kopf des Babys verwandelt sich, die Proportionen verschieben sich, indem die untere Gesichtshälfte, Nase und Kinn zunehmen, sich ausformen und oft ihre Rundlichkeit verlieren, die Glieder bilden sich aus, und Hände, Arme, Beine lernen ihren Dienst verrichten. Kurz vor dem siebten Jahr tritt ein Gestaltwandel ein: Der Kleinkinderbauch verschwindet, die Muskeln straffen sich und treten deutlicher hervor, es tritt der Zahnwechsel ein. Ein wichtigster Wachstumsschub beginnt in der Vorpubertät, etwa mit vierzehn Jahren – dann wächst der Junge zehn Zentimeter im Jahr, der ganze Wachstumsschub macht etwa zwanzig Zentimeter aus, er wird von einer Gewichtszunahme um zwanzig Kilo begleitet. Bei den Mädchen tritt diese Entwicklung etwas früher ein.[19] In dieser Zeit geht die Leichtigkeit der kindlichen Bewegung verloren, man klettert nicht mehr so flink und unbeschwert bis in den Baumgipfel: Man beginnt seine eigene Schwere zu spüren, die Hebelwirkung der langgewordenen Knochen läßt jedes Gewicht fühlbar werden. Jetzt muß der eigene Wille des jungen Menschen bewußter die Leiblichkeit ergreifen: Wo der zwölf oder elf Jahre alte Junge leicht vom hohen Sprungbrett hüpfte, braucht der sechzehnjährige Mut oder Training.

Verborgen geht die innere Entwicklung der Organe vor sich. Besonders stark entwickelt sich das Gehirn in den ersten beiden Lebensjahren. Bei der Geburt sind zwar alle Gehirnzellen bereits vorhanden, aber die Verbindungen zwischen den einzelnen Teilen des Gehirns bilden sich erst nach der Geburt voll aus: Zunächst lernt das Kind die Bewegungen koordinieren, dann die Seh- und Hörerfahrungen kontrollieren.

Es handelt sich aber bei den physiologischen Entwicklungen keineswegs nur um Organreifungen und im späteren Alter um hormonale Veränderungen, es entwickeln sich auch rhythmische Vorgänge. Schlafen und Wachen werden erst allmählich in eine rhythmische Folge gebracht, aber auch Herzrhythmus und Atemrhythmus pendeln sich erst langsam in jenes Verhältnis ein, das später für den Erwachsenen kennzeichnend ist. Die seelische Bedeutung der hormonalen Vorgänge, der Drüsentätigkeit, ist bekannt. Elementarer und deshalb wichtiger sind die rhythmischen Abläufe, die das Lebensgefühl mitbestimmen. Alle diese Entwicklungen des Leibes können beeinflußt und gestört werden. Die seelische Bedeutung der körperlichen Reifung wird erst dann voll deutlich, wenn man die Entwicklung eines jungen Menschen beobachtet, bei dem der Stimmbruch und die Geschlechtsreife – was zum Glück nur selten vorkommt – mit acht Jahren eintreten. Eltern und Lehrer bemerken in diesem Augenblick, daß sie bestimmte Fähigkeiten stillschweigend voraussetzen und als «normal» betrachten, die in bestimmten Fällen nicht da sind.

Gerade das Beispiel der physischen Entwicklung zeigt, daß es in der kindlichen Entwicklung in fester Reihenfolge ablaufende, nicht umkehrbare und schwer nachzuholende Entwicklungen gibt, die nicht in erster Linie individuell, sondern altersbedingt verlaufen, die in ihrem Ablauf gegen äußere Einflüsse teilweise gut geschützt und nicht leicht zu manipulieren und doch für die seelische Entwicklung und das Lernen nicht ohne Bedeutung sind, auch dann, wenn sie das Lernen nicht direkt beeinflussen, sondern eher den Erlebnishintergrund für das Verstehen vermitteln.

Ein Thema, das uns noch später beschäftigen wird, sind Erwerb und Entwicklung der Sprache. Auch dieses Gebiet ist häufig Gegenstand von Untersuchungen. Das Erlernen der Wörter, der Übergang zu Satzbildung, die Verwendung von Konjunktionen sind beschrieben worden. Wann geht das Kind dazu über, Sätze nicht mehr durch «und» und «und dann» zu verbinden? Wann verwendet es die Konjunktionen «weil», «obwohl», «damit»? Das alles sind Fragen, die Einblick in das Denken der Kinder erschließen. Für Eltern und Pädagogen ist aber noch anderes interessant und wichtig: Wie sich nämlich das innerliche Verhältnis des Kindes zur Sprache ändert. Mit dem Lernwillen des Dreijährigen, der begierig seinen Wörter-Schatz vermehrt, geht noch ein ganz naiver, schöpferischer Umgang mit der Sprache einher. So erfand ein Junge an Stelle des schönen deutschen Wortes «Heftzwecke», auch «Reißnagel» genannt, das plastische Wort «Einspitzel», einen umgestürzten Baum nannte er «Purzelbaum», ein anderer Junge sagte beim Anblick eines Bildhauers, der an einer Statue arbeitete: «Da wird jemand gesteinert.» Diese schöpferischen Möglichkeiten sind beim schulreifen Kind geschwunden. Um das zehnte Lebensjahr kann man dann einen anderen Umgang mit Wörtern beobachten: Wörter werden auf ihren Klang hin belauscht, auf ihre mutmaßliche Bedeutung hin untersucht. Namen werden gehört, ihr Bildgehalt wird als lustig oder seltsam empfunden. In der Pubertät zeigt sich dann ein halbbewußter, neuartiger Umgang mit der Sprache: man renommiert mit seiner Sprache, man genießt seine eigenen Ausdrücke – oder es tritt das Gegenteil ein: Schüler werden schüchtern, wortkarg: Sie haben ihre Sprache nicht gefunden. Später wird die Entwicklung der Sprache und des Sprachgefühls immer individueller und divergenter. Stilgefühl tritt auf, Jargon und Modewörter werden aufgegriffen oder verschmäht, die Sprache wird jetzt eigene Sprache oder Klischee.

Diese und viele tausend andere Beobachtungen würden langsam ein Mosaikbild der kindlichen und jugendlichen Entwicklung ergeben, das gewiß viele, ja unzählige individuelle Varianten enthalten müßte, das aber doch in seinen großen Zügen auch Gemeinsames hervortreten ließe.

Gerade am Beispiel der Sprache läßt sich im übrigen verdeutlichen, wie die allgemeine Entwicklung des Kindes, wie die individuelle Eigenart und die Anregung durch die sprachliche Umwelt ineinandergreifen. Kein Kind lernt von alleine sprechen. Es bedarf der Anregung von außen. Die Sprache entwickelt sich am Vorbild der Eltern, der Geschwister, der sonstigen Umwelt: deren Sprachgewohnheiten, Dialekt und Soziolekt werden übernommen, nicht notwendig unverändert. Aber in den Phasen der Übernahme bildet sich die kindliche Entwicklung ab. Kinder fangen nicht an zu sprechen, wenn es die Eltern erwarten: Der Prozeß des Sprechenlernens, der mit ungeheurer Energie von seiten des Kindes betrieben wird, wird *von innen gesteuert.* Die Rede von den kindlichen Entwicklungsstufen behauptet also nicht, daß diese Entwicklung als ein bloß naturhafter Vorgang nach einem Schema ablaufe. Die kindlichen Entwicklungsstufen sind vielmehr – und was sollten sie auch anders sein – Phasen der Auseinandersetzung mit der Welt, der Ineinandersetzung mit der Umwelt. Was im jeweiligen Fall stärker durch die innere Entwicklungsnotwendigkeit, was durch äußere Erwartung, Herausforderung oder Vorbild bewirkt wird, ist eine zweite Frage, die im einzelnen Fall je verschieden beantwortet werden kann. Die Stufen oder Phasen der Entwicklung meinen das Ganze des kindlichen Lebens, in dem verschiedene Faktoren zusammenwirken.

Kehren wir zum Beispiel der Sprache zurück. Zwischen dem 18. und 28. Lebensmonat beginnen Kinder für Erwachsene «sichtbar» zu sprechen. Diesen ersten deutlichen Sprachäußerungen gehen vielfältige Übungen voran, geht ebenso die Reifung der Organe wie die Entwicklung des Gehirns voran. Das beständige, wunderbare Schreien, ohne heiser zu werden, wird durch Gurrlaute ergänzt, schon mit etwa sechzehn Wochen reagiert das Baby eindeutiger auf menschliche Laute: Die Augen suchen den Sprecher, mit etwa sechs Monaten ist ein Lallen zu bemerken, Laute, die Vokalen und Konsonanten ähneln, werden deutlich, gleichzeitig werden der Daumen, die Hand zum Greifen gebraucht, mit zehn Monaten, wenn das Kind schon schnell kriecht, scheint es Laute imitieren zu wollen. Diese Entwicklung vollzieht sich so, daß man eine Regelmäßigkeit in der Erscheinungsfolge bestimmter Marksteine beobachten kann, die mit dem Alter zusammenhängen. Die Reize der Umwelt, das elterliche Vorsprechen und Verhalten, bleiben während dieser Zeit konstant. Lenneberg formuliert deshalb in dem bekannten Standardwerk über die biologischen Grundlagen der Sprache: «Vieles spricht dafür, daß . . . in jedem Individuum, das in einer ihm adäquaten Umgebung aufgezogen wird», bestimmte Verhaltensmuster «nach einem Reifungsplan auftreten. Das Auftreten solcher Muster ist unabhängig von Erziehungsprozeduren und einer Reaktionsformung von außen. Ist ein Lebewesen einmal bis zu dem Punkte gereift, an dem diese Muster ausgebildet sind, kann das tatsächliche Auftreten dieser motorischen Abläufe von äußeren oder inneren Reizen abhängen.»[20]

Lenneberg stellt weiter dar, wie die Entwicklung des Sprechens nicht alleine für sich erfolgt. Das Sprechen kann einmal als ein Spezialfall der Bewegung (Motorik) aufgefaßt werden, und man kann dann beschreiben, wie vor dem Sprechen das Gehen beginnt, wie dann das Gehen, Laufen und Springen sich so entfaltet, daß alle Bewegungen besser koordiniert werden. Mit 18 Monaten kann das Kind greifen und loslassen, der Gang ist noch steif, es *kriecht* die Treppen rückwärts treppab, in dieser Zeit lallt das Kind noch viel, es teilt noch keine Inhalte mit, hat aber ein Repertoire von einigen Worten. Mit 24 Monaten kann das Kind zum Beispiel treppauf und treppab *gehen*, es setzt dabei aber immer denselben Fuß vor, gleichzeitig wird das Vokabular größer, und es beginnt Wörter zu verbinden. Mit 30 Monaten springt das Kind bereits mit beiden Füßen in die Luft, und es kann etwa zwei Sekunden lang auf einem Bein stehen. In dieser Zeit nimmt der Wortschatz am schnellsten zu. Jetzt will das Kind deutlich etwas sagen, und es ist verärgert, wenn es nicht verstanden wird. Ebenso versteht das Kind nun, was zu ihm gesagt wird.

Dieses Beispiel illustriert, wie sich die höheren geistigen Fähigkeiten, nämlich das Sprechen, das Verstehen, das Denken, «von unten», von der Leibesentwicklung, von der Bewegung her «aufbauen». Nun ist zwar der Zusammenhang zwischen den leiblichen Reifungsprozessen und der geistigen Entwicklung nicht überall so offensichtlich wie in den ersten Lebensjahren, aber er läßt sich weiter beobachten.

Welchen Einfluß haben nun das sprachliche Vorbild und die allgemeine Umwelt der Kinder auf diese sprachliche Entwicklung? Es gibt zu diesem Thema eine faszinierende empirische Untersuchung von Hans Bühler (1972). Bühler hat das Sprechen von sechs- bis achtjährigen Schülern untersucht. Er hat bei dieser Untersuchung nicht allein den Maßstab angelegt, den die Hochsprache der Oberschicht bietet. Er hat das Verdienst, neben der Analyse der Sprachform die *Frage nach der kommunikativen Effizienz* in seine Untersuchungen einbezogen zu haben. Im Leben ist es entscheidend, ob man versteht und verstanden wird. Ein Beispiel: Eine hochsprachlich sprechende Mutter, die beim Telefonieren gestört wird, wird vielleicht sagen: «Würdest du bitte mal leise sein, solange ich telefoniere!» Die Mutter aus der Unterschicht sagt vielleicht nur: «Pssst!» Die sprachliche Form ist sehr verschieden, und die Ausdrucksweise der Mutter aus der Oberschicht mag schöner erscheinen, aber der Inhalt der Aussage (kommunikativer Gehalt) ist in beiden Fällen derselbe. Dieses Beispiel lenkt unsere Aufmerksamkeit auf einen weiteren Sachverhalt, den Bühler in seiner Untersuchung auch anfänglich einbezogen hat: Sehr oft wird in konkreten Situationen gesprochen, und die Situation wirkt sich in Sprache und Kommunikation aus. Für das Kind gibt es praktische Situationen, Situationen des Nacherzählens oder Fabulierens, Situationen des Nachdenkens, der Hypothesenbildung usw.

Bühler hat nun herausgefunden, daß Kinder der Mittelschicht in redeintensiven Situationen eine gewisse sprachliche Überlegenheit zeigen, sie können also besser diskutieren, in sachintensiven Sprechsituationen macht sich jedoch dieser Vorteil nicht bemerkbar. Was die Grundstrukturen des Satzbaus anlangt, so kommt er zu folgendem Ergebnis: «Die grundlegenden Strukturen werden von allen Kindern dieser Altersstufe beherrscht. Damit stellt sich für den hier untersuchten Sprachraum eine neue Forschungslage gegenüber den Untersuchungen im angelsächsischen Raum ein: Es kann zumindest auf der Ebene der einfachen syntaktischen Kodierung (Beherrschung der grammatischen Grundmuster, C. L.) keine Rede von einem schichtenspezifisch bedingten Bilingualismus sein.»[21]

Dennoch ist die Umwelt nicht ohne Einfluß. Am Anfang dieses Kapitels sprachen wir von den Problemen der technisierten Stadtumwelt und ihrer pädagogisch-menschlichen Fragwürdigkeit. Bühler kommt nun zu einem Resultat, das uns nicht verwundern muß: «Die Größe des Wohnorts bedingt den Informationsgehalt des Sprechens mit. Das Sprechen von Schulanfängern aus Dörfern und Kleinstädten hat einen größeren Informationsgehalt als die Rede von Kindern aus Mittelstädten. Oder anders gesagt: Wenn Landkinder im Unterricht etwas sagen, dann haben sie etwas zu sagen.»[22]

Das kindliche Sprechen übernimmt also die sprachlichen Ausdrucksformen in relativ ähnlicher Weise auch aus verschiedenen Sprachumwelten. Die wichtige Frage des Sprachinhalts entscheidet sich aber nach der Lebensumwelt, nach der Lebenssituation des Sprechers. Das Kind hat etwas zu sagen, wenn es in einer Welt lebt, die es ergreifen, erleben und bearbeiten kann. Eine Welt, die man nur anschauen und begreifen kann, läßt das Kind, was die Kommunikation angeht, verarmen, auch wenn es sprachlich gewandter sein mag. Zusammenfassend kann man feststellen, daß in der individuellen Reifung die Sprache sich über Willensbetätigung und Motorik aufbaut und daß, analog dazu, der Sprechinhalt durch eine Handeln und Erleben anregende Umwelt an Bedeutung gewinnt.

Rudolf Steiner hat von 1907 an auf diese für die kindliche Entwicklung wichtigen Elemente hingewiesen[23]: auf lebenslangen Folgen der Empfindlichkeit und Verletzbarkeit der leiblich-physiologischen Entwicklung in den ersten Lebensjahren, die wesentlich nicht durch Worte, durch Begriffe, Ermahnungen geformt und beeinflußt wird, sondern durch die Lebensumwelt, durch vorbildendes Tun in der Umgebung des Kindes und durch die Möglichkeit zum kindlichen Spiel. Die bis hier nur sehr flüchtig skizzierten Elemente menschlicher Entwicklung im Kindesalter könnten zu einem vollständigen Bild ergänzt werden. Das ist in unserem Zusammenhang nicht notwendig: Es ging hier zunächst nur darum, auf die Tatsache der vielfältigen Entwicklung, die zu übersehen Zeittendenz ist, aufmerksam zu machen. Für eine Darstellung der Waldorfpädagogik ist es an dieser Stelle erforderlich, deutlich zu machen, worin der Unterschied der anthroposophisch orientierten Deutung der menschlichen Entwicklung zu der herkömmlichen Deutung besteht.

Rudolf Steiner spricht im Hinblick auf die Entwicklung des jungen Menschen nicht in erster Linie von «Reifung» oder «Entfaltung». Diese dem Pflanzenbereich entnommenen Metaphern treffen zwar auch einige der Entwicklungsphänomene, aber sie wecken doch allzuleicht die Vorstellung eines gleichmäßigen Wachstums und charakterisieren relativ schnelle, qualitative Veränderungen nicht genügend. Natürlich geht auch das schrittweise Wachstum der Pflanze so vor sich, das tiefe Einschnitte zwischen Blatt und Blüte, Blüte und Frucht zu beobachten sind, die menschliche Entwicklung zeichnet sich – man möchte fast sagen: leider – nicht durch derart deutlich *sichtbare* Wandlungen aus; dennoch sind die Wandlungen tiefgreifender und einschneidender. Steiner spricht deshalb von drei für die kindliche Entwicklung entscheidenden «Geburten»:

– der Geburt des physischen Leibes,
– der Geburt des Bildekräfteleibes,
– der Geburt des Empfindungsleibes.

Man könnte statt des Wortes «Geburt» auch das Wort «Freiwerden» oder «Zur Verfügung stehen» verwenden. Das Bild der Geburt wird deutlich durch die physische Geburt: Der Embryo wächst im Mutterleib, er wird von der Mutter geschützt und ernährt, er führt in diesem Mutterleib ein relativ selbständiges Leben, er ist vor äußeren Einwirkungen weitgehend geschützt. Erst mit der Geburt, mit dem ersten Atemzug, tritt das Neugeborene *unmittelbar* mit der physischen Umgebung in Verbindung, und nun beginnen alle äußeren Einflüsse wie Ernährung, Luft, Wärme usw. direkt auf es einzuwirken. In den Jahren nach der Geburt, bis etwa zum siebten Jahr, vor allem aber in den ersten drei Jahren, wird der physische Leib ausgebildet, besonders aber das Gehirn und die Nervensysteme.

Die von Steiner beschriebene «Geburt des Bildekräfteleibes» ist keine äußerlich wahrnehmbare Tatsache. Aber innerlich erfährt das Kind, das schulreif wird, daß es ein neues Element beherrscht.

Es verfügt etwa mit dem siebten Jahr über eine freie Phantasie, über eine freie Vorstellungs- und Erinnerungsmöglichkeit. Es kann sich selber, ohne von außen angeregt zu sein, an das erinnern, was es will, es bildet seine eigenen freien Phantasien. Dieses Element unterscheidet sich von dem bis dahin von außen ständig beeindruckten Seelenleben des Kleinkindes vor dem siebten Lebensjahr. Das Seelenleben des Kleinkindes kennzeichnet eine äußerst rege Phantasie, aber diese Phantasie bezieht sich immer auf vorhandene, sichtbare Objekte: Der Stuhl, auf dem es rittlings sitzt, ist ein Pferd, der Tisch, unter den es sich verkriecht, ist ein Haus, die Schwester ist Kind oder Vater. Mit dem siebten Jahr *verinnerlicht* sich diese Phantasie. Gleichzeitig befreit sich das Vorstellen von unmittelbaren Anlässen. Das Kleinkind lebt noch wesentlich hingegeben an die Vorgänge der Welt um es her, es imitiert diese Vorgänge, und im Nachsprechen, im Nachtun liegt der wesentliche Lernstil der Kinder vor dem Zahnwechsel. Mit dem siebten Lebensjahr etwa ändert sich dies. Die Dinge der Außenwelt sind nicht mehr in dem bisherigen Maße Phantasieobjekte: Eine Reihe von Klötzen ist eine Reihe von Klötzen und nicht mehr eine Schlange, «die dich beißen kann». In jedem Fall unterscheiden Kinder ihre eigene, nun innerlich erlebte Phantasie von den Dingen, auf die sie sie projizieren. Im Umgang mit dieser realistisch erlebten Außenwelt tritt nun auch ein aktives Verhalten auf. Kinder erproben ihr Tun und sagen dann: «Wenn ich den Stein so flach werfe, dann springt er immer wieder auf.» Die Regel, das Gesetz, wird innerlich erfaßt und formuliert. Dieser entscheidende Schritt zur Verinnerlichung, zum Denken in Regeln, zum Erfassen von Größenverhältnissen usw. ist nun auf das Freiwerden, auf die «Geburt» derjenigen Kräfte zurückzuführen, die bis dahin allein am Körper organisierend und aufbauend gewirkt haben. Diese Kräfte, die namentlich das Gehirn zu seiner vollen Reife entwickelt haben, nennt Steiner «Bildekräfte».

Daß in der Tat die Formierung des Gehirns zu diesem Zeitpunkt abgeschlossen ist, hat die Neurologie festgestellt: «Die Reifung des nervösen Zentralorgans ist bereits im 8. Lebensjahr so weit vollendet, daß keine signifikanten anatomischen Unterschiede gegenüber dem Nervensystem des Erwachsenen mehr bestehen.»[24] Diejenigen Bildekräfte, die ihre Aufgabe in der Leibesorganisation beendet haben, stehen also dem Lernen zur Verfügung, so daß das Gedanken-, Phantasie- und Erinnerungsleben sich nun nicht mehr auf die sinnliche Gegenwart der Dinge stützen und sich mit ihnen identifizieren muß. Diese Bildekräfte werden nicht gegenständlich erfahren, sie bilden aber das Widerlager der Vorstellungstätigkeit, die rein innerlich verläuft. In diesem Tatbestand liegt der Grund, warum von seiten der Waldorfpädagogik eine bestimmte Art der Vorschulerziehung – nämlich die, die ein selbständiges Vorstellen, ein innerliches Vergleichen usw. voraussetzt – abgelehnt wird. Einmal ist diese Art des Lernens nur ein Scheinlernen, eine Dressur, die innerlich nicht mitvollzogen wird – und wir halten es für politisch gefährlich, wenn Kinder früh daran gewöhnt werden, auf Dressur zu reagieren, anstatt altersgemäß *und* sachgemäß einsehend zu erfassen. Zum anderen kann der Versuch einer verfrühten Inanspruchnahme des Vorstellens eine Störung der organbildenden Prozesse ergeben.

Die Jahre nach dem Eintritt der Schulreife bis zur Geschlechtsreife dienen der Ausbildung und Übung der freigewordenen Bildekräfte. Es sind dies die Jahre des Lernens im engeren Sinn. Besonders auffällig ist in diesen Jahren das Gedächtnis, seine Leistung steigt jetzt bis zum dreizehnten Jahr ununterbrochen steil an. Jetzt ist die Zeit, in der fremde

Sprachen wie spielend gelernt werden, mit dem zehnten Jahr werden nicht nur Dinge aller Art – Briefmarken, Steine und Schrauben – gesammelt. Man sammelt auch Kenntnisse: Namen von Hauptstädten aus aller Welt, höchste Berge und längste Flüsse werden «persönlicher Besitz», im Wettkampf mißt man sich mit Altersgenossen, und wer irgendeine Absonderlichkeit, vielleicht die Hauptstadt der Republik Nauru, vorzuweisen hat (sie heißt Makwa), ist Sieger. Gleichzeitig fällt auf, was in diesem Alter alles noch nicht interessiert und was schlichtweg «blöd» ist. Man kann in der Ausbildung des verinnerlichten Lernens deutlich drei Stadien unterscheiden:

- Ein erstes Stadium ist dadurch gekennzeichnet, daß die Innerlichkeit sich noch ganz an konkreten Bildern, die vorzugsweise Erzählungen entnommen sind, orientiert. Diese Bilder sind so, daß in ihnen Moralisches, Gefühlhaftes mit dem Anschaulichen voll verbunden ist, aber noch nicht abstrahiert als Bedeutung hervortritt.
- In einem zweiten Stadium tritt der Realbezug, das Interesse an den Sachen, viel stärker hervor. Es erscheint aber auch das moralische Element an sich in den Äußerungen der Kinder, das Wissen wird viel stärker Eigentum, worauf die erwähnte Sammelleidenschaft und ein öfter zu beobachtender Lerneifer hindeuten. Das Denken der Kinder fragt auch schon nach dem, was nicht da ist, nach dem, was man nicht sieht. Was in diesem Alter gelernt wird, bleibt wie ein Schatz für das ganze Leben.
- Ein drittes Stadium, die Präadoleszenz, in der die Gliedmaßen sich strecken, ja staksig werden, bringt das Vorstellen und Erfassen irdischer Verhältnisse zur Reife. Nun kann sich ein ausgesprochen technisch-mechanischer Kausalbegriff, eine treffende historische Zeitvorstellung entwickeln. Es herrscht aber noch weiter ein Realismus vor, der zu schwierigeren Abstraktionen wie «Demokratie», «Staat», «Gewaltenteilung» usw. noch keinen Zugang hat. Abstraktionen wie «Gerechtigkeit» werden stark gefühlsbetont am eigenen Leben und an konkreten Beispielen aus Erzählungen formuliert.

Die dritte «Geburt», das Freiwerden der individuellen Empfindungs- und Urteilsfähigkeit, ist noch schwieriger zu beschreiben und zu beobachten. Es müßte zum Beispiel erst geklärt werden, was als eigenes Urteil, was als individuelle Empfindung angesehen wird. Das würde hier zu weit führen. Andererseits ist aber gerade der Emanzipationsprozeß der Jugendlichen, der in diesem Alter einsetzt und nicht nur dazu führt, daß sie nun verlangen, zu eigenen Urteilen zu kommen, sondern auch räumlich Distanz zwischen sich und die Eltern legen wollen, eine bekannte Erscheinung, auch wenn sein Verlauf höchst individuelle Züge annehmen kann.

An dieser Stelle wenden wir uns zu unserer Ausgangsfrage zurück: Woran kann sich das pädagogische Handeln orientieren? Der bekannte

Psychologe und Pädagoge Hans Aebli zweifelt an der Möglichkeit, Didaktik und Unterricht an den Ergebnissen der Entwicklungspsychologie zu orientieren: «Die Entwicklungspsychologie hat bei ihrem derzeitigen Wissensstand keine Kriterien zur Auswahl von Inhalten des Curriculums zu geben.»[25] Aebli meint, daß heute allein die innere Organisation des Wissens, die Hierarchie der Begriffe und Gehalte, den Lehrplan bestimmen kann. Die kindliche Entwicklung sei zu diffus und instabil. Etwas anders scheint in dieser Hinsicht Heinrich Roth zu denken, der im zweiten Band seiner ‹*Pädagogischen Anthropologie*› vor der Überbewertung der neuen Entdeckungen in bezug auf die umweltbedingten Lernvorgänge warnt und darauf hinweist, daß die «medizinisch-biologische Betrachtungsweise der Entwicklung keineswegs überholt ist»[26].

Gerade in unserer Zeit, die durch wohl nur selten sich ereignende Veränderungen im Erscheinungsbild des Jugendlichen gekennzeichnet ist – man denke an die Akzeleration und die Verschiebung der Geschlechtsreife[27] –, besteht aller Anlaß, die Skepsis Aeblis in bezug auf einen stabilen und regelmäßigen Ablauf der kindlichen Entwicklung ernst zu nehmen. Dennoch meint man in Waldorfschulen, auch die sich wandelnden Phänomene der kindlichen Entwicklung ernst nehmen und sich an ihnen orientieren zu müssen. Mit dem Wort «orientieren» sei nur ausgedrückt, daß man auf die Entwicklung hinblickt, daß man sie stets berücksichtigt: Aber die hier skizzierte Entwicklung ist noch nicht der Lehrplan oder die Anleitung zu Unterrichtsmethode. Es handelt sich keineswegs nur darum, daß zu jedem Alter passende Stoffe gesucht werden müssen. Zumindest stellt sich ja die Frage, wie man mit den neuerwachten Fähigkeiten jeweils so umgeht, daß man sie pflegt und fördert. Also konkret: Wie pflegt man zum Beispiel das Gedächtnis? Ist Vokabeln lernen der rechte Weg? Wie steht es um das Lernen von Gedichten? Oder soll man das große Einmaleins auswendig können? Oder ist vielleicht diese Art der Beanspruchung des Gedächtnisses insgesamt falsch?

Man wird oft als Lehrer nach irgendwelchen Rezepten für dieses oder jenes Erziehungsproblem gefragt. Ich halte es auch für gut und richtig, wo immer möglich, Rezepte zu geben. Die überhebliche Attitüde, «Wir haben hier keine Rezepte zu geben!», die der Gemeinplatz so vieler Diskussionen und Sonntagsreden ist, macht es sich zu leicht, indem man nur «Fragen in den Raum stellt» oder meint, es gehe darum, Erschütterung zu vermitteln. Das Rezept ist eine ehrliche Sache: Es kann ausprobiert werden, es kann verbessert werden, es kann sich als falsch erweisen, es setzt bei dem, der es gibt, Einsicht und Anstrengung voraus, die mehr wert sind als die erhabene Geste «Wir haben keine Rezepte zu geben», sehe jeder, wie er selber weiterkomme. Die Rezepte aber, die in der Pädagogik zu geben sind, setzen etwas anderes voraus als nur, daß man sie richtig versteht und dann auf die Kinder anwendet.

Das Grundrezept für den Lehrer, für Eltern und Erzieher ist, daß sich Lehrer, Eltern und Erzieher am Kind gleichermaßen erziehen müssen – und *dafür* sind die Ergebnisse der Entwicklungspsychologie eine Hilfe. Die Entwicklungsformen an sich, wenn sie einfach als ewige Prinzipien auf den Unterricht übertragen würden, könnten allerdings zu einer Phasendogmatik führen, sie hätten das Ergebnis, daß hier eine Norm gesetzt würde, nach der alle Kinder über den gleichen Kamm geschoren würden. Das aber gerade soll nicht sein.

Es gibt eine wichtige Regel für alles Erkennen. Sie lautet: «Was man nicht weiß, sieht man nicht.» Und so ergeht es der kindlichen Entwicklung: Weil man für sie meist keine Begriffe hat außer solch relativ dummen und wenig instruktiven wie «zweite Trotzphase», wird die kindliche Entwicklung viel zu ungenau beobachtet. Es geht mir darum, daß Lehrer und Eltern Beobachter werden. Die Begriffe und Beobachtungen der Menschenkunde sollen dazu helfen, sie sollen die Lehrer, um ein Modewort zu gebrauchen, für Fragen und Probleme sensibilisieren. Der eigentliche Sinn aller Kenntnisse über die Entfaltung des Kindes ist nicht, daß sie als ein objektiver Tatbestand gewußt oder geglaubt wird, sondern daß sie das jeweils Spezifische der kindlichen Entwicklung, im einzelnen Fall ebenso wie in der allgemeineren Entwicklung einer Klasse, überhaupt ins Blickfeld rückt. Man fällt sonst zurück in jene Auffassung der Aufklärung, die im Kind den kleinen Erwachsenen sah und ihn nur durch seine – möglichst bald zu behebenden – Mängel charakterisierte.

Für den Lehrer ebenso wie für Eltern bestehen nämlich gewisse Gefahren. Beim Lehrer nimmt die Gefahr die Gestalt an, daß er in erster Linie den zu vermittelnden Stoff, den Unterrichtsinhalt, vor sich sieht. Er ist vielleicht selber von dem Stoff der Sozialkunde oder von irgendeinem mathematischen Problem fasziniert. Was ja an sich nicht schlecht, sogar höchst wünschenswert ist. Nun überlegt er sich, wie er diesen Stoff so vereinfacht und in kleine Häppchen und Probleme aufbereitet, daß er meint, die Kinder müßten es verstehen. Gerade wenn er sich Mühe gegeben hat, ist er vielleicht enttäuscht, wenn die Schüler es nicht verstehen. Oft beginnt er dann, sich zu wiederholen, er «erklärt» denselben Stoff noch mal und noch mal, bis die Schüler es kapiert haben (was auch mal ganz gut sein kann), aber er fragt sich nicht: «Warum verstehen die Kinder das nicht?» Er fragt sich allzuoft nicht: «Was kann man aus den Fehlern ablesen, die Kinder machen? Was lerne ich aus der Art der Mißverständnisse meiner Schüler?» Es kommt nun für den Lehrer darauf an, nicht nur aus seinen Schwierigkeiten zu lernen, sondern darüber hinaus zur Beobachtung der Entwicklung und zu den latenten Fragen der Kinder zu gelangen: Er muß sozusagen deren objektive Bedürfnisse erforschen.

Bei den Eltern und Erziehern liegt das Problem ein wenig anders. Sie werden nicht durch den Lehrstoff, hinter dem der Prüfungsdruck stehen kann, sondern durch irgendwelche Lebenssituationen, sei es durch die Wohnbedingungen, die Nachbarn, sei es durch eigene Berufstätigkeit oder die gedankenlos übernommene Art, Kinder durch Fernsehen zu beschäftigen oder in ein Kinderzimmer abzuschieben, daran gehindert, die Kinder zu beobachten. Auch hier könnte durch Hinweise auf das, was es alles zu bemerken gibt, durch eine systematische Elternarbeit viel Interesse geweckt werden, und zwar ein Interesse, das durch Beobachtung der Kinder auch wirklich zu ihrer Förderung und zur Lösung ihrer Probleme führen könnte.

Es ist in diesem Zusammenhang durchaus denkbar, daß einzelne Behauptungen und Ergebnisse der Entwicklungspsychologie revidiert werden müssen; es ist ebenso denkbar, daß man auf diesem Wege Wandlungen der Kindesentwicklung, wie sie etwa durch dic Akzeleration deutlich werden, bessсr erfaßt. Schließlich wird man bei genauer, längerer Beobachtung auch herausfinden können, welche Wirkung einzelne Faktoren an der Formung des Kindes haben, denn das *Wie* der Auswirkung vieler Elemente ist weitgehend unerforscht.

Entscheidend ist aber ganz wesentlich bei dem Ansatz der Waldorfpädagogik, daß das pädagogische Interesse in erster Linie Kindern zugewendet wird. Die gesamte psychologische Bemühung dient der Motivation der Erzieher. Freilich soll es bei ihr allein nicht bleiben. Um was es Steiner bei all diesen Versuchen ging, hat er bei den letzten pädagogischen Vorträgen, die er 1924 in Stuttgart gehalten hat, zusammengefaßt. Er führt dort aus, daß aller Unterricht, alle Erziehung letztlich auf Menschenerkenntnis gegründet sein müßten. Nun denkt man bei dem Wort «Menschenerkenntnis» zunächst fast automatisch an etwas Objektives, an gültige Sätze, die irgendwo, vielleicht in Büchern, stehen oder von Professoren erforscht worden sind. Steiner meint aber etwas ganz Elementares. Er macht auf das aufmerksam, was sich zwischen Menschen abspielt, wenn Menschen einander begegnen: Bei jeder Begegnung zwischen Menschen spielt sich viel mehr ab, als das, was man ins Bewußtsein heraufzuholen gewillt ist; und «in den unbewußten Empfindungen, Gefühlen, vor allem in jenen Impulsen, die dem Willen zugrunde liegen, trägt der Mensch eine unbewußte Erkenntnis des anderen, der ihm im Leben begegnet». Um zu verdeutlichen, was er meint, verweist Steiner auf eine allgemeinere Erfahrung, deren Beachtung vielleicht jene Erkenntnis mehr in das Licht der Aufmerksamkeit bringen könnte: «Auch dasjenige, was wir Mitgefühl nennen und was im Grunde genommen einer der bedeutungsvollsten Impulse aller Moralität der Menschen ist, auch das gehört zu der unbewußten Menschenerkenntnis, von der ich hier spreche.» Diese Art der Menschenerkenntnis, dieses Mitgefühl kann man entweder versuchen auszuschalten, indem man die Erziehung immer weiter objektiviert und schließlich womöglich Maschinen, zentral gesteuerten Computern anvertraut, oder man kann versuchen, diese Art unbewußt bleibender Menschenerkenntnis – von der Steiner mit Recht bemerkt, daß wir nach ihr handeln, daß sie unser Urteil nolens volens beeinflusse – nicht nur in das Licht der Aufmerksamkeit zu rücken: Man kann darüber hinaus beginnen, sich in dieser Hinsicht zu erziehen. Man kann diese halbbewußte Menschenkenntnis kultivieren, disziplinieren und immer mehr ins Spiel bringen.

Solange Lehrer Schüler unterrichten, spielt sich dieses halb unbewußte Kontaktaufnehmen, dieses Sichkennenlernen immer ab. Mag auch der Lehrer durch lange Routine abgestumpft sein: Die Kinder, die Schüler sind es nicht. Sie fragen sich in allererster Linie: Was ist das für ein Mensch, der da vor uns steht? Sie können oft das, was sie empfinden, nicht in Worte fassen. Aber sie spüren: Ist dieser Lehrer an uns interessiert, will er uns helfen oder fördern, oder will er uns nur vollstopfen mit Wissen, will er gar mit uns glänzen?

Die Erziehung der Erzieher, die sich im unmittelbaren Umgang mit den Schülern, im Unterricht, auf dem Pausenhof, bei der Beurteilung der Schülerarbeiten bewähren muß, ist nicht irgendeine Sache, die sich schon von selber regelt. Sie bedarf der Instrumente, und zwar nicht nur der Instanz des Lehrergewissens, sondern eben auch der ständigen Korrektur angesichts des Verhaltens, des Verstehens und Könnens der Schüler. Für gewöhnlich wird das Verhalten der Schüler unter viel zu simplen Kategorien gesehen und beurteilt: diszipliniert/undiszipliniert, fleißig/faul usw. Diese Kategorien haben wenig zu sagen. Aber fragt der Lehrer, ob seine Kinder gut schlafen? Fragt er, ob sie blaß und schmächtig sind, ob sie nervös sind? Fragt er, ob sie der Unterricht interessiert, ob sie Freude daran haben? Untersucht er irgendwie, ob seine Schüler, das, was sie lernen, wirklich verstehen, so daß sie es im Leben draußen wiedersehen, anwenden können? Beobachtet er, wie die Kinder von sich aus reden? Interessiert den Lehrer, was die Schüler interessiert? Damit diese Fragen angeregt und sinnvoll gesteuert werden, muß der Lehrer sich ständig mit der Entwicklung und Psychologie der jungen Menschen befassen: Dann wird er im Anblick der Kinder sich selbst erziehen, weil er bemerkt, was er tut.

Ein unscheinbares Beispiel zum Schluß. X war ein nettes Mädchen, etwa sechzehn Jahre alt. Sie störte im Unterricht nie. Sie machte ihre Aufgaben und lernte, was es zu lernen gab. Voll Vertrauen fragte sie die Lehrer nach dem Verlauf des Unterrichts, nach Besuchern, die in der Klasse hospitierten: kurz – äußerlich gab es keine Probleme. Im Gespräch mit anderen Kollegen stellt sich heraus, daß alle gleichermaßen eine große Offenheit und Zugänglichkeit bemerken – eine Eigenschaft, die sich viele Lehrer bei ihren Schülern nur wünschen würden. Der Gefühlseindruck macht darauf aufmerksam, daß diese Offenheit, die nur angedeutete Gefahr in sich birgt, daß dieser junge Mensch nicht zu einer genügenden Selbständigkeit, zu einer Konturierung des eigenen Wesens kommt, die man bei den Altersgenossen beobachten kann, und so ergibt sich aus Gesprächen mit Kollegen für den Lehrer die Aufgabe, der Individualisierung nachzuhelfen, indem man als Lehrer gewisse Forderungen stellt, die auf Selbständigkeit zielen, indem man im Verhalten selber sich so verhält, daß X zu jener Distanz findet, die sie später im Leben braucht.

3. Die Schule im Leben des Kindes

Der Weg in die Schule

Vor Ivan Illich war Goethe. Wir lesen in den Maximen und Reflexionen: «Welche Erziehungsart ist für die beste zu halten? Antwort: die der Hydrioten. Als Insulaner und Seefahrer nehmen sie ihre Knaben gleich mit zu Schiffe und lassen sie im Dienste herankrabbeln. Wie sie etwas leisten, haben sie Teil am Gewinn; und so kümmern sie sich schon um Handel, Tausch und Beute, und es bilden sich die tüchtigsten Küsten- und Seefahrer, die klügsten Handelsleute und verwegensten Piraten.» Besser als die Schule lehrt das Leben, Handfesteres als in der Schule lernt man bei der Arbeit, klug wird man in der Schule ohnehin nicht. Man lernt nur etwas wissen, schließlich hat man den Kopf voller Gedanken.

In diesem Sinne berichtet auch Rudolf Steiner in seiner Autobiographie: «Ich konnte auch bei ihm kein rechtes Interesse zu dem fassen, was durch den Unterricht an mich herankommen sollte. Für das, was mein Vater schrieb, interessierte ich mich. Ich wollte nachmachen, was er tat. Dabei lernte ich so manches. Zu dem, was von ihm zugerichtet wurde, daß ich es zu meiner Ausbildung tun sollte, konnte ich kein Verhältnis finden. Dagegen wuchs ich auf kindliche Art in alles hinein, was praktische Lebensbetätigung war. Wie der Eisenbahndienst verläuft, was alles mit ihm verbunden ist, erregte meine Aufmerksamkeit. Besonders aber war es das Naturgesetzliche, das mich gerade in seinen kleinen Ausläufern anzog. Wenn ich schrieb, so tat ich das, weil ich eben mußte; ich tat es sogar möglichst schnell, damit ich eine Seite bald vollgeschrieben hatte. Denn nun konnte ich das Geschriebene mit Streusand, dessen sich mein Vater bediente, bestreuen. Und da fesselte mich dann, wie schnell der Streusand mit der Tinte auftrocknete und welches stoffliche Gemenge er mit ihr gab. Ich probierte immer wieder mit den Fingern die Buchstaben ab; welche schon aufgetrocknet seien, welche nicht. Meine Neugierde dabei war sehr groß, und dadurch kam ich zumeist zu früh an die Buchstaben heran. Meine Schriftproben nahmen dadurch eine Gestalt an, die meinem Vater gar nicht gefiel. Er war aber gutmütig und strafte mich nur damit, daß er mich oft einen unverbesserlichen ‹Patzer› nannte. – Es war dies aber nicht die einzige Sache, die sich bei mir aus dem Schreiben entwickelte. Mehr als meine Buchstabenformen interessierte mich die Gestalt der Schreibfeder. Wenn ich das Papiermesser meines Vaters nahm, so konnte ich es in den Schlitz der Feder hineintreiben und so physikalische Studien über die Elastizität des Federnmateriales machen. Ich bog dann allerdings die Feder wieder zusammen; aber die Schönheit meiner Schriftwerke litt gar sehr darunter.»[28]

Es gibt wohl unzählige Menschen, die ähnliches berichten können. Denke ich an meine eigene Schulzeit zurück, so erinnere ich mich noch genau an den Schulweg, an den Bach, wo unter der Brücke die Forellen standen, an den Feldweg mit den Holunderstauden, ja an das Schulhaus erinnere ich mich: Was aber in den Klassenzimmern geschah, ist so gut wie ganz meinem Gedächtnis entschwunden, es versinkt in einem Grau in Grau. Nur dort, wo irgendwo das Leben in die Schule hereinragte, kann die Erinnerung Fuß fassen, etwa dort, wo der Lehrer Schrader sich durch einen Jungen aus der Klasse Hühnerfutter von der Mühle bestellte und mitbringen ließ.

Die Frage ist, ob man aus diesen Fakten etwas lernen kann. Soll man, kann man die Schule ganz abschaffen? Übertrieben und ungut ist es ganz gewiß, wenn beispielsweise ein Universitätsstudent etwa vom sechsten bis zum 26. Lebensjahr, volle zwanzig Jahre seines Lebens, von Schule zu Schule geht – nur ein Glück, daß man in jenen zwanzig Jahren auch noch etwas anderes tut. Von der Struktur unserer Gesellschaft her scheint auch ein Landwirt ohne ein gewisses Maß an Schule nicht auszukommen: Es geht nicht nur darum, daß ein Bauer die Kulturtechniken des Rechnens, Lesens und Schreibens beherrschen muß. Er muß auch eine Vorstellung von dem haben, was um ihn herum in der Welt vor sich geht, er muß in seinem eigenen Beruf, in Düngung oder Viehhaltung mehr als das wissen, was durch Praxis allein zu überliefern ist. Man kann die Schule wohl kaum ganz abschaffen. Aber man kann sie tiefgreifender verändern, tiefgreifender, als das auch die Waldorfschulen bis heute getan haben. Steiner war sich dessen bewußt. Als er am Vorabend des ersten Kurses für die kommenden Waldorflehrer die Perspektiven skizzierte, sagte er neben vielem anderen auch das folgende: «Aber wir haben es nötig, Kompromisse zu schließen. Kompromisse sind notwendig, denn wir sind heute noch nicht soweit, um eine wirklich freie Tat zu vollbringen. Schlechte Lehrziele, schlechte Abschlußziele werden uns vom Staat vorgeschrieben.»[29]

Es wird ferner von Steiner berichtet, er habe sich auf dem Krankenlager, von dem er nicht mehr aufstehen sollte, mit dem Gedanken getragen, die Waldorfschule gründlich zu ändern!

Es ist heute jedenfalls ein merkwürdiges Charakteristikum der staatlichen Schulen, daß sie tendenziell sich vom «Leben» entfernen. Ein Beispiel: Lehrer wird heute, wer eigens dafür ausgebildet worden ist. Wie wäre es aber, wenn man Menschen, die im Beruf ihre Frau oder ihren Mann in vorzüglicher Weise gestanden und die Lust zum Lehrberuf hätten, einfach Lehrer werden ließe? Genau das tat man, als 1919 die erste Waldorfschule gegründet wurde. Für die Schulen arbeitet ferner eine ganze, höchst eigenartige Industrie: die Schulbuchfabrikanten. Die Tatsache, daß es eigens für den Schulzweck verfaßte Bücher gibt, Lesebücher, Rechenbücher, Geschichtsbücher usw. fällt niemandem mehr auf. Und doch: Warum läßt man Kinder nicht ganz gewöhnliche Bücher lesen?

Das seltsamste Produkt der Schulen sind aber die Prüfungen, bei denen ja nichts anderes geschieht, als daß ein eigens zu diesem Zweck beigebrachtes Wissen den Schülern wieder abgefragt wird. Ein im Grunde völlig absurder Vorgang, der nur deshalb entstanden ist, weil nur abfragbares, genormtes, in Häppchen aufteilbares Wissen so geprüft werden kann, daß ein quantifizierbares Ergebnis herauskommt. Zwei Beispiele des Absurden. In der «Staatsbürgerkunde» ist es eine beliebte Frage: «Wie kann der Bundeskanzler gestürzt werden?» Antwort: «Durch konstruktives Mißtrauensvotum!» Dieses eingelernte Sprachspiel ist ganz nett: Aber wann findet der Schüler je Gelegenheit, es in der Praxis zu verwenden? Im Fremdsprachenunterricht werden Übersetzungen aus diesen Sprachen angefertigt. Bewertet werden die Übersetzungen nach Fehlerzahl. Dabei kommt es oft vor, daß jemand, der den Text völlig mißverstanden hat, noch die Note «Befriedigend» oder «Ausreichend» erhalten kann. Warum das? Man braucht ein, wie man es nennt, objektives Kriterium für die Leistung. Für das Verstehen gibt es aber im Rahmen einer Prüfung kein objektives Kriterium. Im Leben aber ist es entscheidend, ob man eine Anweisung in einer fremden Sprache versteht oder ob man sie mißdeutet.

Diese seltsame Betonung des Unwesentlichen durchzieht die ganze Schule und verpestet sie. Denn was am Ende der Schulzeit die Prüfung ist, das ist zwischendurch die Versetzung. Auf der Suche nach «objektiven» Kriterien hängt man die Sache wieder an den leicht greifbaren Dingen, etwa an den Rechtschreibefehlern, auf, ja man erfindet so beleidigende und dumme Sprüche wie den: «Wer ‹nämlich› mit h schreibt, ist dämlich!» Wirklich dämlich ist in der Tat aber nur der, der nicht merkt, daß es für das Kommunikationsverhalten völlig gleichgültig ist, ob man «nämlich» mit oder ohne h schreibt.

Eben diese Prüfungen mit ihrer eigens fabrizierten, weitgehend lebensfremden «Objektivität» geben so vielen Schulen von vornherein jenes schwarze Pathos bitteren Ernstes, das schon die Grundschule durchziehen kann, denn noch immer besteht ein wesentlicher Teil der Arbeit jener Jahre in der Vorbereitung auf die Aufnahmeprüfung für Gymnasium und Realschule. Das Training für diese Aufnahmeprüfung programmiert den Schulalltag: Diktat im Deutschen, Textaufgaben in

Mathematik setzen dem Lehrer Ziele, geben ihm Autorität. Von diesen vorgegebenen Zielen her werden die Lernprozesse deformiert, es kommt Hast und Leistungsdruck schon auf die Neunjährigen zu: Das Pensum soll geschafft werden; der Lehrer selber will nicht schlecht abschneiden, er will gerne glänzen, indem er einen möglichst hohen Prozentsatz seiner Schüler ins Gymnasium befördert.

Schule muß nicht so sein, und vieles kann den Kindern erspart werden. Die Organisatoren von Schule sollten begreifen, was sie eigentlich dem Kind antun und was die Schule für das Kind ist.

Ulrike oder Markus wissen schon lange, daß sie bald in die Schule kommen, in einem Jahr oder so. Die Eltern haben es ihnen erzählt, von den Spielgefährten im Kindergarten haben sie es immer wieder gehört. Onkel und Tanten haben Dutzende von Malen gefragt: «Wann kommst du denn in die Schule?» Ulrike kennt auch schon die Lehrerin der Schule, und vielleicht kann sie es ihr eines Tages sagen: «Du, ich komme zu dir in die Schule.» Ja die Schule, das muß etwas Wunderbares sein, etwas ganz Wichtiges, und die Erwartung steigert sich bis zum ersten Schultag.

Gewiß ist die Erwartung, die sich auf das Zauberreich Schule richtet, ein gesellschaftliches Produkt, dem Kind von der Umwelt beigebracht. Ebenso ist das Bild von dem, was man von der Schule erwartet, Produkt einer gesellschaftlich erzeugten Vorstellung von Schule, je nach Ort und Elternhaus verschieden. Dennoch ist die Erwartung, die sich auf die Schule richtet, eine Kraft, mit der man später arbeiten kann, eine Energiequelle, die man aber ebensogut verstopfen kann.

Die Aufnahme in die Waldorfschule ist eine große Feier. Die ganze Schulgemeinschaft erwartet die Kleinen, die noch an der Hand der Mutter, oft auch des Vaters in den großen Saal kommen. Der Saal ist groß und hoch, oben auf der Bühne sitzen große Kinder, die machen Musik. Und dann werden sie aufgerufen, der Markus, die Ulrike und die anderen Kinder: Sie gehen von den Eltern weg, hin zu dem Lehrer, der sie begrüßt. Da stehen sie auf der Bühne mit vielen kleinen Kindern und schauen in den großen Saal, wo Hunderte von Kindern sich freuen, daß nun der Markus und die Ulrike da sind.

Von der Bühne herunter führt der Lehrer die Schulanfänger in das Klassenzimmer. Das Klassenzimmer ist in einem warmen Rot gestrichen, Bilder schmücken die Wände, Blumen die Fensterbank. Jedes Kind hat seinen Platz, die Jungen sitzen neben den Mädchen, und vorne steht der Lehrer. Jetzt sind die Kinder in einer ganz neuen Welt. Diese Klasse ist nun ihre Klasse, dieser Lehrer ist ihr Lehrer, und sie werden ihn acht volle Schuljahre als Klassenlehrer haben. An den Wänden werden bald ihre eigenen Bilder und Buchstaben hängen. Noch aber ist alles neu.

In diesem Neuen sich zu finden, sich zu orientieren, in ihm nicht verloren zu sein ist gerade für die Kleinsten ganz wichtig. Sie freuen sich, wenn sie neben ihrem Klassenlehrer auch noch andere Lehrer kennen, und sie erwarten, von ihnen gekannt zu werden. Von durchschlagender Bedeutung aber ist die erste Schulstunde. Von ihr fällt ein Licht auf die kommenden Wochen. Der Inhalt einer solchen Stunde muß ganz elementar sein, so daß jeder Schüler einsteigen, ihn miterleben kann. Zwei Urelemente, die in der Schrift ebenso immer wieder erscheinen, wie sie in der Natur beobachtet werden können, sind die gerade und die krumme Linie. Sie sind noch ganz sie selber, sie bedeuten noch nichts, und so kann sie jeder «verstehen». Auch kann sie jeder Schüler fühlen: die gerade, wenn er selber aufrecht steht, die krumme, wenn er sich beugt. Nun zeichnet der Lehrer möglichst langsam eine gerade und eine krumme Linie an die Tafel. Dann kommt jedes Kind an die Tafel, nimmt die Kreide und zeichnet eine lange Gerade, daneben eine lange Krumme. So kommt ein Schüler nach dem anderen an die Tafel, und schließlich ist an der Tafel das Bild der gemeinsamen Arbeit zu sehen: eine Schar von Geraden, eine Schar von Krummen. Auch wenn es sich der Erwachsene nur schwer vorstellen kann, so ist doch dieses Hervortreten aus der Gruppe, dieses Zeichnen an der Tafel, das folgende gemeinsame Anschauen etwas sehr Wichtiges für den Schüler: Sie werden so durch ein Tun herausgehoben und zusammengefaßt. Überdies unterschätze man die Schwierigkeit der Aufgabe nicht, eine gerade und eine krumme Linie zu zeichnen.

Dieses nicht jedermann sofort einleuchtende Verfahren wurde geschildert, weil an ihm wie am folgenden etwas deutlich werden muß, worauf es in der Waldorfschule ankommt, nämlich daß das Wissen aus einem Können herausentwickelt wird, aus etwas, was dem Kind nicht einfach «beigebracht» wird. Wenn irgend möglich soll das Gelernte so sein, das das Kind sich mit ihm verbinden kann, es soll kein Fremdes sein, das nur geglaubt und gelernt werden muß wie eine Regel. Um das anschaulich zu machen, noch etwas über die Einführung der Buchstaben. An einer staatlichen Schule konnte folgendes beobachtet werden. Wolfram war ein heller Junge. Er sollte lesen lernen. Da standen groß die Symbole AU und EI an der Tafel. Wolfram malte sie brav ab, aber er konnte mit diesen Symbolen nichts verbinden. Aber wie gesagt, Wolfram war helle, und so malte er sich unter das EI ein schönes Ei, unter das AU einen spitzen Dolch («Der tut weh!»): Weh tun = Au! So hatte er sich eine Brücke gebaut zu dem Fremden der Symbole. Wie in Wolfram, so sitzt in jedem Kind etwas, das verstehen will. Das Kind aber beim Eintritt in die Schule versteht in erster Linie Bildhaftes, wo das, was man sieht, noch offenbart, was es ist.

Beim Einführen der Buchstaben geht man deshalb so vor, daß auch die ersten Buchstaben aus Bildhaftem entfaltet werden. Man muß dabei noch berücksichtigen, daß das Kind bis dahin ja nicht mit analytischer Aufmerksamkeit die Laute einzeln unterschieden hat: Es muß also nicht nur die Buchstaben der Schrift, sondern auch die Laute der Sprache kennenlernen: M, N und K, I, A und O. Es bietet sich vielleicht an, aus dem Bild des Mundes durch leichte Übertreibung das M hervorgehen zu lassen, aus dem Bild fliegender Vögel das V, aus einem geraden Licht das I. Der Buchstabe wird also *gebildet* und nicht fertig dem Kind vorgesetzt: Aus dem Erleben wird zu einem Bild und vom Bild zum Symbol fortgeschritten. Dieses Vorgehen bleibt noch bis in die Oberstufe hinein erhalten. Jeder Begriff wird an den Erscheinungen gebildet. Man geht also nicht von irgendwelchen fertigen Definitionen aus: «Romantisch ist . . .», «Iphigenie ist . . . (das Humanitätsdrama)», «Nathan der Weise ist . . . (das Toleranzdrama)», «Imperialismus ist . . . (das höchste Stadium des Kapitalismus)». Es mag ganz nett sein, die literarhistorischen oder politischen Kürzel zu kennen, man kann sie auch als geistiges Kleingeld in allerlei Prüfungen verwenden. Aber man sollte wissen, daß sie falsch sind, und man sollte versuchen, den Blick auf Wirklichkeiten zu richten, und dann probieren, an der Wirklichkeit seine Begriffe zu bilden. Die Begriffe sind in der Oberstufe das, was in der Unterstufe die grundlegenden Kulturtechniken sind.

Ein anderer Aspekt dieses Vorgehens ist das selbstgemachte Schulbuch. Es gibt auf der Waldorfschule keine Fibel. Wo es möglich ist, werden Bücher selber gemacht, oder es werden später richtige, nicht besonders didaktisch aufbereitete Bücher – etwa englische Geschichten für den Englischunterricht – verwendet. Diese von den Schülern gemachten Schulbücher heißen «Epochenhefte». Das sind große DIN A 4-Hefte, unliniert, so daß man nicht nur hineinschreiben, sondern auch malen und zeichnen kann. Wenn so alle vier Wochen im Unterricht eine neue «Epoche» beginnt, das heißt, wenn für vier Wochen lang jeden Morgen die ersten beiden Stunden demselben Thema gewidmet werden, dann wird ein neues Heft angelegt. In dieses Heft wird nun alles hineingeschrieben, was zu dem Thema gehört. Hier ist natürlich die Möglichkeit zur Eigenständigkeit und Eigentätigkeit in den verschiedenen Themenbereichen sehr unterschiedlich. Eine Rechenepoche läßt der individuellen Entfaltung weniger Raum als etwa eine Bauern-, Handwerker- oder Hausbauepoche. Denn die Besuche beim Schreiner, beim Schuster, im Viehstall oder die Mithilfe bei der Feldarbeit lassen ganz individuelle Sehweisen zu. Da werden dann im Heft nicht nur die Fachausdrücke notiert, da wird nicht nur berichtet, was man erlebt hat, da wird auch ein Handwerkerspruch oder ein Bauernlied aufgezeichnet, und vor allem malt man mit den bunten Stiften, was man gesehen hat. Gewiß ist mit dieser Einbeziehung der eigenen Lern- und Lebenserfahrung noch nicht das Maximum des Möglichen erreicht, es wird noch nicht in jedem Fall die ganze Darstellungsfreude der Schüler genutzt. Aber es wird jedenfalls eine begründete Kenntnis vieler Arbeiten gewonnen, die sonst den Schülern heute allzuleicht verborgen bleiben; und was die Schüler aufschreiben, wurde von ihnen miterlebt, erfahren.

Vielleicht wird von der Seite, die moderne Versuche kennt, hier eingewandt werden, diese Art Bauernleben und Handwerkerarbeit kennenzulernen, sei veraltet. Das Kind solle lieber über seine Klassenlage, über Ausbeutung oder den Eisschrank daheim schreiben, solle Bilder entwerfen vom faktischen und erwünschten Verhalten der Eltern. Die Kritik am deutschen Lesebuch namentlich lebt von diesem Klischeevorwurf, der sich gegen mangelnde Aktualität, gegen das Gaukelbild einer heilen Welt usw. richtet. Man kann diesen Vorwürfen nur zu einem geringen Teil recht geben. Gewiß muß nicht der Handwerker von vorgestern vorgeführt werden, auch der Bauer spannt nicht unentwegt die Rößlein an, und beim Hausbau gibt es Betonmischmaschinen zu sehen. Es geht also den Waldorfschulen nicht darum, die Dinge irgendwie zu romantisieren. Im Gegenteil, der Obertitel dieser Epochen heißt «Sachkunde» oder «Lebenskunde». Wenn aber ein Kind mit neun Jahren einen Aufsatz über den Eisschrank schreiben soll, über das Telefon oder über den Polizisten, so kommt dabei nicht viel Gescheites heraus, weil das Kind noch nicht aus der Anschauung der Arbeit, aus dem Umgang mit der Sache deren Funktionieren erfassen kann. Es ist der Vorzug der handwerklich-bäuerlichen Tätigkeit, daß sie unmittelbar sinnlich erfahren und praktisch begriffen werden kann, während bei Kühlschrank, Telefon usw. immer ein erheblicher Teil undurchschaut bleibt: Er ist im Gehäuse versteckt. Auch die soziale Aufklärung kann danebengehen, weil die Kinder von sich aus ganz andere Kategorien der Beurteilung entwickeln. Eine Neunjährige fragt ihren Vater beim Abendbrot nach seinem Beruf aus. Der Arme ist Universitätsprofessor. Schließlich: «Ach, Vati, wenn du doch nur einen ordentlichen Beruf hättest, der Vater von der Ursel ist doch wenigstens Friseur!» Der Sohn einer Lehrerin, ebenfalls etwa neun Jahre alt, beschwert sich: «Meine Mutter, die kann nur französische Vokabeln. (Er hatte die Mutter wohl Hefte bearbeiten sehen und sich nach dem Sinn des seltsamen Tuns erkundigt.) Tante Edith, die kann aber backen.» Für Kinder ist das bildhafte Tun, die anschaubare Leistung das Wichtigste – was sich, nebenbei bemerkt, auch in den kindlichen Berufswünschen Straßenbahnfahrer, Bauer, Flugzeugführer usw. äußert.

Der Sinn des Unterrichts kann freilich nicht darin bestehen, den Kindern längst bekannte Banalitäten beizubringen. Es kommt darauf an, ihren Gesichtskreis zu erweitern und sie gemäß ihrer Lebensstufe des naiven Realismus in bedeutsame Welten einzuführen. Und zwar in solche Bereiche, die mit der menschlichen Produktion des menschlichen Lebens unmittelbar zusammenhängen und ohne Theorieübergewicht begriffen werden können. Die moderne Industrie wird später in mancher Hinsicht besser verstanden werden, wenn man vorher einmal in einer Schmiede gewesen ist. Der Sinn des Sachunterrichts in der Unterstufe erfüllt sich freilich erst in der Oberstufe. Denn was in der Stufe vor dem zwölften Lebensjahr erarbeitet wird, zielt auf eine schrittweise, genetische Rekonstruktion der Wirklichkeit. Man könnte meinen, daß eine solche Rekonstruktion der Wirklichkeit auch von unmittelbar gegenwärtig Gegebenem ausgehen könnte, also vom Eisschrank, der Waschmaschine, von dem Beruf, den Kinder einfach als «das Büro» bezeichnen. Aber das ist der ausgesprochen schwierigere Weg. Als Geschichtslehrer habe ich mehrfach den Versuch unternommen, Geschichte von der Gegenwart ausgehend, also «rückwärts» zu unterrichten. Das ist mir nur einmal mit einer neunten Klasse gelungen. Andere Klassen haben sich beschwert, das sei zu schwer, und sie atmeten sichtbar auf, als ich wieder genetisch, also dem Zeitstrom folgend, mit ihnen vorging.

Solange das Kind sich noch in den Grundschuljahren befindet, hat es noch nicht die Möglichkeit, überhaupt die Welt und die Sachen, die Menschen und ihre Beziehungen von sich aus zu sehen und zu begreifen. Es sieht und denkt die Welt mit Hilfe der Bilder, der Vorstellungen und Urteile, die ihm vermittelt werden. Das meiste muß dem Kind gezeigt werden, und was wirklich auffaßbar sein soll, muß bildhafter Natur sein. Die Welt, in der wir leben, ist nicht nur nicht pädagogisch, sie ist sogar antipädagogisch, und deshalb muß ein Teil der Welt geradezu so vorbereitet, so ausgesucht werden, daß ein Kind an ihr wirklich etwas lernen kann. So wie man dem Neugeborenen nicht vom ersten Lebenstag an Rindfleisch, Kartoffeln und Paprika serviert, sondern zunächst einmal Muttermilch, so muß auch das, woran sich wirkliche Intelligenz ausbilden kann, sorgfältig ausgesucht werden. Die durch die Modeworte «konfrontieren» und «herausfordern» gekennzeichneten Techniken gehören nicht in dieses Lebensalter des Kindes.

An dieser Stelle bereits zeigt sich, daß angstfreies Lernen nicht nur eine Sache der Schulorganisation ist, sondern auch eine Angelegenheit der Methodik und, wie man später sehen wird, eine Sache der Unterrichtsinhalte. Eine Methode, die sich vom ersten Tag an bemüht, an die Erwartungen und Fähigkeiten, an die Einsichtsmöglichkeiten der Kinder anzuknüpfen, die ständig versucht, die neuerwachten Kräfte des Vorstellens zu steigern, geht *mit* den Kräften des Kindes vor und bürstet Kinder nicht fortwährend gegen den Strich. Wenn also der Weg vom Tun zum Bild, vom Bild zum Betrachten und Einsehen gegangen wird, dann wird das Kind nicht mit der «Wirklichkeit», der sogenannten, konfrontiert, dann erlebt es vielmehr, wie das Gelernte aus ihm selbst kommt, wie es verstehend in die Welt eindringen kann, wie es in der Welt arbeiten kann. Andernfalls lernt es sich anpassen, lernt es, in erster Linie darauf zu achten: Mach ich es auch dem Lehrer recht. Es geht gewiß in jeder Erziehung auch um Anpassung, aber es kommt darauf an, daß Anpassung, Gehorsam, Ordnung nicht das Primäre sind: Sie werden aus der Freude am Tun, aus der Begeisterung für Schönheit, aus Kreativität entwickelt.

Der Klassenlehrer

Es gibt an der Waldorfschule eine besondere Einrichtung, die es sonst in dieser Form nicht gibt: den Klassenlehrer. Schon bevor die erste Klasse beginnt, in der Aufnahmesprechstunde, bei der schulärztlichen Untersuchung, ist er dabei und lernt so seine Kinder kennen. Er führt dann die Klasse von der ersten bis zur achten Klasse: Jeden Morgen gibt er von acht bis zehn Uhr der Klasse den «Hauptunterricht». Nicht alle Fächer werden «epochenweise» im Hauptunterricht erteilt. Fächer, die wie die Fremdsprachen Englisch und Französisch regelmäßige Übung erfordern, ebenso Eurythmie und Turnen, Handwerk und Handarbeit, Musik und später eventuell auch Malen und Zeichnen – das zunächst in den Hauptunterricht integriert ist –, werden in regelmäßigen wöchentlichen Übungsstunden erteilt. Zu den Fächern des Hauptunterrichts gehören also:

Schreiben	Rechnen/Mathematik
Deutsch	Menschenkunde
Grammatik	Tierkunde
Mythologie	Pflanzenkunde
Geschichte	Physik/Astronomie/Geometrie
Sachkunde	Ernährungslehre/Chemie
Heimatkunde, Erdkunde	Gesteinskunde

Während es sonst heute an den staatlichen Schulen üblich ist, daß in der Grund- und Hauptschule der Lehrer etwa jedes Jahr oder alle zwei Jahre wechselt, so daß der Lehrer sich auf einen bestimmten Stoff und eine bestimmte Methode spezialisieren kann (und es darin womöglich zu einer gewissen Meisterschaft bringt), ist die Idee beim Waldorfklassenlehrer nicht, daß er sich auf einen Stoff spezialisiere: Vielmehr soll er sich auf eine Kindergruppe «spezialisieren», oder besser gesagt, sich mit ihr auf acht Jahre verbinden.

Das ist eine ungemein schwere Aufgabe, die man eigentlich nur mit Herzklopfen beginnen kann. Und zwar nicht in erster Linie wegen der vielen Fächer, die zu unterrichten sind, obwohl es schwer ist, sich in alle diese Themen gründlich einzuarbeiten! Aber da hilft das System des Epochenunterrichts.

Das epochenweise Arbeiten erlaubt Konzentration auf ein Thema. Es kann auch ein Kollege helfen, der vielleicht als Fachlehrer an der Oberstufe auf dieses Fach spezialisiert ist. Viel stärker bewegt den Klassenlehrer, der eine Klasse neu beginnt, die Frage, ob er wohl allen Schülern gerecht werden kann, ob es ihm wohl gelingen wird, zu allen Schülern ein wirklich pädagogisches Verhältnis zu gewinnen.

Gegen diese Konstruktion des Waldorfklassenlehrers kommen fast jedermann sofort Bedenken: Was geschieht, wenn dieser eine Lehrer nun ein Versager ist? Oder auch nur, wenn er besondere Schwächen hat? Was bedeutet es, wenn der Lehrer zu einem oder einigen Schülern nicht den rechten Kontakt findet? Sind dann acht Jahre schulischer Kleinkrieg die Folge – acht Jahre Leiden und Unglück? Und schließlich, kann der Lehrer die Fächer Physik, Mathematik, Geschichte, Deutsch, Chemie, Astronomie in den letzten Hauptschuljahren wirklich inhaltlich *und* methodisch beherrschen? Was ist die Folge, wenn eine Klasse auch nur in einem Fach, etwa Mathematik und Rechnen, in den drei Klassen 6–8 nicht hinreichend versorgt ,wird?[30]

Die Gefahren und Probleme des Klassenlehrersystems sind an dieser Stelle nicht zu leugnen, und auch die wechselseitige kollegiale Kontrolle ist nicht immer ein genügendes Schutzmittel, weil eventuell falsche Solidarität unter Lehrern eintreten kann. Vielleicht sollte man sich hier heute einer Einrichtung erinnern, die in den fünfziger Jahren einmal bestanden hat, die aber dann aus Personalmangel weggefallen und fast in Vergessenheit geraten ist: die überörtlichen pädagogischen Berater – erfahrene Lehrer, die oft für mehrere Wochen Schulen besuchten und Lehrer berieten, die den Unterricht in einer Klasse mehrere Tage begleiteten. An manchen der in den letzten Jahren neu gegründeten Waldorfschulen sind solche pädagogischen Berater tätig. Sie müssen aber von eigenen Unterrichtsbelastungen weitgehend freigestellt sein, und da treten bei dem notorischen Mangel an Waldorflehrern immer wieder Engpässe auf.

Andererseits darf man die großen Chancen des Klassenlehrersystems nicht übersehen. Der Klassenlehrer lernt, wie gesagt, seine zukünftigen Schüler schon bei der Aufnahmesprechstunde und in der schulärztlichen Untersuchung kennen. Er hat dann während der kommenden acht Jahre nicht nur Gelegenheit, die Entwicklung und spezifischen Leistungen eines Kindes, seine Gesundheit, seine Ausdrucksfähigkeit usw. im Detail zu verfolgen: Er kann vor allem eine intensive Zusammenarbeit mit dem Elternhaus aufbauen. Er wird das Elternhaus verschiedentlich besuchen: Er weiß, wie seine Schüler wohnen, er kennt die Probleme der Eltern, ihre Erziehungsschwierigkeiten, und er kann sie beraten. Sein Rat gilt etwas, weil er auch morgen und übermorgen, in den kommenden Jahren da sein wird. Gerade diese Zusammenarbeit mit dem Elternhaus ist heute wichtig, da vielfach beide Eltern berufstätig sind, die häusliche Erziehung oft der Großmutter überlassen wird oder überhaupt nicht stattfindet. Ein Klassenlehrer kann auf diese Verhältnisse Einfluß zu nehmen versuchen, er kann sich um Abhilfe durch Betreuung, um Abhilfe durch Kooperation verschiedener Elternhäuser bemühen: Er nimmt Probleme wahr, die ein Lehrer, der nur ein Jahr mit einer Klasse verbunden ist, überhaupt kaum registriert.

Das wesentliche Argument für das Klassenlehrersystem liegt noch woanders. Man sollte nämlich bedenken, daß Erziehung ein zusammenhängender Vorgang ist, er kann nicht in kurze Zeitabschnitte aufgegliedert werden. Wenn es nur um einzelne Unterrichtseinheiten, um die Durchführung genau programmierter Stoffpläne ginge, dann wäre es in der Tat zu vertreten, daß man die Erziehung in Häppchen verabreichte. Aber Erziehung ist ein Lebensvorgang: Die Schwierigkeiten, die zu überwinden sind, liegen keineswegs in erster Linie in der Stoffbeherrschung, die Kinder sind die Hauptaufgabe. Da sind nicht nur die Sonderfälle wie Stotterer, Bettnässer oder extrem nervöse Kinder, die eine über Jahre gehende Betreuung brauchen, da ist nicht nur das kindliche Lügen und Stehlen, welchem durch langsame, kontinuierliche, bewußte Aufmerksamkeit gesteuert werden kann, da sind vor allem die ganz «normalen» Fälle, wo Einseitigkeiten auszugleichen, wo mangelnde Begabungen langsam aufzubauen sind. Eine sachgemäße, liebevolle Beurteilung der einzelnen Schülerleistungen ist hier nur möglich, wenn man mit den Leistungen von vor ein, zwei, drei Jahren vergleichen kann, eine Förderung kann nur dann gelingen, wenn man über Jahre hinweg, von einer Stärke ausgehend, die spezifischen Schwächen angehen kann. Vor allem eines: der Schüler muß sich selber betreut und geborgen wissen.

Wie sieht diese Sache vom Schüler her gesehen aus? Erfahrungsgemäß tritt eine emotionale Belastung, eine stark persönliche Problematik des Verhältnisses Lehrer–Schüler in den ersten vier bis fünf Jahren überhaupt nicht auf, in den letzten drei Jahren sind derartige Spannungen selten, aber sie kommen vor, und sie sind oft eher eine Belastung für den Lehrer als für den Schüler. Denn der wirklich pädagogisch motivierte Lehrer fragt sich in einem solchen Augenblick: Was habe ich denn da falsch gemacht, wo habe ich versagt? Der Lehrer wird sein Problem in die Konferenz bringen und mit Kollegen besprechen; das führt in der Regel weiter. Der Vorteil aber für die anderen Schüler ist, daß sie sich wirklich geborgen und gekannt fühlen dürfen. Gerade durch die langen Jahre der wirklichen Zusammenarbeit entsteht eine Art sachlicher Zuneigung, jenseits des Überschwangs und der Augenblickserfolge. Wer einmal gesehen hat, wie eine 1. Klasse voll innerer Bereitschaft auf die neue Lehrerin oder auf den Lehrer zugeht, der wird wissen, daß sich hier ein Band anknüpft, das im Normalfall nicht nach ein oder zwei Jahren wieder gelöst werden sollte. Für die Schüler ist der Lehrer ein psychischer Orientierungspunkt erster Ordnung. Die Eltern bemerken zu Hause, wie sie auf einmal abgemeldet sind. Was Fräulein Schäfer gesagt hat, das ist allein wichtig und richtig. Der Lernwille des Kindes ist zunächst personal gebunden. Es arbeitet für den Lehrer, aus Liebe zum Lehrer, es ist in dieser frühkindlichen Phase noch nicht sachlich motiviert. Der Lehrer muß diese Zuneigung und diesen Glaubensvorschuß der Schüler immer neu verdienen, aber nicht durch Süßigkeiten oder Nachgebigkeit. Er ist zunächst Autorität, und seine Autorität beruht darauf, daß man bei ihm «was lernt», gewiß soll er lieb sein, aber notfalls auch streng und gerecht.

Es gibt heute vielgestaltige Bestrebungen, den Schüler möglichst früh zur Selbständigkeit im Verhalten und Lernen zu erziehen. Schüler sollen lernen, sich selber etwas beizubringen, Hilfsmittel und Bücher zu benutzen, sich in eigenen Experimenten die Welt zu erschließen. Zugleich will man die autoritäre Autorität abbauen. Die Waldorfschulen sind in dieser Hinsicht in einer eigenartigen Lage. Vor zehn oder fünfzehn Jahren, bevor die antiautoritäre Welle Westdeutschland erfaßte, galten die Waldorfschulen als freie, besonders offene und keineswegs auf äußere Disziplin versessene Schulen. An den Maßstäben der staatlichen Schulen gemessen, ging es nicht besonders ruhig und diszipliniert, sondern eher ziemlich lebendig zu. Heute betonen die Waldorfschulen auch die Rolle der Autorität, der funktionalen Autorität, die sie immer praktiziert haben. Wenn an dieser Stelle im Zusammenhang mit dem Klassenlehrerproblem das Problem der Autorität behandelt wird und wenn darüber hinaus eine bestimmte Art von Autorität befürwortet wird, so doch keinesfalls in dem Sinn, daß die Waldorfschulen das sein wollen, was man abfällig einen «autoritären Laden» nennt.

Man muß zwischen verschiedenen Arten von Autorität unterscheiden: Da ist die autoritäre Persönlichkeit im Sinne der bekannten Studie von Adorno: ein kleiner Diktator, der zugleich ein großer Schwächling ist, selber autoritätsgläubig und im Grunde unsicher und ängstlich. Es gibt ferner die Amtsautorität des Studienrats, der meint, den Staat, die Objektivität u. ä. verkörpern zu müssen, und der mit den Mitteln der Zensuren, der Versetzung, der Prüfung und der Berechtigungen in Gestalt von Abitur und Mittlerer Reife seiner Autorität Respekt verschaffen kann. Diese Art der Autorität steht nicht mehr in voller Blüte, seitdem Lehrer die Fragwürdigkeit des Zensurenwesens begriffen haben und seitdem die Berechtigungen zu immer weniger berechtigen. Es gibt aber auch eine Autorität, die sich auf ihre Mühe, ihre Arbeit, auf ihr Können und Leisten stützt und die ihre Begründung in einer besonderen Aufgabe hat. Wir achten alle die Autorität eines Handwerksmeisters, der sich auf seine Sache versteht: Wir hören seinen Rat an. Selbst in der Wissenschaft, die prinzipiell kritisch sein will, schenkt man der Aussage eines Menschen, der Besonderes geleistet hat, mehr Aufmerksamkeit als einem x-beliebigen Professor. Schließlich sollte man sich eingestehen, daß auch Erwachsene oft von menschlichen Vorbildern oder Leistungen stärker beeindruckt und beeinflußt werden als von rationalen Argumenten.

So auch das Kind. Das Kind, der Schüler, soll gewiß zu Selbständigkeit, zum eigenen Urteil, auch zur Kritikfähigkeit erzogen werden. Die Frage ist nur, wie das geschehen soll. Die derzeit herrschenden Vorstellungen gehen von dem Gedanken aus, die Entwicklungen würden gradlinig verlaufen. Eine früh geübte Selbständigkeit würde im späteren Leben durchgehalten, ebenso würde eine früh eingeübte Autoritätsgläubigkeit sich im späteren Leben fortsetzen. Diese Vorstellungen rechnen nicht damit, daß sich kindliche Haltungen und Erfahrungen in ganz andere verwandeln können. Es könnte ja sein, daß das kindliche Gefühl der Sicherheit und Geborgenheit, das auf der Erfahrung der elterlichen Liebe beruht, später die Kraft wird, die ein freies und selbständiges Handeln ermöglicht. Es könnte auch sein, daß die Erfahrung: man kann von einem Könner etwas lernen, im späteren Leben die Basis einer sinnvollen und gründlichen Kritik abgibt, namentlich dann, wenn nach einer Phase des Lernens auf Autorität hin das freie und selbständige Denken ebenso geübt wird. Die Waldorfschulen gehen nicht von der Annahme einer gradlinigen Entwicklung der menschlichen Fähigkeiten aus; sie glauben auf Grund biographischer Studien zu der Einsicht gekommen zu sein, daß sich Erfahrungen und Fähigkeiten gründlich verwandeln, so daß etwa aus der Nachahmung eines sinnvollen Tuns und einer guten, gesunden Umgebung im Kindesalter vor sieben Jahren später die Möglichkeit zur freien Handlung wird.

Das Kind lernt – ebenso wie die meisten Erwachsenen, der Universitätsstudent ist noch immer die Ausnahme – in erster Linie durch Menschen, von Menschen. Kinder, die von «tollen» Schulbüchern schwärmen, dürften recht selten sein: Der Lehrer fordert anders als ein Buch, als ein Gerät, das nicht antworten und reagieren kann, zur menschlichen Reaktion heraus. Daß der Mensch, in unserem Fall der Lehrer, das Medium ist, durch das gelernt wird, ist deshalb so wichtig, weil ein Kind nicht in erster Linie auf Wissen allein aus ist, sondern auf all das, was als menschliche Erfahrung und Anteilnahme an der Sache mitschwingt. Ein Mensch ist für das Kind genauso instruktiv wie die Sache, über die er berichtet. Vor allem aber wendet sich der Lehrer ihm zu, spricht es an, fragt es und fragt es oft gerade das, was ihm wichtig ist. Der Lehrer, der wirklich für Kinder da sein will und jedes einzelne im Unterricht durch den Lernstoff, durch Aufmunterung, Aufgabe und Kontrolle betreut, der kann nicht jedes Jahr wechseln. Er muß das Kind kennen, und am ehesten lernt man ein Kind kennen, wenn man seine Geschichte, seine Umwelt kennt.

Die Waldorfschule lehnt also eine durch äußerliche Mittel erzwungene Autorität, eine Autorität, die sich durch Strafen und Zensuren durchsetzen muß, ab. Auch ist die bloße Disziplin im Unterricht nicht das Kriterium für Autorität. Die Autorität sieht vom Kind her gesehen so aus, daß es die Empfindung hat: Bei dem Lehrer lerne ich etwas. Das Gefühl, etwas zu lernen, ist für das Kind eine Wohltat. Das Kind will auch zunächst nicht, daß der Lehrer auch «nur ein Mensch» ist, der allerlei Schwächen hat. Das Kind braucht zum Lernen jemanden, der etwas kann, der sich müht, der liebevoll und gerecht ist. Gewiß hat ein Lehrer auch seine Schwächen, er kann inkonsequent sein, das Kind hat auch dann und wann Verständnis dafür: Aber *im Prinzip* ist der Unterricht, wie nebenbei bemerkt jede andere Arbeitstätigkeit auch, nicht gerade der Ort, wo der Lehrer sich darauf berufen sollte, daß er auch nur ein Mensch sei. In einer nicht immer voll bewußten Art beobachten Kinder sehr scharf, und sie können auch unbarmherzige Kritiker sein. Deshalb ist der Unterricht, der Umgang mit dem Kind, der Ort ständiger Selbsterziehung; und aus der Mühe, aus der Arbeit, aus der Selbsterziehung entspringt die Autorität des Lehrers. Von besonderer Wichtigkeit ist hier, daß der Lehrer seinen Unterricht wirklich vorbereitet, daß er eine Epoche von Anfang bis Ende plant und weiß, was er will. Dann spürt der Schüler das Wohltätige an der inneren Ordnung des Unterrichts, in seinem Kopf entsteht Klarheit.

Es muß an dieser Stelle offen gesagt werden, auch wenn es in unserer Zeit, die den unterkühlten Ton liebt, fast peinlich sein mag: Die Liebe und Verehrung, die ein Kind gegenüber seinen Eltern und gegenüber seinen Lehrern empfinden kann, werden stärkende, aufbauende Kräfte. Nicht nur die seelische, auch die leibliche Gesundheit hängt davon ab, daß das Kind Eltern und Lehrer verehren kann. Leider ist in unserer Gegenwart die Erfahrung alltäglich geworden, daß Kinder kaputte Ehen erleben, daß im Elternhaus Krieg herrscht, daß sich eine Scheidung vorbereitet. Die Kinder kommen verstört in den Unterricht, sie konzentrieren sich nicht, sie lernen schlechter, und zunächst nicht zutage tretende seelische Schäden sind dauernde Folge: Das Kind braucht eine stabile Umgebung, braucht Instanzen, Bezugspersonen, an denen es sich auf bestimmte Dauer orientieren kann. Nicht um des Lehrers willen ist an den Waldorfschulen das strapaziöse Prinzip des Klassenlehrers eingerichtet, sondern um der Schüler willen, die einen Lehrer, den sie lieben können, dringend benötigen.

Kein Sitzenbleiben, keine Zensuren – die Klasse als sozialer Organismus

Mancherorts hält man noch heute das Sitzenbleiben für eine quasi gottgewollte Naturnotwendigkeit. Man kann sich nicht vorstellen, daß ein Schüler, der in einigen Fächern – etwa in deutscher Rechtschreibung, im Rechnen oder in der Mathematik – große Schwierigkeiten hat, mit Gewinn dem Unterricht der nächsthöheren Klasse folgen kann. Aber der Schüler kann, denn die Hierarchie und Reihenfolge der Unterrichtsinhalte ist keineswegs so unerbittlich und logisch konsequent, daß der Stoff eines Jahres sich zum Stoff des nächsten wie ein niederes Stockwerk zum nächsthöheren verhielte und daß das höhere Stockwerk zusammenbricht, wenn das niedere fehlt. So ist es bei geistigen Gehalten nicht. Wenn ein Kind sich einigermaßen normal entwickelt, trägt die allgemeine Verständnisfähigkeit auch Inhalte, deren niedere Formen man vergessen oder einstmals nicht ganz präzise erfaßt hat. Auch wer beim Addieren oder Dividieren Fehler macht, kann die Differentialrechnung im Prinzip verstehen. Wirkliche Schwierigkeiten ergeben sich am ehesten im fremdsprachlichen Unterricht, wo ein fehlender Grundwortschatz und fehlende grammatische Grundregeln ein Hindernis sein können: deshalb wären in den Sprachen auch Niveaukurse berechtigt.

Was geschieht in Schulen, in denen man Kinder sitzenläßt, in Wahrheit? Man betreibt Auslese. Man sondert Schüler nach bestimmten formalen Kriterien aus: Diese können aufsteigen, diese nicht, und schließlich werden nach mehrmaligem Sitzenbleiben Schüler ganz ausgesondert, von der Schule verwiesen und von bestimmten Berechtigungen ausgeschlossen. Die Waldorfschulen setzen dieser Pädagogik der Auslese eine Pädagogik der Förderung entgegen. Sie meinen nicht nur, daß es im tiefsten unmenschlich ist, die Schule als Instrument der Auslese zu mißbrauchen, sie meinen vor allem, daß die Auslese der Schule eine unsachliche Auslese ist: Die wirkliche Auslese geschieht besser durch das Leben, durch die Bewährung in irgendeiner Praxis.

Im heutigen Schulleben, vor allem an den Gymnasien, sind Zensuren und Sitzenbleiben Instrumente, durch die aber nicht nur ausgelesen wird: Vor allem sind sie für viele Schüler eine Quelle ständiger Angst, die sich bis zur Schlaflosigkeit und Schlimmerem steigern kann, nebenher dienen sie mancherorts gar als Mittel zur Disziplinierung der Schülerschaft. Die Phänomene sind bekannt und brauchen hier nicht geschildert zu werden. Will man die Bildungshoffnung breiter Volksschichten befriedigen, will man nicht denen Vorrechte schaffen, die sich Privatstunden leisten können und die ohnehin einen besseren Start ins Leben haben, dann muß man mit dieser Tradition des Sitzenbleibens und der Auslese brechen: Man muß ohne jene angsterzeugenden Instrumente auskommen. Allerdings muß man einen ganz anderen Unterrichtsstil entwickeln und pflegen, denn Waldorfschulen wollen letztendlich auf eine Steigerung des menschlichen Könnens, auf wirkliche menschliche Leistung nicht verzichten. Der Leistungsbegriff darf jedoch nicht auf jene sehr formalen Kriterien beschränkt bleiben, die man heute verwendet, wenn man von Leistung spricht.

Wendet sich ein Lehrer – schon durch seine Sprechweise und seine distanzierte Haltung – von Anfang an an hochsprachliche Fähigkeiten, appelliert er sogleich an ein schon relativ abstraktes Denken, läßt er das praktische Können, das unmittelbare, situationsgebundene Verstehen und das künstlerische Vermögen außer acht, so ergreift sein Unterricht von Anfang an Partei für die Kinder einer ganz bestimmten Schicht: meist an die Kinder der «Dienstklassenschicht» (Beamtenkinder, Kinder der Angestellten). Verwendet der Lehrer hingegen eine bildhafte Sprache, wo man nicht abstrakt sagt: «Der Mann schrie furchtbar laut», sondern: «Der Mann schrie so, daß man ihn im ganzen Dorf und bis zum fernen Wald hörte», eine Sprache, in der man nicht von «sehr groß», sondern von «so groß wie eine Tanne» spricht, dann wird man schon etwas besser verstanden. Lernt der Lehrer dann wirklich Geschichten erfinden oder mindestens, Märchen, Sagen u. ä. m. so zu erzählen, daß auch das Gefühl angesprochen wird, dann wendet er sich an das allgemein menschliche Verstehen, über das alle Kinder verfügen. Das Reden auf einer abstrakten Ebene ist schichtenspezifisch derart geprägt, daß es die Welt der Arbeiterkinder nicht greift. Man kann in diesem Zusammenhang noch einmal an die Arbeiten von Hans Bühler erinnern, der zeigte, wie konkrete Situationen auch von Kindern der «Unterschicht» verstanden werden, wie Kinder dieser Schichten auf ihre Weise auch verstehen und fabulieren: nur nicht sogleich in den Sprachspielen des Bildungsbürgertums. Also wendet sich der Lehrer an das entwicklungsgesetzlich gegebene Verstehen aller Kinder.

Der Lehrer, dem es gelingt, seine Klasse durch bildhaft-erlebbaren Unterricht zu packen, kann dann besonders in einer recht großen Klasse noch etwas anderes anregen: nämlich daß die Kinder in der Schule sich wechselseitig helfen. Er muß dann manchmal eine etwas größere Unruhe in der Klasse in Kauf nehmen – aber mit einigem Geschick kann man das Ganze unauffällig organisieren, indem man die Schüler in einer geplanten Weise gruppiert. Das Kind, das neben einem eher hilfsbedürftigen Kind sitzt, zeigt ihm etwas, ja, es beginnt ihm etwas zu erklären. Davon hat aber gerade das begabtere Kind sehr wohl guten Gewinn: Es lernt dabei selbst oft am meisten und festigt seine Kenntnisse. Hier wird ein Verhalten eingeübt, das gerade durch das Zensurensystem, das eine offene oder halbbewußte Konkurrenzsituation schafft, verhindert wird. Die Konkurrenz in einer Klasse kann neben einem dann und wann durchaus auftretenden munteren Wettkampf, den man auch in der Waldorfschule veranstalten kann, in Ehrgeiz und Streberei recht unschöne Folgen haben. Die Atmosphäre der Kooperation, die offene wechselseitige Hilfe zunächst erlaubt, kann zu dauernden Arbeitsgruppen informeller Art führen. Ich habe es als Lehrer an der Oberstufe beobachten können, wie derartige Teams sich bis zum Abitur hin bewährten und wie so – völlig legal – ein Schüler durch gemeinsame Vorarbeit dem anderen half, das Abitur zu bestehen, und das alles, ohne viel Aufhebens davon zu machen.

In diesen Zusammenhang gehört auch das Problem der Hausaufgaben. Rudolf Steiner hat in der Konferenz vom 21. 6. 1922 zu diesem Thema bemerkt: «. . . ich bin mir vollständig klar darüber, daß man innerhalb der reinen Unterrichtsstunden bei rationellem Betrieb zu dem Ideal kommen kann, den Kindern die ermüdenden Hausaufgaben zu ersparen. Aber es wird halt noch nicht überall im Unterricht so interessant, deshalb glaube ich, daß man zu modifizierten Hausaufgaben kommen muß.»

Steiner beschreibt dann Hausaufgaben, die durch den Unterricht angeregt und aus Freude gemacht werden sollten. Auch dieses Ideal ist in der

Praxis noch nicht erreicht. Aber besonders in den untersten Klassen ist es möglich, entweder ganz auf Hausaufgaben zu verzichten oder Aufgaben zu stellen, die die Kinder gerne machen: etwa ein Bild zu malen oder etwas zu üben, was man schon gut kann oder bestimmte Wörter oder anderes zu sammeln. Jedenfalls aber sollten die Hausaufgaben so angelegt sein, daß nicht von vornherein auf die Mithilfe der Eltern gerechnet wird. Sonst werden wiederum Lernvorteile geschaffen, die nur einem Teil der Kinder zugute kommen, denn weder sind alle Eltern in der Lage, noch sind alle Eltern darauf eingestellt, ihren Kindern bei den Schularbeiten zu helfen und sie ihnen zu erklären. Eine Ausnahme sollte hier eigentlich nur bei lernbehinderten Kindern bestehen, die aus psychologischen Erwägungen (etwa zur Stützung des Selbstvertrauens) in der Klasse belassen werden. Hier muß der Lehrer die Eltern motivieren, mit ihrem Kind zu arbeiten.

Gewiß werden auch an den Waldorfschulen von einem bestimmten Zeitpunkt an «Arbeiten» geschrieben, und in der Oberstufe fordern die Schüler auch von sich aus eine Orientierung, «was das denn sei, was sie da geschrieben haben»: Damit meinen sie, ob diese Arbeit an einer anderen Schule als «4», als «3» oder «2» bewertet würde. Hier sieht man an der Haltung der Schüler, wie die allgemeine Umwelt und der Abiturdruck auf die Waldorfschule abfärbt. Man muß sich aber immer wieder klar machen, daß es eigentlich ein ziemlicher Unsinn ist, eine Arbeit mit einer Ziffer zu bewerten. Die Skalierung von 1 bis 6 ist nur eindimensional. In ihr müssen völlig unterschiedliche Dinge willkürlich zusammengefaßt werden, zum Beispiel Fleiß, äußere Form, Rechtschreibung, Phantasie, Gedankenreichtum, logischer Aufbau, guter Stil – alles das und eventuell noch anderes käme in Frage, wenn man einen Aufsatz bewerten will: Es läßt sich einfach nicht in einer Ziffer zusammenfassen. Es ist aber auch unsinnig zu sagen: der Stil sei «4», damit ist niemand geholfen. Der Stil ist nicht «4», sondern überladen, zu kompliziert, zu primitiv, von Klischees beherrscht, gewunden usw. Kurz, man tut besser daran, wenn man sachlich bleiben will, den Stil, die Gedankenführung und ähnliches *zu charakterisieren* und ihn *nicht* durch eine völlig inadäquate Note *zu bewerten.* Durch eine derartige Charakteristik einer Leistung ist dann dem Schüler auch geholfen, er weiß, wo und wie er anfangen soll, sich zu ändern. Bei der Besprechung der Leistungen kommt es so darauf an, den Schüler möglichst zu fördern. Dazu gehört auch, daß man die Leistungen individuell betrachtet. Was für Hans eine wirklich erfreulich fortschreitende Sache ist, ist bei Udo eher ein Rückschritt.

Es ist klar, daß unter solchen Umständen das Problem der Disziplin im Unterricht anders als üblich gelöst werden muß. Lehrer, die von einer Staatsschule her «brave Klassen» kennen, stellen fest, daß die Disziplin – und damit meine ich die einfache Ordnung, die menschliche Kommunikation ermöglicht – an der Waldorfschule nicht durch Amtsautorität sichergestellt ist. Der Lehrer muß sich immer bemühen, den Unterricht lebendig und anziehend zu machen: Er kann nicht einfach ein Zensurenbüchlein zücken und Fünfen und Sechsen eintragen und so die Disziplin herstellen. Er kann auch keinen Schüler zum Rektor schicken, weil es keinen gibt. In wirklich schwierigen Fällen spricht der Lehrer mit den Eltern, und ganz selten wird ein Schüler aufgefordert, sich mit einer Reihe von Lehrern zu unterhalten. Am Ende des Schuljahrs erhält er sein Zeugnis, und in diesem Zeugnis, dessen Anfertigung den Lehrern immer wieder große Mühe macht, wird der Schüler mitsamt seinen Fähigkeiten und Leistungen charakterisiert, beschrieben. Und dann geht es weiter in die nächste Klasse, mit guten neuen Vorsätzen.

Noch etwas bleibt der Klasse erspart, wenn es in der Schule kein Sitzenbleiben und keine Auslese durch das Zensurensystem gibt. Nämlich, daß in die Klasse jedes Jahr aus der vorhergehenden Klasse einer oder zwei oder gar noch mehr neue Schüler «von oben» hereinrieseln, die den Stoff der Klasse, wenn auch in anderer Form, schon einmal genossen haben und nun, im Grunde gelangweilt, alles noch einmal machen müssen. Diese älteren und auch kräftigeren Schüler sind für das jüngere Gros der Klasse immer eine Belastung: Durch ihre größere «Lebenserfahrung» und ihr Kompensationsbedürfnis bemühen sie sich, den Ton anzugeben, und manchmal gelingt es ihnen auch. Das ist aber dann für den Rest der Klasse, die so ihre Identität verliert, recht problematisch, weil nun – vorsichtig ausgedrückt – sich die Möglichkeit abzeichnet, daß eine negative Elite an Einfluß gewinnt. Solange man es mit einer Jahrgangsklasse gleichzeitig Eingeschulter zu tun hat, besteht innerhalb der Klasse eine gewisse Gleichheit, eine soziale Sicherheit und Orientierung, die sich aus gutem Kennen ergibt. Mit dieser Sicherheit ist nicht Stabilität und Beibehaltung der gleichen Rollen gemeint. In einer Schule, in der Jungen und Mädchen gemeinsam unterrichtet werden, kommt es in der Klasse zu mehrfachen Umschichtungen der sozialen Rollen der Schüler: Nach dem gemeinsamen Start setzen Schüler zu verschiedenen Zeiten zu ihrem persönlichen Spurt an.

Schließlich sollte man erwähnen, daß das Klassenlehrersystem und das Nicht-Sitzenbleiben zusammengehören. Ein Lehrer, der weiß, daß er in den kommenden sieben oder sechs Jahren einen Schüler weiterführen wird, den er jetzt als schwach erkennt, wird sich ganz anders um seine Förderung kümmern als ein Lehrer, der Problemkinder durch Sitzenbleiben loswerden kann. So wird der Lehrer den Schularzt bemühen, um herauszufinden, ob etwa gesundheitliche Mängel das Kind behindern. Das Kind wird durch Heileurythmie oder Sprechunterricht besonders betreut werden, der Lehrer wird vielleicht für eine Gruppe von Schülern eine wöchentliche Extrastunde einrichten: Kurz, er wird alles tun, dieses Kind zu fördern, um ihnen jenen Schock zu ersparen, der mit dem als deklassierend empfundenen Sitzenbleiben einhergeht. Die Verbundenheit der Klasse untereinander und mit dem Lehrer fördert so schließlich die soziale Verbindlichkeit.

4. Der Epochenunterricht

Der schon mehrfach erwähnte Epochenunterricht[31] ist ein Instrument, das zur Ökonomie und Konzentration des Unterrichts beitragen soll. Wenn vier Wochen lang jeden Tag der Unterricht zwei Stunden lang um dasselbe Thema kreist, so erlaubt das sowohl dem Lehrer wie dem Schüler eine wirkliche Konzentration der Interessen. Der Lehrer kann seine Vorbereitungszeit einem Thema widmen, er ist in der Lage, etwa ein oder zwei jüngst erschienene Bücher zum Gegenstand seiner Arbeit zur Kenntnis zu nehmen, er kann Altes wiederaufgreifen, er kann sich Methodisches gut überlegen. Der Schüler seinerseits wird durch Aufgabenstellung oder durch private Interessen – besonders in der Oberstufe – angeregt, sich vielleicht durch die Ausarbeitung eines Referats einen eigenen Zugang zur Sache zu suchen.

Für den Schüler ist der regelmäßige Rhythmus des Unterrichts etwas, das ihn durch die ganze Schulzeit begleitet, denn das Grundmuster des Stundenplans bleibt von der ersten bis zur letzten Klasse erhalten. Jeder Morgen beginnt mit dem Hauptunterricht, zwei Stunden lang. In diesem Unterricht muß fortwährend Neues erarbeitet werden, ferner wird das Neue so bearbeitet, daß Gesetzmäßigkeiten, Regeln, Zusammenhänge hervortreten. Nach einer großen Pause folgen dann die Fächer, die regelmäßig jede Woche mit drei oder vier Stunden unterrichtet werden: die Sprachen. Schließlich folgen Turnen, Eurythmie, Handwerk, Handarbeit, auch Gartenbau oder Technologie, wenn Gelegenheit zu diesen Fächern gegeben ist. So sollte, jedenfalls idealiter, täglich der Schüler erst denkend-vorstellend, dann sprechend-übend, dann praktisch-künstlerisch in Anspruch genommen werden.

Der morgendliche Hauptunterricht der Epoche, der nicht ganze zwei Zeitstunden dauert, beginnt normalerweise mit einer Wiederholung des am vorhergehenden Tag Erarbeiteten. Die eigentliche Erarbeitung des Neuen hat genügend Zeit: In Physik beispielsweise ist es möglich, verschiedene Experimente durchzuführen, in Geschichte kann eine Sache von verschiedenen Standpunkten aus dargestellt werden, es können gegebenenfalls auch mehrere Quellen miteinander verglichen werden. So kommt es zu einer wirklichen Vertiefung in den Stoff, die zu Gründlichkeit und Ausdauer führen kann. Ein Besucher, der dem Unterricht beiwohnte, selber erfolgreicher Lehrer an einer staatlichen Schule, war nach dem Besuch eines Hauptunterrichts besonders von der Durchhaltekraft der Schüler beeindruckt und bemerkte: «Meine hätten da nach einer Stunde längst abgehängt.» In der Tat ist die Frage der Konzentration und Ausdauer auch eine Sache der Gewöhnung. Der Häppchenunterricht der 45-Minuten-Stunde hat zwar den Vorteil, in dieser Unterrichtseinheit einen Punkt ganz klar durcharbeiten zu können, aber der rasche Wechsel der Themen im Laufe eines Morgens führt zur Unkonzentriertheit, zur Flüchtigkeit und schult die Ausdauer nicht. Methodisch wichtig ist im Zusammenhang des Epochenunterrichts die Tatsache, daß an dem Tag, an dem das Neue behandelt worden ist, noch kein Abschluß des Themas angestrebt wird. In der ersten Phase kommt es darauf an, das Phänomen gründlich kennenzulernen. Das Herausarbeiten der Gesetze und die Urteilsbildung finden erst am folgenden Tage statt. Der Schüler hat so Zeit, sich zu distanzieren. Fragen können sich in Ruhe ausbilden. Der Hauptunterricht am nächsten Tag beginnt harmlos mit einer Wiederholung, die das Bild des am Vortag Erarbeiteten nochmals wiederherstellt. Dann aber kommt es zur eigentlichen Diskussion, zur Urteilsbildung in gemeinsamer Arbeit. Offene Probleme können nun nochmals als einzelne Arbeitsaufträge delegiert werden, denn morgen geht es ja wieder weiter. Der Schüler, der eventuell eine abweichende Meinung hat, kann jetzt an den nächsten Tagen Material sammeln und dies wieder in den Fortgang des Unterrichts einbringen. Am Ende einer Epoche steht dann aber ein ganzer Problemkreis, ein ganzer Zusammenhang vor den Schülern.

Man denke da zunächst einmal an ein übliches Unterrichtsfach, etwa an Erdkunde. Während der 45-Minuten-Unterricht unter Umständen so verfährt, daß nun Stunde für Stunde je ein Land durchgearbeitet wird, etwa nach den Lehrbuchgesichtspunkten Bodenbeschaffenheit, Naturschätze, Exportgüter, wichtige Städte und schließlich «Nationalcharakter» oder ähnlichem, gibt nun der Epochenunterricht zu einem ganz anderen inhaltlichen Vorgehen Anlaß: Man kann einen Kontinent erst einmal als Ganzes behandeln, seine Erdgeschichte, seine Klimazonen, und dann findet man den Übergang zu den einzelnen Regionen. Schließlich kann man einzelne Länder, etwa Japan und China, miteinander vergleichen, man wird dann zu diesem Vergleich Indien hinzunehmen und unter Umständen erarbeiten, wie in verschiedener Weise diese alten Völker und Kulturen mit dem Kolonialismus, mit dem europäischen Einfluß fertiggeworden sind, beziehungsweise welche Schäden und Probleme die Kolonialzeit hinterlassen hat. Ein solcher Vergleich ist nicht nur interessant, er dient auch der Unterrichtsökonomie.

Darüber hinaus bietet der Epochenunterricht als Form der Unterrichtsorganisation noch eine weitere Möglichkeit: Es können neue Unterrichtsthemen erfunden und eingeführt werden. So gab es von Anfang an an den Waldorfschulen neben den konventionellen Unterrichtsfächern auch solche, die bis dahin in keinem Lehrplan vorgesehen waren.

So finden sich im Lehrplan der 6. und 7. Waldorfklasse «Ernährungslehre», auch «Astronomie» und «Gesteinskunde», in der 10. Klasse «Feldmessen», in der 11. «Kartographie». Vor allem bietet sich nun auch die Möglichkeit, die Themen so zu wählen, daß sie bisherige Fächergrenzen sprengen. Auch das ist im ursprünglichen Waldorfplan bereits geschehen, etwa dort, wo in der 10. Klasse die geschichtliche Bedeutung geographischer Verhältnisse Gegenstand der Betrachtung wird. Es ist für die Zukunft denkbar, daß hier ganz neue Themen – ich ziehe dieses Wort dem Wort «Fächer», das ohnehin die Assoziation von Schubladen weckt, vor – experimentell zu erproben. Ich denke da zum Beispiel an ökologische Naturkunde, in der das Zusammenwirken der Lebewesen in einem bestimmten Raum, die Relevanz menschlicher Eingriffe besprochen werden könnten.

Der Epochenunterricht hat seine Probleme und stellt ganz bestimmte Anforderungen. Die Probleme liegen nicht dort, wo der Laie sie vermutet, etwa daß den Schülern vier Wochen lang jeden Tag Mathematik zuviel werden würde. Ich habe Schüler in dieser Sache befragt, und ihre Antwort war: Wenn man sich in einer 45-Minuten-Unterrichtsstunde gerade in das Problem eingearbeitet hat, dann klingelt es – und das ist scheußlich. Auch bedenkt der übliche Einwand, die Schüler hätten ja nach einem Vierteljahr dann alles vergessen, was in der Epoche erarbeitet worden wäre, nicht, daß das Vergessenwerden bis zu einem gewissen Grade das Schicksal jeden Stoffes ist. Schüler, die jetzt in Geschichte bei der Französischen Revolution sind, haben die vor einem halben Jahr durchgenommene Reformation auch nicht mehr parat – und es ist vielleicht auch ein Glück, daß der Schmalkaldische Krieg nicht ewig im Bewußtsein präsent bleibt. Die eigentlichen Schwierigkeiten liegen dort, daß ein Schüler, der durch Krankheit eine Epoche versäumt, diese normalerweise nie in seinem Leben nachholen wird. Für den Lehrer stellt sich jedoch vor allem ein Problem der Selbstdisziplin, der genauen Stoffverteilung, der Handhabung des Unterrichts. Sowohl eine lange Epoche wie auch eine zwei Zeitstunden währende Unterrichtseinheit verlocken dazu, anfangs mit der Zeit verschwenderisch umzugehen, irgendwelchen Nebenthemen nachzuhängen, Diskussionen ohne Ende zu führen. Kurz: der Anfang gerät lang und breit, der Schluß allzu knapp.

5. Was gelernt wird

Die Rolle des Wissens

Herodot berichtet im ersten Buche der Historien von den Persern: «Sie erziehen die Kinder, vom Fünfjährigen bis zum Zwanzigjährigen, nur in drei Dingen: im Reiten, Bogenschießen und die Wahrheit Reden» (Kleio

136). Die persische Erziehung konnte noch ganz auf irgendwelche Unterrichtsinhalte von der Art, wie es unsere Fächer sind, verzichten. Die damalige Gesellschaft war mit einem Minimum an Wissen und mit einem Maximum an Können zufrieden und doch ergriff diese Erziehung im denkenden Reden, im zielenden sich Ausspannen und im selbstdisziplinierten Reifen den ganzen Menschen.

Wolfram von Eschenbach erzählt, wie Gurnemanz den Parzival «erzieht». Parzival erhält Ratschläge: «Daß Ihr nie von der Scham laßt!» «Daß Euch das Heer der Bedrängten erbarmt!» «Achtet, daß ihr das rechte Maß zwischen Geiz und Freigebigkeit haltet!» «Und laßt Euch die Frauen lieb sein!» Dieser im Original viel längere Rat des Gurnemanz zielt auf eine bestimmte Haltung, auf die Haltung des christlichen Ritters. Vielleicht soll der Charakter gebildet werden – aber auch hier verzichtet man auf Inhalte wie Mathematik, Chemie und Geographie.

Noch in unserem Jahrhundert war die Erziehung in Eton und Harrow eine Erziehung, die nicht in erster Linie auf Wissen abzielte. Durch Sport und *fagging* wurde eine Haltung herangebildet: Man sollte befehlen lernen, man sollte Fairneß lernen, und man lernte *to be a good loser* und *to pity the underdog* – das Ziel dieser Erziehung war *the christian gentleman*. Aber gerade der Wandel, der auch Eton und Harrow in den letzten Jahren heimgesucht hat, signalisiert, daß nun auch dort das Lernen, besonders daß dort die Naturwissenschaften ihren Einzug gehalten haben.

In Deutschland war noch vor 200 Jahren die wesentliche Erziehung auf dem Land und im Handwerk eine praktische Erziehung. Der Schmiedelehrling lernte, bei welcher Färbung das Eisen aus dem Feuer zu ziehen und zu schmieden sei, der Bauer, zu welcher Jahreszeit man Hafer säen konnte – man lernte überall, *wie man etwas macht* – und selbst auf den alten Gymnasien vor 200, vor 160 Jahren noch lernte man etwas, was man nachher *konnte*: Man lernte Sprachen. Gebildete Leute beherrschten Griechisch, Latein, Französisch, Englisch und wohl auch Italienisch. Das Können dieser Sprachen erschloß Literaturen, eröffnete Kommunikationsmöglichkeiten. Im Lauf der letzten hundert Jahre wurde dann das eigentliche Wissen, das nicht mehr mit einem Handhaben, einem Können verbunden war, Inhalt der Ausbildung, Inhalt der Schule. Eine Zeitlang wurden diese Inhalte vom Publikum einfach akzeptiert. Auch die Reform des Bildungswesens in Deutschland begann nicht mit einer Reform der Inhalte, sondern man diskutierte zunächst die Methoden: Arbeitsunterricht, Gruppenunterricht, programmierten Unterricht, Einsatz von Medien im Unterricht, man diskutierte ferner die Demokratisierung der Schule, die Schule als Sozialisationsinstanz. Die Diskussion über die Inhalte begann erst 1967, als Saul Robinsohn seine Broschüre ‹*Bildungsreform als Revision des Curriculum*› veröffentlichte.

Robinsohn forderte: «Durch Bildung und Erziehung soll der einzelne ausgestattet werden zu einem richtigen und wirksamen Verhalten in der Welt.» Davon ausgehend stellte Robinsohn die überkommenen Formen und Proportionen des traditionellen Bildungsgutes in Frage. Die Zukunftsorientiertheit, die Umwälzung der Gesellschaft, die Wissensexplosion, die Verschiebung der Lebensverhältnisse durch Verstädterung und Technisierung, neue Einsichten in die Chancen erzieherischer Eingriffe begründen diese Forderung nach neuen Lern- und Lehrinhalten.

Interessant sind nun die Bildungsziele, die Robinsohn in diesem Zusammenhang entwickelt. Er nennt
- wirksame Kommunikation,
- Bereitschaft zur Veränderung,
- Erziehung zur Wahl in jeder Hinsicht,
- Autonomie des Menschen,

und er folgert aus diesen Zielen: «Es sind immer strukturierende Lernerfahrungen auszuwählen, die sich als besonders trächtig für weiteres Lernen erweisen. Die Förderung von Intuition, Phantasie, Instinkt, Spiel kann hierbei ebenso wichtig sein, wie die rein rationalen, ableitenden Denkens.»[32] Die Frage, die sich aus solchen Forderungen – für die Robinsohn nur ein typischer Vertreter ist – ergibt, ist nicht allein, welche Lern- und Lehrinhalte die Schule prägen sollen, sondern – und vor allen Dingen – inwieweit das Sach- und Faktenwissen in der Schule eine Rolle zu spielen hat.

Eine alte, naive Auffassung des Wissens, die auf Francis Bacon zurückgeht, meinte: «Wissen ist Macht», und blickte so auf den instrumentalen Charakter des Wissens. Nun ist das heutige Wissen, das Schüler etwa fürs Abitur lernen, «reines Wissen», das um seiner selbst willen erworben wird, es ist in den seltensten Fällen Instrument, das heißt irgendwo anwendbar. Aber es habe – so wird gesagt – einen «Bildungswert». Auf den meisten Gebieten, sei es in Politik, sei es in Sexualkunde, wissen heute Schüler wesentlich mehr, als sie je verwenden können: Das Wissen ist kopflastig. Eine alte Klage:

> «Was man nicht weiß, das eben brauchte man,
> Und was man weiß, kann man nicht brauchen.»

Brauchbares Wissen – das wäre ein Kriterium, nach welchem Wissen überhaupt in der Schule verabreicht werden könnte. Schon Schiller hat sich aber in seiner Unterscheidung von Brotgelehrtem und philosophischem Kopf gegen jenen Studenten, wir dürfen auch sagen: Schüler, gewandt, der nur brauchbares, nützliches Wissen sammeln wollte, Wissen, das man nachher im Beruf verwenden könne.

Besonders die Befürworter eines *traditionellen Bildungsgutes* betonen gerne den Selbstwert des Wissens: Es ist das Wissen, das den «Gebildeten» auszeichnet. Daneben wird aber auch behauptet, man würde etwa an besonderen Inhalten des traditionellen Kulturgutes «denken lernen». Am Latein denken lernen! An Mathematik denken lernen! Diese Theorien der formalen Bildung, die – allgemein gesprochen – behaupten, man lerne an einer Sache eben nicht diese kennen, sondern man lerne an ihr etwas anderes, sind nicht ohne Fragwürdigkeit. In der Tat wird ein großer Teil des traditionellen Bildungswissens, etwa die Reformationsgeschichte, aus ganz anderen Motiven gelehrt: Man hofft, so mit dem Wissen Normen zu vermitteln, die die Gesellschaft stabilisieren.

Viel sinnvoller wäre heute die Behauptung, das gemeinsame europäische Kulturgut würde *zum Zweck der besseren Verständigung* weiter gepflegt. In jedem Gespräch bezieht man sich auf überlieferte Erfahrung. Die Metaphern unserer Sprache wimmeln von biblischen, literarischen, antiken und historischen Anspielungen, und diese Anspielungen als historisch festliegende Beispiele haben den Vorzug einer Stabilität. Im Kommunikationsprozeß braucht man neben den ständig neu auftretenden Wörtern und Bildern («Europäische Gemeinschaft gibt *grünes Licht* für Rindfleischexporte») auch solche, die der Tradition entstammen («salomonisches Urteil», «barmherziger Samariter», «das Scherflein der Witwe»). Diese in der Kommunikation weiter lebendigen Ausdrücke werden aber blind und sinnlos, wenn sie nicht teilweise auf einen Kontext bezogen werden können. Wichtig sind diese Elemente aber auch wegen der in ihnen lebendigen Erfahrung, die man getrost «Weisheit» nennen kann. Aber sie bedeuten weder eine Rechtfertigung des Lateinunterrichts, noch muß aus Gründen einer zu stabilisierenden Tradition Cäsar gelesen werden. Viel bessere Gründe sprechen schon für eine Kenntnis der Bibel.

Ein zweiter Ansatz, der die Rolle des Wissens betont, aber dabei schon mehr auf das Methodische blickt, geht von der «Wissenschaftsbestimmtheit» des heutigen Lebens aus. Überall Chemie: in der Kunstfaser, im Gummi, im Waschmittel, in Farbe und Leim – und leider auch in Dünger, Heilmitteln, in Insektiziden, Fungiziden und in der Lebensmittelkonservierung. Überall Physik, überall Mathematik und Logistik, Psychologie und Soziologie. Die Welt der Wissenschaft kann nicht durch Anschauen oder bloße Praxis, durch Mitmachen und Besichtigung begriffen werden. Man muß etwas wissen, ja man sollte sich etwas denken können und wissen, wie die Wissenschaft zu ihren Ergebnissen kommt (Methode) und wie sie ihre Anwendungen verwirklicht (Technologie).

Kann nun die Schule heute die erforderliche, für die Weiterbildung notwendige *wissenschaftliche Propädeutik* erbringen? Kann sie die gesellschaftlich notwendige allgemeine Übersicht über die heutigen Wissenschaften und ihre kommenden Fragen vermitteln, und kann die Schule – last, but not least – eine wissenschaftskritische Haltung produzieren? Robinsohn hat diese Forderung aufgestellt: Schule solle «Einsicht in Grundstrukturen, in Prinzipien des jeweiligen Wissensgebietes vermitteln, die Grundfertigkeiten einüben, Haltungen des Suchens nach Information, Erklärung auch der gemeinsamen Anstrengung begünstigen»[33].

Wer die angesprochenen Probleme des Verhältnisses von Schule und Wissenschaft kennt, weiß, daß hier eines der schwierigsten Probleme der Pädagogik überhaupt zu finden ist. Schon die Rede von «der Wissenschaft» vereinfacht den Sachverhalt in ganz unangemessener Weise, sie bezieht sich auf die gedankenlos verehrte, säkularisierte Kirche der Gegenwart. Bei den Versuchen, irgend etwas Wissenschaftliches aus dem Wust der hundert Wissenschaften auf die Schule zu übertragen, findet meist das, was erforderlich ist, nämlich eine Umschmelzung des Stoffes, eine Verwandlung der Methode, nicht statt. An einigen Stellen besteht die Tendenz, das Proseminar der Universität in die Schulen zu verlegen, an anderen Stellen kommt es zu so unausgereiften Versuchen wie denen, die mit der «Neuen Mathematik», «Mengenlehre» genannt, unternommen wurden. Man möchte an dieser Stelle auf die Arbeiten von Martin *Wagenschein* verweisen, der sich Gedanken darüber gemacht hat, wie das ursprüngliche Verstehen des Kindes zum exakten Denken hingeleitet wird, ohne daß die kindliche Spontaneität durch Methodenregeln, Formelwissen und die Klischees von Modellvorstellungen gelähmt werden.

Gerade durch das hohe Ansehen, das Wissenschaft gesellschaftlich genießt, besteht die Gefahr, daß ein abstraktes Halbwissen «um» die Ergebnisse zum Inhalt der Schule wird. Bloße Ergebnisse der Wissenschaft, die überdies in der Schule wiederum nur sehr reduziert vermittelt werden können, fördern in Wirklichkeit Einsicht in komplizierte Weltzusammenhänge nicht, sie bleiben bestenfalls starre Orientierungsmarken, an Hand derer hinfort die Natur gedeutet und gesellschaftliche Zusammenhänge simplifiziert werden. Noch schlimmer dürfte es sich aber auf die Dauer auswirken, wenn der wissenschaftliche Strukturalismus seine Ziele erreichte, weil gerade die Reduktion der Zusammenhänge auf Grundmuster und Strukturen eine völlige Programmierung des Denkens zur Folge haben kann.

Ein dritter Ansatz möchte als Wissen *Strategien des Verhaltens* vermitteln, um Verhaltensweisen und Wissen in den Dienst der Veränderung der Gesellschaft zu stellen. Das Interessante und Bedeutsame dieses nun wirklich neuen pädagogischen Ansatzes besteht darin, daß hier ein ernsthafter Versuch unternommen wird, auf künftige Lebenssituationen vorzubereiten. Da werden Techniken entwickelt, um kommende Konflikte oder Krisen usw. zu bewältigen. Prototyp dieser Versuche sind die Hessischen Rahmenrichtlinien. Aber sie stehen keineswegs allein, die Richtlinien für den Politischen Unterricht des Landes Nordrhein-Westfalen haben dieselbe Tendenz und Grundhaltung. In den Richtlinien des Landes Nordrhein-Westfalen liest man (Qualifikation 7): «Fähigkeit, eigene Glücksansprüche vor Verfälschungen zu bewahren und durchzusetzen, sofern dies nicht zu Lasten anderer geht», und der Kommentar dazu lautet: «Diese Qualifikation zielt auf die Fähigkeit des Individuums, sich gegenüber solchen gesellschaftlichen Zwängen zu behaupten, die in seinen privaten Lebensbereich hineinwirken, und die am wirksamsten sind, wenn sie verinnerlicht und damit dem Betroffenen nicht bewußt sind.»[34]

In den Hessischen Rahmenrichtlinien finden sich für dieses Lernziel konkrete Modelle. Es wird dort vorgeschlagen (Lernzielschwerpunkt 2, Konsumverhalten), am Beispiel der Werbung zu erarbeiten, daß Formen und Inhalte individueller Bedürfnisbefriedigung manipulierbar sind. Eine Kritik der Werbung, etwa an Hand der Illustriertenwerbung, soll das Unterschwellige, die geheime Verführung durch Werbung ins Blickfeld rücken. Ähnliche ideologische, entlarvende Verfahren werden auch für die Konfliktbewältigung vorgeschlagen.

Das Problematische dieser Vorschläge liegt darin, daß sie eine ganz einfache Lebenserfahrung nicht reflektieren: Ich kann zwar einsehen, daß es einen Prestigekonsum gibt, und ihn trotzdem anstreben; ich kann einsehen, daß ich den Besitz eines großen Autos anstrebe, weil es ein Statussymbol ist – in Wirklichkeit würde mir ein R 4 genau dieselben Dienste tun –, und trotzdem kaufe ich den dicken Wagen. Ich kann ferner einsehen, daß Rauchen ungesund, Trinken gar gefährlich sein kann, und trotzdem . . . Wäre der Mensch allein ein rationales Wesen und nicht außerdem noch allerlei anderes, dann würde auf die Einsicht das Verhalten folgen: Tugend wäre lehrbar. Leider ist es mit dem Durchschauen allein nicht getan. Ob man der Werbung widerstehen kann, ob man mit den eigenen, als falsch erkannten Wünschen fertig wird, ob man in einem Konflikt nicht in die Knie geht, das hängt ganz offensichtlich noch von anderen Faktoren ab. Man spricht in solchen Fällen meistens von einem «starken Willen», der es fertigbringt, das Rauchen abzustellen. Was die Reklame angeht, so könnte es auch ein gesunder Instinkt sein, der nicht auf alles hereinfällt. Wo es sogar um Konfliktlösung und Krisenbewältigung geht, da helfen Rezepte nicht in allen Fällen: Sogenannte starke Nerven, Widerstandskraft gegen Druck, Phantasie und Intuition beim Durchschauen neuer Tricks sind vonnöten.

Fast möchte man meinen, die alten Erziehungsmethoden, die durch Reiten, Bogenschießen, durch Wettkampf, Turnier und Sport à la Eton erziehen wollten, seien doch besser als das Wissen, das kaum viel nütze. Gewiß, Charakterbildung, gute Gewohnheiten, ein fester Wille und all das, was Robinsohn mit Intuition, Phantasie, Instinkt bezeichnet, sind unentbehrlich; aber das bedeutet heute doch noch nicht, daß die Elemente, die man mit dem Wort «Wissen» anvisiert, nicht in eine Form gebracht werden könnten, die sie für Erziehung brauchbar machten: Schon aus unseren Vorüberlegungen im Zusammenhang der gegenwärtigen Diskussion ergibt sich, daß das Grundproblem im Zusammenwirken beider Elemente, Intellekt und Wille, Einsicht und Charakter, Kenntnis und Initiative, beruht. Rudolf Steiner hat in seiner Sprache die hier skizzierte Fragestellung mit folgenden Worten umrissen: «Wie der Bildhauer Ton und Erz hat und dieses bearbeiten muß, so muß der pädagogische Künstler verstehen, wie man den Willen hineinarbeitet in den Intellekt, wie man wirkt, um die richtige Ineinanderfügung, die richtige künstlerisch-plastische Gestaltung des Intellekts, der sich bis zum siebten Jahre geboren hat, durch den Willen vorzunehmen, der sich unter den Händen des Volksschullehrers entwickelt bis zur Geschlechtsreife hin.»[35]

Bevor wir aber fortfahren, diesen Prozeß zu beschreiben, in welchem sich jene polaren Elemente Intellekt und Wille verbinden, bedarf es noch einer kurzen Zwischenbemerkung:

Kritik des Wissens

Die bisherige Erörterung hat gezeigt, daß es naiv ist anzunehmen, jede Einsicht, jedes Wissen würde sich selbsttätig in Initiative oder Handlung verwandeln. Es ist aber genauso naiv zu meinen, das einmal erworbene Wissen bleibe einfach in jedem Falle so erhalten. Ich hatte eine Zeitlang viel mit Studenten in den ersten Semestern zu tun, die Geschichte studierten. Aus bestimmten Gründen hatte ich es mir zur Gewohnheit gemacht, sie nach einem wichtigen Ereignis der jüngeren deutschen Geschichte zu fragen: nach dem Ermächtigungsgesetz. Wie gesagt, es waren alles Geschichtsstudenten, und man darf voraussetzen, daß eine so elementar wichtige Sache wie das Ermächtigungsgesetz überall Gegenstand des Unterrichts im letzten Schuljahr gewesen war. Kaum 40 Prozent konnten irgendeine nennenswerte Aussage über dieses Gesetz machen. Zunächst war ich geneigt, das Versagen der Studenten ihrer Schulbildung zuzuschieben, bis schließlich einer meiner besten ehemaligen Schüler, den ich selber im Abitur geprüft hatte, mich besuchte. Ich fragte ihn, was vom Geschichtsunterricht hängengeblieben sei, und bekam die entmutigende Antwort: «Das habe ich alles nach einem halben Jahr vergessen!» – «Und das Ermächtigungsgesetz?» – «Ach, fragen Sie mich bloß nicht danach!» Mir wurde klar, daß wohl jeder Unterrichtende sich damit vertraut machen muß, daß der allergrößte Teil dessen, was normalerweise unterrichtet wird, das Schicksal hat, vergessen zu werden.

Man muß sich also einmal die Frage stellen, wie das Wissen, wie Lernerfahrungen und Inhalte im Schüler und später weiterwirken. Denn die Tatsache allein, daß es vergessen wurde, beweist noch lange nicht, daß das vergessene Wissen überhaupt ohne Folgen ist. Es ist durchaus denkbar, daß dieses Wissen irgendwo im Unbewußten herumvagabundiert oder eine Metamorphose eingegangen ist. Diese Frage ist wohl die Grundfrage aller Curriculumforschung. Harry S. Broudy hat sie als Postulat formuliert: «Die ideale Curriculumtheorie müßte folgendermaßen formuliert sein: Die Lernerfahrungen A, B, C, und nur diese Lernerfahrungen A, B, C führen zu den Zielen X, Y, Z, und nur zu X, Y, Z. Solche strengen Formulierungen sind jedoch selbst für Bereiche kaum möglich, die weniger komplex als Erziehung sind, und wir sollten daher schon zufrieden sein, wenn wir bescheidenere Verallgemeinerungen aufstellen könnten.»[36]

Broudy bemerkt dann mit Recht: «Wenn wir versuchen, solche komplexen Ergebnisse wie guter Charakter, kritisches Denken usw. zu verstehen, dann nimmt unsere Unwissenheit zu, und unsere Kontrollmöglichkeiten verringern sich.» Gerade dort, wo es um Verhalten geht, ist es höchst unwahrscheinlich, daß das gewünschte Verhalten durch *direkte* Instruktion erzielt werden kann. Zumindest ist auch das genaue Gegenteil denkbar: Für ein dialektisches Denken ist es verständlich, wenn Schüler in einer Art sublimer Trotzreaktion genau das Gegenteil dessen tun oder denken, was man von ihnen erhofft. Jedenfalls erfolgte nach fünfzehn Jahren antimarxistischer Indoktrination der heranwachsenden Jugend ab 1967 eine Marx-Renaissance, wie sie bisher noch nie dagewesen war. Für den Neomarxismus lassen sich freilich auch andere Erklärungsgründe finden – aber eines ist sicher: Der direkt angesetzte Antimarxismus der Jahre 1950–1965 hat sein Ziel nicht erreicht. Ähnliches läßt sich bei moralischen Ermahnungen usw. beobachten.

Wenn man etwas genauer auf das Wissen eingehen will, so kann man es bei dem pauschalen Begriff «Wissen» nicht lassen. Das Wissen kann sehr viele Formen annehmen. Man kann diese Formen unter verschiedenen Aspekten ordnen. Ein Gesichtspunkt betrifft die Form, in der das Wissen oder das Gelernte für das Subjekt auftritt. Demnach könnte man unter anderem

- verbales Wissen,
- bildhaft vorgestelltes Wissen (Erinnerungen, Schemen),
- Wissen als räumliche Orientierung,
- Handlungswissen (wie machte man das?),
- begriffliches Wissen (wird meist erst beim Reden oder Vorstellen neu entfaltet)

unterscheiden, wobei von vornherein Mischformen anzunehmen sind. Ferner kann man das Augenmerk darauf lenken, wie Wissen reproduziert wird. Da gibt es dasjenige Wissen, das

- unverändert wieder auftreten soll (Telefonnummern, historische Ereignisse),
- ständig angewendet werden soll (Regeln fürs Rechnen oder für die Grammatik),
- Wissen als Wiedererkennen,
- Wissen, das nicht voll ins Bewußtsein tritt, aber hilft, Zusammenhänge, Formeln usw. zu deuten: Hintergrundwissen. Wenn man die Formel H_2SO_4 liest, kann man mit ihr etwas anfangen. Das Wort US-Senat ruft nicht den Wortlaut der US-Verfassung oder alle Bundesstaaten ins Bewußtsein, aber irgendwie schwingt deren Kenntnis mit.

Nun haben alle diese Formen von Wissen gewiß eine praktische Bedeutung, besonders für Kommunikation, Konversation und für die Orientierung im weitesten Sinn. Auch wird gerade diesem Wissen eine – beschränkte – Steuerungsfunktion gar nicht abzusprechen sein. Allein es gibt auf diesem Feld noch nicht genügend wirklich gründliche Studien, die die Auswirkung des Schulwissens auf Verhalten und späteres Leben beschreiben. Eines mag aber doch aus der Aufzählung der Wissensarten hervorgehen: Es ist recht unwahrscheinlich, daß die so oft beschworenen Lernziele

- kritische Rationalität, wirkliche Lebensklugheit,
- kooperatives Verhalten, Brüderlichkeit,
- Initiative,
- Intuition, Phantasie,
- Lust am Weiterlernen, Lernen des Lernens

durch Wissensvermittlung erreicht werden.

Im Gegenteil vermutet man sogar – ob zu Recht oder zu Unrecht, das sei dahingestellt –, daß das derzeit in den Schulen beigebrachte Wissen eine Lernmüdigkeit von selten gekanntem Ausmaß produziert. Timothy Leary hat gar die Behauptung aufgestellt, zumindest die amerikanische Erziehung sei ein suchtbildender Prozeß: «Erziehung ist ein betäubender, narkotisierender Vorgang, der sehr wahrscheinlich eure Sensibilität abstumpft und euer Gehirn und euer Verhalten für den Rest eures Lebens unbeweglich macht.»[37]

Hier soll nun die Frage vertieft werden, wie Unterricht, wie Erziehung aussehen müssen, wenn sie nicht jene müdemachenden, lähmenden Effekte haben sollen, die zu beobachten sind, die allerdings auch auf andere Faktoren – die allgemeinen Zukunftsaussichten unserer Gesellschaft mit zurückgeführt werden können. Es genügt in diesem Zusammenhang nicht, Ziele im allgemeinen anzugeben: Die entscheidende Frage gilt nicht den proklamierten Zielen, sondern den konkreten Verfahren. Es nützt unter den gegenwärtigen Umständen auch nichts, völlig neue Utopien zu entwerfen; es soll vielmehr das Gute bereits dort aufgegriffen werden, wo es sich im Ansatz zeigt, und es soll geprüft werden, wie es überall verwirklicht werden kann.

Das Kind dürstet nicht nach Informationen. Es will nicht einfach irgend etwas wissen. Die Vorstellung, man müsse nur irgendwie Informationen in das Kind hineinstecken, dann käme schon etwas Vernünftiges heraus, ist ein zwar in der Praxis verbreiteter, aber leicht zu durchschauender Irrtum. Der einzig rationale Weg, dem Problem des Wissens und seiner Wirkung näherzukommen, scheint mir zu sein, den Entstehungsprozeß oder die Aufnahme des Wissens bei Schülern im Unterricht zu beobachten. Der Bildungswert erweist sich nicht erst im nachhinein: Die eigentliche Bildung geht dort vor sich, wo sie entsteht.

Drei Probleme scheinen hier entscheidend zu sein und die weitere individuelle Bedeutung des Gelernten zu bestimmen:

- die Frage, wie eine Vorstellung entsteht,
- die Frage, ob Interesse entsteht,
- die Frage, ob sich der Schüler mit dem Inhalt identifizieren kann, ob er den Inhalt in seinen eigenen Lebenszusammenhängen wiederfindet.

Wenn ein Inhalt einfach als fertiger Inhalt oder als fertiger Begriff mitgeteilt wird, so wird der Schüler an seinem Zustandekommen nicht engagiert. Schüler können es eine Zeitlang sehr schätzen, wenn ein Lehrer vor ihnen ein klar und methodisch aufgebautes Wissensgebäude errichtet: Stein neben Stein, Tatsache neben Tatsache. Die Schüler wissen dann, was sie zu lernen haben, sie haben das Gefühl der Sicherheit. Dieser Eindruck aber kann trügen: Dieses Wissen sitzt meist nicht sehr tief, es wird weder angeeignet noch verwandelt. Bestenfalls oder schlimmstenfalls sitzt das Wissen fest.

Eine Vorstellung, eine Einsicht *bilden* heißt, sie aus einem Prozeß hervorgehen lassen. Es ist so, wie wenn man etwa die Gestalt einer Stadt, ihrer Märkte, Wälle und Türme langsam aus besonderen Situationen hervorgehen läßt, anstatt ein fertiges Bild vorzuführen. So wird der Ausgangspunkt – eine unbeantwortete Frage oder eine schwierige Situation und der langsame Weg zu einer Lösung – bedeutsam, wobei die mißglückten Versuche zum Weg dazugehören und pädagogisch viel fruchtbarer sein können als die genaueste Beschreibung eines Ergebnisses. Die Geschichte der Naturwissenschaften, etwa die Entdeckung des Sauerstoffs, machen deutlich, was hier gemeint ist.

Eine Vertiefung der nach und nach gebildeten Vorstellung tritt ein, wenn menschliches Erleben als Erfahrungsvorgang diese Vorstellungsbildung begleitet. Die Erfindung der Druckkunst, der Dampfmaschine, des mechanischen Webstuhls oder die Entdeckung des Radiums: sie alle sind mit menschlichen Schicksalen verbunden, und diese Schicksale, die Biographien der Erfinder etwa, geben jene Identifikationsmöglichkeit, die die Schüler ergreifen. Es ist ein gewaltiger Unterschied, ob man einfach abstrakt vom «Arbeiterelend», welches durch die industrielle Revolution produziert wurde, spricht, ob man eine gute Schilderung des Elends referiert – keine erfundene – oder ob man ein persönliches, menschliches Schicksal aus dieser Zeit berichtet und durch diese menschliche Perspektive die Verhältnisse von innen anschaut und nicht als malerisches Elendsdekor von außen abschildert. Es handelt sich hier keineswegs nur um das beliebte «Dramatisieren» der Ereignisse, sondern eben um ihre Vermenschlichung.

Es handelt sich bei diesen und ähnlichen Verfahren zur Bildung der Begriffe, Vorstellungen usw. keineswegs in erster Linie um ein historisches Verfahren. Mit der Einsicht in das Werden einer Sache ist ein durchaus sachliches Element gemeint, und dort, wo die Perspektive menschlichen Erlebens gewählt wird, gehört eben dieses menschliche Erleben durchaus mit zur Sache. Ein solches entfaltendes Vorgehen kann aber auch einen anderen Weg nehmen. Etwa in der Tierkunde. Auch dort geht es darum, daß die Tiere nicht bloß nebeneinandergestellt werden. Man kann die gesamte Tierkunde von der Menschenkunde aus betreiben, so daß in einer Tierart ein oder mehrere menschliche Funktionssysteme besonders ausgeprägt, wie auf dem Gipfel ihrer Leistungsfähigkeit erscheinen. Das Tierreich erscheint so als der ausgebreitete Mensch, der Mensch als Zusammenfassung der Tierwelt. Die Kuh etwa könnte als Tier, welches das Verdauungssystem besonders entwickelt hat, dargestellt werden. Durch gesetzmäßige Metamorphose geht eine Gestalt aus der anderen hervor. Die Darstellung der Pflanzenwelt läßt eine wieder ganz andere Perspektive als möglich erscheinen.

Aus dem Angedeuteten geht hervor, daß in dieser Weise gebildete Vorstellungen im Vollzug ihrer Bildung an das Gefühl appellieren. Ein Forschungsvorgang kann spannend sein, dann der Irrweg enttäuschend, das Ergebnis schließlich erstaunlich. Die mit der Forschung und Entdekkung verbundenen menschlichen Schicksale lösen Abscheu, Bewunderung, Haß, Mitleid, Freude und Trauer aus. Dabei darf man nicht meinen, daß alle Schüler einer Gruppe hier dasselbe erleben und empfinden: Jeder sucht sich aus einer liebevoll und einigermaßen präzise geschilderten Wirklichkeit schon das heraus, was ihn besonders bewegt, und baut sich aus diesen Elementen seine eigenen Motive und Urteile auf. Der Schüler richtet sich so nicht nach den Vorlieben der Lehrer. Damit ist bereits der zweite wichtige Punkt erreicht: das Interesse. Wenn Leary von der Erziehung als von einem suchtbildenden Prozeß spricht, so könnte man vermuten, daß einer der übelsten suchtbildenden Faktoren die Langeweile ist. Ein langweiliger Unterricht ist nicht nur deshalb schlimm, weil man wenig lernt, sondern weil Langeweile als ein realer seelischer Vorgang nicht ohne Folgen bleibt. Gleichgültigkeit ist die geringste, Flucht der Schüler in andere Regionen, nachmittägliches Austoben auf dem Moped als sogenannter Ausgleich usw. usw. kommen dazu.

Lernen, Interesse, Identifikation

Unterricht muß Interesse erregen, und das ist durch Bildung der Vorstellungen, durch methodische Maßnahmen allein nie zu erreichen. Wenn der Lehrer sich selber für eine Sache nicht interessiert, dann kann man kaum erwarten, daß der Funke des Interesses überspringt. Interesse ist eine ansteckende Krankheit – und ohne Erreger funktioniert sie nicht. Anfänglich hat Steiner Lehrern den Rat gegeben, das zu unterrichten, was sie selber am meisten interessiere. Das ist dann auch geschehen, worauf Steiner sich veranlaßt sah, anzumerken, daß es jetzt genug sei. Der Lehrer muß also zunächst einmal lernen, sich selber für eine Sache zu begeistern. Ein recht äußerliches Hilfsmittel dazu ist, daß man als Lehrer eine Sache, die einem vielleicht gelungen ist, nie nochmals in der Art zu machen versucht. Man muß bei der Vorbereitung dem Thema immer eine neue Seite abzugewinnen versuchen, so daß das Interesse, die Begeisterung, ja das persönliche Engagement sich entfalten können. Ein Lehrer, dem es ernst mit der Sache ist, die er unterrichtet, dem die Vermittlung einer wichtigen Sache nicht nur eine lästige Pflicht ist, der wirkt ganz anders auf die Klasse als jener, der Abgestandenes von vorgestern referiert. Das ist die eine Seite des Interesses, die andere liegt beim Schüler. Hier kommen wir wieder auf die altersgemäße Disposition. Man könnte einmal von der noch zu beweisenden Annahme ausgehen, daß jedes Lebensalter seine eigenen inneren Themen hat, die es zu entdecken gilt, an die appelliert werden kann. Es ist noch relativ einfach zu bemerken, daß das kindliche Interesse an der eigenen Umgebung, das wirkliche Gewahrwerden dieser Umgebung als einer objektiven Welt – die also mehr ist als nur Hülle des eigenen Daseins – etwa mit neun, zehn Jahren erwacht. Dieses Interesse auszunutzen, es zu steigern, ihm neue Nahrung zu geben ist die Aufgabe der Heimatkunde. Durch die Heimatkunde wird aber mehr bewirkt, als daß der Schüler nun ein objektives Wissen von seiner Heimatstadt erhält. Sinn der Heimatkunde ist es, dem Kind zu helfen, sich in seiner Umwelt zu verwurzeln, objektiveres Interesse zu gewinnen. Es handelt sich dabei auch um eine Gefühlsangelegenheit, aber keineswegs bloß um «Heimatliebe», sondern viel eher um das Gefühl der Sicherheit und Vertrautheit, um das Gefühl, das sich ergibt, wenn man sagen kann: «Ja, das verstehe ich, ich weiß, wie das gekommen ist.» Der Stolz, der sich dann eventuell ergibt, ist eigentlich nur der Reflex des Kennens und Vertrautseins. Und dieses Vertrautsein mit der Erde, für die die Heimat Repräsentant ist, ist der Sinn der Heimatkunde. Man könnte einmal spekulativ annehmen, daß das Resultat einer im zehnten Lebensjahr recht erlernten Heimatkunde später auftritt als Zivilcourage, als «Gemeinschaftssinn», «Solidarität».

Das Interesse im dreizehnten Lebensjahr hat eine ganz andere Konfiguration. Es sucht nicht mehr bloß «Kunde». Es will erkunden, selber dahinterkommen, und ein objektives Bild dieses Dahinterkommenwollens ist gewiß die Lust am Experimentieren oder Basteln, die bei vielen Jungen und Mädchen in diesem Alter auftritt. Welthistorisch hat sich dieser Vorgang in den großen Entdeckungen und Erfindungen abgespielt. Diese Phase, die mit Heinrich dem Seefahrer zunächst als Küstenschiffahrt begann, bevor man sich aufs offene Meer hinauswagte, ist zugleich die Phase der ersten Erfindungen: Windmühlen, Turbinen, Wasserräder wurden gebaut, die Druckkunst erfunden, die ersten Uhren gefertigt. Im Lauf der Zeit aber wandelt sich das Finden und Versuchen zu einem systematischen Erforschen der Welt und der Natur.

Der Lehrplan der siebten Klasse der Waldorfschule will in diesem Stadium des naiven Realismus das Weltinteresse und Kausalverständnis begleiten: Nicht nur, indem er in Geschichte eben diese Phase der beginnenden Neuzeit bespricht – nein auch von der Sache her, indem das Fach Physik in ganz großem Umfang in das Blickfeld gerückt wird. Neben Studien in Akkustik, Optik und Wärmelehre beginnt die systematische Aufdeckung der verborgeneren Naturkräfte Magnetismus und Elektrizität, und schließlich werden die wichtigsten mechanischen Grundbegriffe erfaßt: Hebel, das Rad an der Welle, Flaschenzug, die schiefe Ebene, Walze, Schraube usw. Dem Kenner der Materie wird auffallen, daß hier sehr umfangreiche Gebiete angesprochen werden. «Können die denn auch alle gründlich behandelt werden?» So wird er fragen. Keineswegs kann alles in der Schule gründlich behandelt werden. Und das soll es auch nicht. Worum es geht, ist, daß im exemplarischen Verfahren den Schülern Einstiegsmöglichkeiten für möglichst viele der physikalischen Erscheinungen um sie herum gegeben werden. Es ist durchaus denkbar, in vielen Fällen sogar wahrscheinlich, daß die Schüler die einmal gegebenen Anregungen aufgreifen und bald selber weiterlernen, basteln und sich oft auf verschiedenen Gebieten – etwa in der Elektrizitätslehre oder der Aerodynamik – umfassendere Kenntnisse erwerben, als der Klassenlehrer sie hat. Aber auch die Schüler, die nicht zur eigenen Tätigkeit angeregt werden, gehen nun mit offeneren Sinnen durch die Welt. Wer einmal die Hebelgesetze kennengelernt hat, der schaut einen Kran mit anderen Augen an, als der, der nur staunend vor dem Ungetüm steht. Er fragt sich: «Wo sind die Gegengewichte?» Ebenso versteht er das Phänomen der Schlierenbildung in der Luft über einer von der Sonne beschienenen schwarzen Straße. Die Schule regt an, ja sie steigert etwas, was eigentlich ein Lebensprozeß, ein Hineinwachsen des jungen Menschen in seine Welt ist.

In diesem Zusammenhang kann nochmals auf das individuelle Lernen hingewiesen werden. Zunächst ist das Lernen im Klassenverband ein eminent soziales Phänomen: Es zeigen sich Spezialisten, es entstehen Kooperation und wechselseitige oder einseitige Hilfe. Die Hilfe, gegebenenfalls die Gruppenbildung anzuregen und zu organisieren, ist Aufgabe des Lehrers. Andererseits bietet gerade ein so breitangelegter Physikunterricht den verschiedenen individuellen Interessen Einstiegsmöglichkeiten. So wird sich der eine Schüler vor allem für Elektrizität, ein anderer für Optik interessieren. Ein dritter Schüler wird seine Interessen mehr auf historischem Gebiet entdecken und vielleicht Biographien von Entdeckern zu lesen beginnen: Cook, Livingstone oder Nansen. Für wieder andere Interessen bieten in der 7. Klasse Chemie oder Ernährungslehre Anregungen: Aus der Breite des Angebots lernt der Schüler wählen. Diese individuellen Interessen zu fördern kann eine freigewählte Tertialsarbeit dienen.

Sinn aller dieser Bemühungen ist es, das Verhältnis der Schüler zur Welt zu fördern, zu beleben, ihre Interessen auszuweiten. Es geht bei alldem noch nicht um wissenschaftliche Propädeutik, nicht um Einübung wissenschaftlicher Techniken, sondern um etwas viel Elementareres: um die Weckung des Gefühls: «Du kannst die Welt verstehen, du kannst in diese Welt hereinwachsen und sie technisch zu beherrschen beginnen.» Das Wissen, die Gesetze, die der Schüler kennenlernt, sind also in diesem Alter nicht Selbstzweck. Sie dienen der Weckung von Gefühlen, sie dienen der Belebung von Motiven. *Die Schule möchte in diesem Zusammenhang ein Katalysator von Lebensvorgängen sein, und das Wissen, das dem Schüler beigebracht wird, ist nur dann brauchbar, wenn es Organ dieser Lebensvorgänge ist.*

Die Schwelle, die durch den Begriff «Pubertät» angedeutet wird, ist in unserer westlichen Kultur ein kritischer Punkt. Es tritt ein oft wildes Bedürfnis nach Selbständigkeit und Freiheit auf. Der Lehrer ist nicht mehr das, was er früher war – Orientierungspunkt. Man will jetzt das «wahre Leben» kennenlernen, in der Stadt. Man will ohne die Eltern Ferien machen. Man will die Welt selber beurteilen: Der eine beurteilt die Stars, der andere die Politiker. Die Entwicklungen der jungen Menschen werden jetzt viel individueller und differenzierter, und oft sind die wirklich schwierigen Entwicklungen gar nicht die, die äußerlich in tumultuarischer Weise verlaufen, wo Bernd aufsässig wird und einmal für einige Tage verschwindet. Der Lehrer sollte sein Interesse auch denen zuwenden, die jetzt zu einer gewissen Introversion neigen, die sich abkapseln, die Einzelgänger werden. Die Aufgaben, die sich hier stellen, können nicht allein durch den Lehrplan und die Unterrichtsinhalte gelöst werden. Überdies ist schon jetzt durch vierzehn Lebensjahre so viel verfestigt oder in Gang gekommen, daß der Unterricht hier nicht allein steuern kann. Dennoch ist diese Übergangsphase immer wieder das Ziel besonderer Bemühungen.

In der Waldorfschule ist diese Krisis scheinbar noch dadurch verschärft, daß der Schüler mit Ende der 8. Klasse seinen Klassenlehrer, der ihn kennt und betreut, verliert und nun dem Wechsel der Fachlehrer ausgesetzt ist. Mit jeder Epoche kommt ein anderer Lehrer zu ihm in den Unterricht. Diese Lehrer treten nun als Fachleute auf, sie sprechen eine fachspezifische Sprache und machen vieles ganz anders, als man es früher gewohnt war. Vor allem sagt sich der Schüler: «Der neue Lehrer kennt mich nicht! Ich habe die Chance, einen neuen Anfang zu machen, ein ganz anderer zu sein. Die alten Sünden oder Glanzleistungen sind vergessen.» Bei näherem Zusehen entpuppt sich dieser Übergang vom Klassenlehrersystem zum Fachlehrersystem als ein pädagogischer Kunstgriff: Dem Bedürfnis nach Freiheit, nach etwas ganz Neuem wird Rechnung getragen, und der Schüler wird auch wirklich in eine eigene Verantwortung und Selbständigkeit gestellt, da zum Beispiel der Kontakt zwischen Schule und Elternhaus nun nicht mehr so eng sein kann. Dennoch bleibt ein Widerspruch zwischen Schulsystem auf der einen Seite und Individualisierungsanspruch auf der anderen. Würde man auf Samoa leben, dann würde der Junge oder das Mädchen jetzt einfach in Aufgaben und Verantwortungen, in Erfolge und Fehlschläge der Erwachsenenwelt hineinwachsen. Unsere Zivilisation macht aber einen weiteren Schulbesuch notwendig und damit eine weitere Einordnung in ein System, das durch die Kultur bedingt ist. Innerhalb dieses Systems tritt aber in der Waldorfschule mit der Pubertät ein entscheidender Wandel, ein Sprung in die Freiheit auf, wobei man sich bemüht, der inneren Situation des Schülers Rechnung zu tragen.

Von den Unterrichtsinhalten her kann dieser Übergang in ganz besonderer Weise vorbereitet und gestützt werden. Ich möchte das hier am Beispiel des Fachs Geschichte verdeutlichen. Der Klassenlehrer der 8. Klasse hat die Aufgabe, die Schüler bis an die Gegenwart heranzuführen, wirklich bis zur Gegenwart des Jahres, in dem die Schüler leben. Wir Erwachsenen müssen uns – dies sei hier am Rande bemerkt – darüber klar sein, daß etwa Konrad Adenauer, ja auch Willy Brandt für die Schüler unseres Jahrzehnts bereits wirkliche Geschichte, lang vergangene Geschichte sind. Die Aufgabe des Klassenlehrers war es noch nicht, mit den Schülern bereits politische Geschichte zu treiben. Die Schüler dieser Altersstufe verstehen politische Vorgänge noch nicht wirklich, sie imitieren bestenfalls die Aussagen der Erwachsenen. Aber etwas anderes verstehen sie: die Entwicklung des Industrialismus. Die sachlich realistische Schilderung des Eisenbahnbaus mit allen seinen Auswirkungen: Verstärkung der Kohle- und Stahlproduktion, Walzwerke, Schienenproduktion, Schaffung der Bahnkörper, Bau der Tunnels, der Signalanlagen, der Waggons, der Bahnhöfe kann ganz realistisch begriffen werden. Ebenso kann erfaßt werden, wie hierzu die Arbeiterbataillone mobilisiert werden, wie die Verstädterung einsetzt, wie die Trennung von Wohnung und Arbeitsplatz sich für das Leben der Arbeiter in steigender Abhängigkeit bemerkbar macht. Nachdem der lawinenartige Effekt der ersten Erfindungen einmal am Beispiel von Dampfmaschine, mechanischem Webstuhl und Spinnmaschine deutlich geworden ist, kann von den Schülern nun schon selbständiger erarbeitet werden, wie die Chemie, wie das Auto, und vor allem wie die Elektrizität die Gestalt der Welt verwandelt haben: Da stehen die Bilder der vollautomatisierten Fabrik, des vom Radar kontrollierten See- und Luftverkehrs und ein Beispiel aus der Datenverarbeitung, kurz: Dinge, von denen die Schüler in diesem Alter fast alle schon gehört haben und deren genauere Kenntnis ihnen wichtig ist, auch dann, wenn der Bau eines Computers ihnen noch nicht durchschaubar ist. Das Interesse an diesen Dingen jedenfalls ist in der Regel ganz elementar da, und der Stolz, wirklich das Neueste und Modernste kennengelernt zu haben, ist in diesem Alter noch von keinerlei Kulturkritik getrübt. Soweit es nach der jeweiligen Disposition der Klasse erforderlich ist, können auch einige Ereignisse der Geschichte im engeren Sinne eben im Zusammenhang mit der Technik behandelt werden.

In der 9. Klasse wird nun der Zeitraum, der in der 8. Klasse behandelt wurde, noch einmal durchgearbeitet, nun aber unter einem ganz anderen Gesichtspunkt und nach einer ganz anderen Methode. Es werden die drei großen Ideen der Französischen Revolution, Freiheit, Gleichheit, Brüderlichkeit, mit den Schülern aus dem Erleben der Schüler, aus *innerer Motivation* heraus erarbeitet, und die Geschichte wird nun unter diesen ideellen Gesichtspunkten von Gleichheit und Gerechtigkeit, von Freiheit und Herrschaft, von Brüderlichkeit, Sozialismus und Abhängigkeit besprochen. Die Geschichte erscheint jetzt nicht einfach als ein fast naturgeschichtlicher Verlauf, der seine Gesetzmäßigkeit aus dem stufenweisen Fortschritt der Technik bezieht: Sie wird als inneres Wollen der Menschen, als Ausdruck eines Ideenkampfes innerlich erfaßt. Wer solche Diskussionen in einer Klasse einmal mitgemacht hat, weiß, wie persönlich Schüler in diesem Alter diese Ideale erleben und wie sie sich bemühen, zum Beispiel Freiheit und Gleichheit in Einklang zu bringen. Man kann auch beobachten, wie nun Schüler in Debatten Mut und Engagement zeigen. Ich hatte einmal mit einer Klasse vor Beginn der Epoche darüber gesprochen, was sie, die Schüler, denn von der Epoche erwarteten. Darauf bemerkte ein Mädchen: «Wir haben bisher so die Meinung unserer Eltern oder auch die Meinung unseres Lehrers gehabt. Ich möchte jetzt eine eigene Meinung haben!» Dieser eigenen Meinung wird auf den Weg geholfen, wenn die Schüler nun die Prinzipien, die Maßstäbe bedenken und erfassen lernen, aus denen heraus sie urteilen können.

Warum aber dieses so komplizierte Vorgehen des doppelten Durchgangs durch die neuere Geschichte? Man spricht heute viel von der Ausbildung zur Kritikfähigkeit, von der Förderung eines kritischen Bewußtseins usw. Nun ist Kritik in der Tat eine Sache, die *gelernt* werden will. Kritik heißt ja einerseits, daß man sich mit dem bloß faktisch Vorhandenen nicht zufriedengeben will. Soll aber Kritik über bloßes Ablehnen und Mißfallen den Weg finden in ein halbwegs produktives Bemühen, so muß einerseits eine Alternative gesehen werden, und zum anderen muß der Maßstab, nach dem man kritisiert, muß die eigene Voraussetzung deutlich sein. Dieser Maßstab stammt aber nicht aus dem Faktischen, er ist, wenn man es einmal nicht philosophisch ausdrücken will, aus der Luft gegriffen, frei erfunden, eine Behauptung. Indem nun Schüler mit diesem freien Element umgehen lernen, es in seiner inneren Macht erleben, stehen sie doch auch vor der Aufgabe, bei allen Urteilen und bei aller Kritik das Kritisierte oder Beurteilte ein wenig zu kennen. Wenn man nun in der 8. Klasse die äußeren Verhältnisse der industriellen Revolution, die sozialen Entwicklungen usw. kennengelernt hat, so hat man in der 9. Klasse ein Fundament. Die Gefahr, die der Entwicklung der Urteilskraft droht, ist in der Regel die, daß nach einer Reihe von fehlgeschlagenen Versuchen, zu Urteilen zu kommen, eine Art Resignation eintritt: «Das ist Ansichtssache!» – «Tja, von deinem Standpunkt aus kannst du auch recht haben!», und wie die Redensarten alle heißen. Die Urteilskraft in der Hand der Jugendlichen ist ein mächtiges Schwert. Sie urteilen, weil sie fühlen: Die Welt muß anders sein, als sie ist. Man ist in diesem Alter zum erstenmal von der Macht der Idee wirklich bewegt, und nun kommt alles darauf an, daß man in der Geschichte diese Bewegung spürt. Man studiert dann die Verhältnisse, in denen diese Ideen sich durchgesetzt haben, die großen und mächtigen Revolutionen, die eventuell in Chaos oder Perversion der ursprünglichen Absichten endeten, man berücksichtigt darüber hinaus aber auch immer die schon aus dem Unterricht der 8. Klasse bekannten sozialen und technischen Fragen. So lernt man urteilen, man lernt an der Geschichte die Schwierigkeiten kennen, die sich bei der Verwirklichung von Ideen ergeben, man lernt aber auch, wo und wie diese Ideen sich durchgesetzt haben.

Zu dieser Problematik gehört ein besonderer Unterrichtstil. Wenn von Freiheit geredet wird, muß auch dem Schüler Freiheit zugestanden sein. Die Zivilcourage, auch gegenüber dem Lehrer, wird belohnt. Die Schüler in diesem Alter zeigen eine besondere Empfindlichkeit. In einer meiner Klassen waren Zwillinge. Sie verfügten über gute Möglichkeiten, einem Lehrer aus dem einen oder anderen Grund auf die Nerven zu gehen. Als Klaus einmal wieder störte, entfuhr es mir: «Immer diese Bielers!» Schon stand Irene auf und sagte: «Herr L., das ist nicht recht, sie dürfen die beiden nicht zusammenwerfen, es ist jeder eine Individualität, und Sie müssen jeweils den für das verantwortlich machen, was er selber tut.» Recht hatte Irene! So lernt der Lehrer ständig auch von den Schülern, das Klima zu schaffen, das der Klasse angemessen ist.

Es kann hier nicht der ganze Lehrplan der Waldorfschulen entfaltet werden. Aber zwei Fächer seien hier doch besonders erwähnt: einmal die Mathematik, zum anderen der Kunstunterricht. Während es die Geschichte mit der Verwirklichung oder dem Scheitern menschlich-sozialer Ideen und Konzepte zu tun hat, können in der Mathematik und in der Geometrie die Zahlen und Strukturgesetze ganz rein «an sich» erfahren werden. Neben die Erfahrung, daß in der Geschichte Interessen und Ideen die Welt bewegen, gehört die andere, daß sich nach bestimmten Konstruktionsregeln in strenger Gesetzmäßigkeit Formen entfalten. So können durch die verschiedensten Konstruktionen rein geometrisch Ellipsen, Parabeln, Hyperbeln gewonnen werden. Daß so aus freien Regeln der Geometrie Gesetzmäßigkeit, Form und Schönheit entspringt, daß die Konstruktionen des Geistes in Harmonie enden können: das ist eine wichtige Erfahrung. Ein ganz anderes Element ist der eigentliche Ästhetikunterricht, der mit der Ästhetik der bildenden Kunst in der 9. Klasse beginnt. Auch hier geht es um die Schulung des Urteilsvermögens. Das ästhetische Verhältnis zur Wirklichkeit unterscheidet sich vom wissenschaftlichen und moralischen Verhalten dadurch, daß es nicht in den Gegenstand eindringt, sondern an der Erscheinung verharrt. Diese Erscheinung als Erscheinung zu sehen ist schon eine besondere Leistung: disziplinierte Oberflächlichkeit. Der ungeschulte Schüler sagt im Anblick eines Kunstwerks eben nur dies: «Das ist Klasse, Spitze!» oder: «So 'n Mist! Käse!» Die verschiedenen Formen des Schönen erkennen zu lernen, darum geht es im Kunstunterricht. Es gibt ein Ägyptisch-Schönes, ein Griechisch-Schönes, ein Barock-Schönes, ein Renaissance-Schönes: Jede Zeit formt etwa eine Hand oder einen Fuß anders, das Motiv der Mutter wird in ganz verschiedener Weise dargestellt, und jede Weise kennt ihre besondere Schönheit oder ihr Mißlingen. Die ästhetische Schulung zielt auf eine Differenzierung der Urteile angesichts der verschiedenen Stile.

Urteilen muß auch gelernt werden. Urteile können rein von innen, aus der Subjektivität des Urteilenden, aus seinen Vorurteilen, aus den Moden der Zeit gesteuert werden, ohne irgendwo Kontakt mit der Realität genommen zu haben. Die Massenmedien sorgen heute dafür, daß solche Urteile über Dinge, die dem Beurteilenden kaum zugänglich sind, zuhauf entstehen und verfestigt werden. Solche Urteile werden mit Recht in den Bereich der Meinung verwiesen und von den Meinungsforschern erforscht. Wenn Urteilen wirklich frei sein soll, dann muß das Urteil sich bilden. Es muß sich zunächst an etwas bilden, das insofern einfach ist, als es angeschaut werden kann. Wer nun einmal Kunstunterricht gegeben hat, bemerkt, wie zum Beispiel die Unterschiede zwischen einer Hand an einer altägyptischen, einer griechischen, einer gotischen Plastik zunächst überhaupt nicht gesehen werden: Die jeweiligen Hände werden nur flüchtig als Symbol für «Hand» registriert. Vier Finger und ein Daumen, das genügt bereits, um als Hand zu gelten. Ebensowenig wird der Unterschied zwischen ägyptischen Plattfüßen und dem gewölbten griechischen Fuß bemerkt. Ganz ähnlich ist es in der Malerei: Es muß gelernt werden, Farbwahl, Licht- und Schattenspiel überhaupt zu sehen. So wie etwa die Impressionisten gegen 1870 mit Auge und Pinsel gebrochene Spiegelungen im Wasser, Lichtflecken auf dem Boden des Waldes entdeckten und sichtbar machten, so lernen die Schüler in dieser Zeit sehen.

Dabei handelt es sich um ein Zweifaches. Die Schüler mühen sich im Kunstunterricht um den Ausdruck ihrer eigenen Gefühle, ihrer Stimmungen und Gedanken. In der Kunst finden sie solche Stimmungen, Haltungen, Sehweisen objektiv vor. Sie sind ein Angebot an die Schüler; denn der Mensch kann nicht alle Ausdrucksmittel, die die Menschheit im Lauf ihrer Geschichte entwickelt hat, selber neu erfinden – in der Kunstbetrachtung lernt der Schüler sie aber objektiv sehen, ergreifen, durchschauen und für sich nutzen. Das wird in den folgenden Klassen vor allem in den Poetik- und Stilistikepochen auch politisch und sozial bedeutsam: Die sprachlichen Techniken, Metaphern und Leerformeln, Pathos und Understatement werden als Ausdruck der ihnen zugrunde liegenden Haltungen und Interessen verstanden. Freilich nicht nur so, daß einzelne sprachliche Signale als Zeichen für dies oder jenes genommen werden, sondern daß jeweils im ganzen Ausdruck die eigentliche Intention, Absicht, Gedanke, Sachverhalt gesucht werden. Zugleich wird aber in praktischer Übung der eigenen Ausdrucksfähigkeit auf den Weg geholfen, der eigene Gedanke erklärt, das Gefühl befreit. Praktische Aufgaben – etwa einmal selber in freien Rhythmen ein Gedicht zu schreiben, Trauer, Sieg oder Melancholie zum Ausdruck zu bringen – werden dankbar aufgegriffen, weil hier in spielerischer Form, quasi nur als Übung, das gemacht werden darf, kann und muß, was man eigentlich so gerne tun möchte: sich ausdrücken.

Aus diesen Übungen heraus bildet sich dann im Schüler eine Urteilskraft, die menschlich kontrolliert wird: Sie müht sich, den jeweiligen Ausdruck zu deuten, zu durchschauen, sie weiß auch, warum dies mißfällt und das gefällt, aus der eigenen Übung kennt sie aber auch die Schwierigkeiten des Ausdrucks. Da sie am Phänomen und *Symptom* sich orientiert, kann sie sich auch stets korrigieren.

Neben der bewußten, langsamen und durchschaubaren *Bildung* der Vorstellung und des Wissens, neben dem Interesse für das Wissen, weil es das eigene Erleben klärt, das eigene Wollen fördert, nannten wir oben an dritter Stelle die Forderung, daß sich ein Schüler mit dem Gelernten identifizieren kann.

Es gibt gewiß Stoffe, mit denen sich der eine oder andere Schüler nicht identifizieren kann, die ihn nicht einmal interessieren. Es gibt aber auch ganz verschiedene Formen der Identifikation. Es gibt Schüler, denen eine gelungene geometrische Zeichnung so Bedürfnis ist, daß sie ganz Eigentum wird, andere lieben den Kopf einer griechischen Plastik oder ein Bild von Rembrandt, und sie vollziehen die Identifikation als Kopie. Diese mag dem Lehrer sogar unbeholfen vorkommen; das sagt aber noch nichts über aufgewandten Fleiß und Identifikation aus. Es handelt sich bei diesem Bedürfnis der Schüler nach persönlichster Aneignung und Verbindung um einen Intimbereich des jungen Menschen, den man nicht programmieren, dem man aber Raum geben muß. Vor allem muß man als Lehrer wachsam sein und jene Augenblicke im Unterricht ergreifen, wo sich eine Identifikation vollzieht.

Ich möchte einen solchen Vorgang berichten. Ein paar Worte vorweg, um das Allgemeine dieser Situation zu kennzeichnen. Jean Piaget charakterisiert das Vorstellen des jungen Menschen vor der Pubertät mit folgenden Worten: «Das Kind konstruiert keine Systeme: es hat zwar welche – unbewußt oder vorbewußt, in dem Sinn, daß sie nicht formulierbar oder nicht formuliert sind und daß nur der Beobachter sie herausschälen kann, während es selbst sie niemals überlegt. Mit anderen Worten: es denkt konkret, Problem für Problem, in dem Maß, als die Realität es erfordert, und es verknüpft seine Lösungen nicht mittels allgemeiner Theorien, die ihr Prinzip herausarbeiten werden.» Von diesem Verhalten des Kindes setzt Piaget das Denken der Jugendlichen ab: «Was dagegen beim Jugendlichen sofort ins Auge springt, ist sein Interesse für unaktuelle Probleme, die in keinem Zusammenhang mit den alltäglichen Realitäten stehen . . . Was vor allem in Erstaunen setzt, ist die Leichtigkeit, mit der er abstrakte Theorien aufstellt.»[38] Das zentrale Problem allen Denkens, das sich als Denken weiß, und ebenso die Grundfrage jeder Theorie ist die Frage nach der Wahrheit. Ich hatte mir das nicht alles so klar gemacht, als ich vor einigen Jahren in einer 11. Klasse im Zusammenhang mit einem geschichtlichen Überblick Platos Höhlengleichnis ausführlich behandelte. Ich tat das eigentlich, um ein Beispiel für das Denken Platos zu geben. Also berichtete ich, daß Plato die Situation der Menschen auf Erden mit Gefangenen vergleiche, die in einer Höhle gefesselt sind und nur auf die Wand der Höhle schauen können, während hinter ihnen, verborgen durch eine weitere Wand im Rücken der Gefangenen, ein Feuer brenne. Zwischen dem Feuer und der Wand im Rücken der Gefangenen gehen Menschen, die über ihren Köpfen allerlei Geräte halten, deren Schatten durch das Feuer an die rückwärtige Höhlenwand geworfen werden. So sehen die Menschen auf Erden nicht die wahre Wirklichkeit, sondern eben nur die Schatten irgendwelcher Dinge. Nach diesem (wesentlich ausführlicheren) Referat kam Bewegung in die Klasse, man nahm mir das Thema aus der Hand und begann zu diskutieren: Der Plato habe ganz recht, ja, und die Fesseln, durch die die Menschen in der Höhle gefesselt seien, das seien ihre Vorurteile, aber sie würden das gar nicht mehr bemerken, und wenn einer dieser Menschen sich befreien würde, könne er ja gar nicht gehen, und so gehe es uns auch, wenn wir einmal aus den Vorurteilen unserer gewohnten Welt heraustreten. Zunächst würde uns dann ja jeder Schritt weh tun. Kurz, die Klasse hatte den Plato überhaupt nicht als Gegenstand der Philosophiegeschichte genommen. Das Höhlengleichnis wurde sofort zur Beleuchtung der eigenen Fragen verwendet, es wurde in diesem Sinne weiter diskutiert, und es kam als von den Schülern formuliertes Ergebnis heraus: Der Weg zur Wahrheit sei mühsam, schmerzlich und erfordere Überwindung. Das Problem Platos war so zu dem eigenen Problem der Schüler geworden.

Ich bin der Meinung, daß große Werke der Literatur ebenso wie Probleme der Philosophie nur in eben diesem Sinne den Jugendlichen etwas bedeuten. Bildungsgut bloß um der Gebildetheit willen von Generation zu Generation zu transportieren, halte ich nicht für legitim, und ich meine, daß man den in der Schule zu behandelnden Stoff nach eben diesem Kriterium für die Oberstufe aussuchen soll: Was sagt den Schülern in dem Sinne etwas, daß sie sich mit den Problemen identifizieren können. Besser: die Themen der Bildung sind keine anderen Themen als die, die halberkannt uns bewegen. In der Geschichte ist ähnlich zu verfahren. Der Schüler will letztlich die Gegenwart verstehen und seinen Ort in dieser Gegenwart finden. Es ist für das Verständnis unserer Gegenwart nicht unbedingt erhellend, wenn man Bismarcks Politik der Rückversicherung kennt: Man kommt ohne sie aus. Vielleicht ist die Gestalt einer Rahel Carson oder das Schicksal eines Richard Nixon eindrucksvoller, lehrreicher als manches, was in unseren Lehrbüchern heute steht.

Lebenskunde

Als im Revolutionsjahr 1919 die Freie Waldorfschule in Stuttgart gegründet wurde, bestand die Hoffnung, die Unterrichtsinhalte viel grundlegender zu verändern, als es später in der Praxis möglich war. Nicht nur die Prüfungsbestimmungen und ihr Druck auf den Unterricht, auch das allgemeine Bewußtsein dessen, was Schule ist und was Schule zu leisten habe, prägen die Waldorfschulen mit. In einer kooperativen Schule, in der auch Eltern mitwirken sollen, kann es nicht darum gehen, utopische Entwürfe rein zu verwirklichen, sondern in einer realen Bildungslandschaft das jeweilige Optimum als Kompromiß zu erreichen. Bevor Steiner die Waldorfschule gründete, hatte er bereits darauf aufmerksam gemacht, daß die Bildungsinhalte und Bildungsideale von der Vergangenheit, vom Bürgertum geprägt worden sind. Eine wirklich zeitgemäße Bildung, die sich gar nicht übertrieben proletarisch zu geben braucht, die aber das Ziel hat, Schüler aller Klassen für die Gegenwart auszubilden, wird die Arbeits- und Lebenswelt der Gegenwart und ihre Grundlagen in den Unterricht oder in Praktika miteinbeziehen.

Steiner formulierte 1919 für die Erziehung nach der Pubertät: «Es wird kein Mensch durch dieses Lebensalter durchgehen dürfen, ohne daß er eine Ahnung bekommt von dem, was beim Ackerbau, im Handel, in der Industrie, im Gewerbe geschieht. Diese Dinge werden aufgebaut werden müssen als Disziplinen, die unendlich viel notwendiger sind als vieles Zeug, das jetzt den Unterricht dieser Lebensjahre ausfüllt.»[39] In dem Vorbereitungskurs für Waldorflehrer am 3. 9. 1919 greift er das Thema wieder auf und skizziert einen Lehrplan, in dem eine Technologie der Dampfmaschine, des Elektromotors, der Seifen- und Zigarettenfabrikation, auch der Textilindustrie vorgesehen ist.[40] Am 16. 6. 1921 erweitert er die Thematik der Lebenskunde. Zu den genannten Elementen treten Gesundheitslehre, Erste Hilfe, Feldmessen, auch praktisches Spinnen und Weben.[41]

Worum geht es? Steiner spricht davon, es sei das «ruchlose Charakteristikon unserer Zeit», daß der Mensch in einer ihm ganz unbekannten Welt lebe: Man benutzt Auto, Straßenbahn, Telefon, Post und vieles andere mehr, ohne zu wissen, wie es funktioniert, welche Menschenarbeit dahintersteckt. Wie aber wirkt das Kennen, der Umgang mit den technischen Elementen unserer Gegenwart auf den jungen Menschen? Diese Kenntnisse und Einsichten wirken prinzipiell anders als die oben besprochenen literarischen, geschichtlichen und philosophischen Erlebnisse, die in erster Linie helfen, sein Denken zu klären, seine Erfahrungen zu beleuchten, sein Inneres zu wecken.

Es kommt hier darauf an, daß der Schüler *im Prinzip* durchschauen lernt, was sich hinter den Fabrikmauern, im Gehäuse des Telefons, in der Fernmeldezentrale, im Motor abspielt – nicht etwa um gegebenenfalls Dinge reparieren zu können. Wenn das auch dabei herausspringt, so ist es gut; aber das Wesentliche ist, daß der Schüler seine Umwelt kennenlernt, daß er weiß: Man kann hinter die Dinge kommen. Es hat sich in ihm das Gefühl gebildet: Ich kenne diese Welt. Steiner bemerkt dazu: «Das wirkt auf die Sicherheit seines Handelns. Das wirkt auf die Sicherheit, mit der der Mensch sich in die Welt hineinstellt. Das ist sehr wichtig für die Willens- und Entschlußfähigkeit des Menschen. Sie werden in keinem Beruf Menschen mit tüchtiger Initiative haben können, wenn diese Menschen nicht so in der Welt drinnen stehen, daß sie auch von dem, was nicht zu ihrem Beruf gehört, das Gefühl haben: sie haben sich einmal ein, wenn auch primitives Wissen davon angeeignet.»[42] Man wird diese Behauptung Steiners besser verstehen können, wenn man sich einmal klar gemacht hat, daß unser handelnder Wille unmittelbar mit der Welt verbunden ist und sich an ihr orientiert. Wer zum Beispiel Auto fährt, denkt nicht über seine Hände nach, die lenken, über seine Füße, die Gas geben oder bremsen, er denkt nicht einmal über die Größe und Breite seines Autos nach: Das hat man alles «im Gefühl», man schaut auf die Straße, auf den Weg vor einem, und in rätselhafter Weise, ohne zu kalkulieren, bremst man ab, dreht man das Steuer. So auch beim Werfen oder Heben: Automatisch stellt man sich auf Gewichte und Entfernungen ein. Auf diese Weise orientiert sich der handelnde Mensch an elementar erfahrenen Fakten.

So enthält der ursprüngliche Waldorflehrplan die folgenden Elemente, die direkt auf Sach- und Lebenskunde abzielen. Darüber hinaus gilt das Motto: Jeder Unterricht muß Lebenskunde geben.

3. Klasse: Hausbau, Feldbau, Handwerksberufe;
6.–10. Klasse: Gartenbau;
6.–12. Klasse: Werkunterricht;
7. und 8. Klasse: in der Erdkunde Betriebs- und Verkehrsverhältnisse über die ganze Erde hin;
9. Klasse: Technologie: Lokomotive und Telefon.

10. Klasse: technische Mechanik, Feldmessen, Erste Hilfe, Spinnen und Weben;
11. Klasse: Buchbinden, Kartonage, Technologie: Wasserräder, Turbinen, Papierfabrikation;
12. Klasse: chemische Technologie.

Gewiß trägt dieser Themenkatalog in mancher Hinsicht Züge, die aus dem Jahre 1919 stammen. Andererseits wäre man froh, wenn wirklich all diese Elemente an allen Waldorfschulen berücksichtigt werden könnten: Hier fehlt es an Lehrern, dort an einem Garten für Gartenbau, in der 12. Klasse manchmal ganz schlicht an Zeit, noch die Technologie zu behandeln. Andererseits muß man sagen, daß gerade auf diesem Gebiet die meisten Neuerungen und Versuche seit 1945 unternommen worden sind, und zwar nicht nur an der bekannten Hiberniaschule in Wanne-Eickel, sondern auch in Nürnberg, an der Schule Stuttgart-Kräherwald, im Berufsbildenden Gemeinschaftswerk Kassel, an der Rudolf-Steiner-Schule Ruhrgebiet, an der Goetheschule Pforzheim.

An der Hiberniaschule, aber auch in Kassel und an der Nürnberger Schule hat man den Versuch unternommen, die Allgemeinbildung mit der Berufsbildung zu verbinden, so daß an einer differenzierten Oberstufe nicht nur Abiturienten unterrichtet werden, sondern auch künftige Schreiner, Dreher, Fräser, Maschinenschlosser, Elektrotechniker, Chemiefacharbeiter, Sozialarbeiter, Kinderpfleger und Kindergärtnerinnen. So wie der Abiturient mit dem Abitur abschließt, so schließt auch der praktisch Ausgebildete mit einem Gesellen- oder Facharbeiterbrief ab.[43]

Charakteristisch ist, daß zum Beispiel in der Hiberniaschule zunächst alle Schüler an der industriell-praktischen Grundausbildung teilnehmen, auch die, die später einen wissenschaftlichen, künstlerischen oder pflegerischen Beruf ergreifen wollen, ferner daß später der Kontakt zwischen den Schülergruppen nicht abbricht, daß vielmehr künstlerische Fächer gemeinsam betrieben werden. In der integrierten Gesamtoberstufe der Waldorfschule in Kassel werden bis zur 12. Klasse der Hauptunterricht und der künstlerische Unterricht wie auch das Turnen für die verschiedenen Schülergruppen gemeinsam erteilt. Die Lehrwerkstätten sowohl der Kasseler wie auch der Hiberniaschule stehen unter der Leitung erfahrener Industriemeister. Die Ausrüstung der Werkstätten mit Maschinen entspricht vielseitigen Anforderungen. Die produzierten Güter werden an andere Industriebetriebe geliefert, das heißt, die Lehrwerkstätten sind als Zulieferer in den allgemeinen Produktionsprozeß eingeschaltet. Neben der Ausbildung in den Lehrwerkstätten erfolgt ein bis zu zwanzig Wochen dauerndes Industriepraktikum in anderen Betrieben.[44]

In diesen berufsbildenden Schulen ist also die Schulbildung schon nicht mehr allein Lebenskunde, sie ist vielmehr eine vollgültige Berufsausbildung, die sich aber von der üblichen Ausbildung dadurch unterscheidet, daß sie den Schüler an der Drehbank noch in den Genuß einer allgemeinen Bildung und ständiger künstlerischer Übung kommen läßt. Gewiß aber profitieren die Schüler, die nur das Abitur oder die Fachhochschulreife anstreben, auch von der Gemeinschaft mit ihren praktisch orientierten Mitschülern.

Andere Waldorfschulen, etwa die Rudolf-Steiner-Schule Ruhrgebiet in Bochum und die Goetheschule in Pforzheim sind einen anderen Weg gegangen. Sie haben nicht die Berufsbildung in die Schule integriert, wohl aber versucht man, durch pädagogisch geführte und betreute Praktika die Schüler stärker in die Arbeitswelt einzuführen. So hat die Bochumer Schule drei Praktika entwickelt:

9. Klasse: Erstes Praktikum auf dem Bauernhof (14 Tage). Der Schüler lernt die Arbeit des Bauern mitmachen, er lernt einen Betriebsorganismus kennen. Das ökologische Gleichgewicht der Erde, die Auswirkungen von Anbaumethoden usw. auf Pflanze und Tier werden besprochen.
10. Klasse: Forstpraktikum. Verbunden mit dem Feldmessen wird die Wechselbeziehung größerer Landschaftsräume, die Praxis der Forstpflege zum Thema.
11. Klasse: Industriepraktikum. Hier werden die Schüler in einen Betrieb der eisenverarbeitenden Industrie praktisch eingeführt. Die Arbeitszeit und die Arbeitsbedingungen sind die gleichen wie die der übrigen Belegschaft. Soziale und technische Verhältnisse werden besprochen.[45]

In allen Fällen ist es notwendig, daß der begleitende Lehrer mit dem Betrieb und der Arbeit des Betriebs gut vertraut ist. In Berichten und Referaten wird Rückschau auf das Praktikum gehalten. Als Alternative zum Industriepraktikum wurde in den letzten Jahren ein Sozialpraktikum – Hilfe in einem heilpädagogischen Heim – angeboten. Für die Schüler waren besonders die harten Arbeitsverhältnisse im Industriebetrieb eine Erfahrung, die sie immer wieder berichteten. Staub und Hitze, Eintönigkeit der Aufgaben, der dröhnende Lärm. Sie sprachen mit Arbeitern, die zusätzlich zur Arbeit noch Überstunden machen. Es ist jedenfalls nicht nur ein «Ausflug ins Volk», sondern ein «am eigenen Leib Verspüren» der Arbeitswelt. Daß junge Menschen im Industriepraktikum die von Menschen gemachte Welt wirklich intensiv, nicht nur als Zuschauer kennenlernen, daß sie eine Ahnung bekommen von der Arbeit, von der sie später miternährt werden, daß Worte wie «Akkord» und «Arbeitsteilung» wirklich leibhaftige Erfahrung werden: darin kann man die Berechtigung des Industriepraktikums sehen.

Mit dem Industriepraktikum ist freilich erst ein Element dessen erreicht, was Steiner bei Begründung der Waldorfschule vorschwebte. Die Erfahrung der Härte der Arbeit in der Industrie oder der Vielfalt der Arbeit in der Landwirtschaft wird schließlich ein bleibender Eindruck. Steiner hat 1922, am 4. Januar, das Thema Lebenskunde noch einmal ausführlich dargestellt, und er betont in diesem Zusammenhang, daß die jungen Menschen nach dem 14. Lebensjahr die komplizierten Verhältnisse der vom Menschen geschaffenen Welt «in ökonomischer Weise» kennenlernen sollten. «Man sollte innerhalb des Schulmäßigen selbst die Möglichkeit zur Hand haben, die praktische Seite des Lebens zu berücksichtigen, damit der junge Mensch dasjenige, was er in einer kurzen Zeit – ich möchte sagen, bildlich gesprochen – am Modell sich angeeignet hat, in das praktische Leben übersetzen kann. Das Aneignen am Modell kann nämlich so praktisch sein, daß durchaus die betreffende Sache ins praktische Leben hineingetragen werden kann.»[46] Die von Steiner in diesem Zusammenhang erwähnten Beispiele Morse-Apparat und Konstruktion einer Maschine machen ebenso wie die ersten Beispiele Lokomotive, elektrische Straßenbahn und Spinnen und Weben deutlich, daß Steiner in diesem Zusammenhang an Schlüsseltechniken denkt, die repräsentativ für ganze Industriezweige stehen.

Unser Problem heute scheint mir zu sein, daß dieser Ansatz in mehrfacher Hinsicht neu aufgegriffen werden sollte. Die Dampfmaschine hat als Schrittmacherin der industriellen Revolution eine kaum zu unterschätzende Bedeutung. Heute aber ist die Dampfmaschine eher ein Museumsstück, das noch liebevoll konserviert wird. Zentrum der heutigen Technologien als Antriebs-, Informations-, Kälte- und Wärmetechnik ist die Elektrizität. Dementsprechend müßten die jeweils typischen Anwendungen der Elektrizität als «Modelle» oder Schlüssel zum Verständnis der industriellen Welt Thema werden. Die chemische Technologie ist vorgesehen; was zu Steiners Zeiten u. a. noch nicht existierte, ist die Technik der Datenverarbeitung. Innerhalb der Technikgläubigkeit unserer Zeit gewinnen, trotz aller Witze, die Computer eine mythische Dimension, die zu entmythologisieren Aufgabe eines Technologieunterrichts sein müßte.

Bei dem ursprünglichen Entwurf des Lebenskundeunterrichts 1919 findet sich auch der Hinweis auf eine elementare Nationalökonomie. Dieses Thema wurde später von Steiner nicht wiederaufgegriffen, ich könnte mir aber denken, daß zum Gegenwartsverständnis auch der Einblick in das Funktionieren einer Bank gehört. Das Bankwesen und das Geld als zentrale Einrichtungen des Handels, der Diskont und ähnliches sind gewiß keine leichten Themen, aber als Schlüssel für einen Überblick zur Gegenwart könnte man sie im Unterricht der 11. Klasse recht wohl behandeln.

In diesem Sinn einer Vertiefung und praktischen Durchdringung des Gegenwartsverständnisses hat Wilhelm Rauthe (Wuppertal) 1974 einen Lehrplanentwurf für Kultur und Lebenskunde in den Klassen 9, 10, 11 und 12 vorgelegt, aus dem hier einige Vorschläge zusammengefaßt referiert werden.[47]

Für Klasse 9:
Die technischen Errungenschaften sollten aus den bekannten naturwissenschaftlich-mathematischen Zusammenhängen verstanden werden:

- Kombinationslehre führt zur Rechenmaschine,
- Wärmelehre zum Kühlschrank,
- Elektrizitätslehre zu verschiedenen Elektromotoren, zur Speicherungstechnik.

Der Vorgang der ersten industriellen Revolution faßt die verschiedenen Bereiche der Technik zusammen.

Die Gesundheitslehre kann vom physischen Aspekt her behandelt werden.

Die Anthropologie führt zu den

- Krankheiten des Skeletts und der Muskeln.

Für Klasse 10:
Daß die Natur draußen sich nach einem Gesetz richtet, das man mathematisch faßt, ist eine wichtige Erfahrung für dies Alter, das um Objektivität bemüht ist:

- Wurfbewegung führt zur Ballistik und zum Raumflug,
- chemische Gesetzmäßigkeiten zu Glas, Keramik usw.

Konstruktive Beherrschung und Aufbau der technischen Welt sollten an Beispielen erfahren werden:

- technisches Zeichen (Konstruktionen),
- wirtschaftliche Organisation eines Betriebes.

Die Gesundheitslehre behandelt den Körper unter dem Aspekt seelischer Vorgänge:

- Krankheiten der Organe.

Für Klasse 11:
Es entsteht ein Bewußtsein für das, was sich in Äußerungen und hinter den Dingen verbirgt. Sprachliches und Dichterisches werden als Bild oder Metapher behandelt und gedeutet, zu gleicher Zeit wird behandelt, was etwa «hinter» unserer Energieversorgung steckt:

- Verbundsystem der elektrischen Energieversorgung,
- Elektronik, Atomtechnik, Strahlentechnik.

Ferner kann bildhaft als Gesamtkomplex das Thema der zweiten industriellen Revolution erfaßt werden, also

- Automatisierung,
- der Mensch im Betrieb.

Darüber hinaus wird eine elementare Soziologie begonnen, es können politische Organisationen, Parteien, Verbände und ihre Rolle erfaßt werden. Rauthe nennt als weitere mögliche Themen: Heilmittel, Genußmittel, Drogen und Grundlagen der Psychoanalyse.

Für Klasse 12
wird vor allem Überblick in allen Lebensgebieten angestrebt. So wird der Versuch unternommen, ein Bild der menschlichen Gesellschaft zu entwerfen. Die Unmenschlichkeit mancher der gegenwärtigen Gesellschaftsformen und die Aufgabe, menschliche Formen zu gestalten, bilden ein Hauptthema:

- Organisation des geistigen Lebens (Wissenschaft, Schule, Klinik);
- Rechtsfragen, Strafrecht, Privatrecht, Menschenrechte;
- die Wirtschaft: Produktion, Verteilung, Konsumtion;
- Geld- und Währungsfragen;
- Kapital, Kapitalismus;
- Marxismus, Entfremdung, Mitbestimmung.

Im Hinblick auf den Schulabgang eines Teils der Schüler nach der 12. Klasse:

- Berufsbilder.

Die Gesundheitslehre wird in den sozialen Zusammenhang gestellt:

- Umweltvergiftung, Bedeutung der gesunden Umwelt;
- Medikamentenmißbrauch.

Das Überzeugende an Rauthes Entwurf ist der konsequent durchgeführte Bezug zu den Fragen der Gegenwart unter gleichzeitiger Berücksichtigung der Altersstufen der Schüler. Im Detail kann dieser Entwurf sicherlich an manchen Stellen geändert werden, aber die Grundtendenz, von Wissenschaft und Schulwissen immer zu Erscheinungen der Technik, des Soziallebens und der Gesundheitsfragen hinzuführen und so die Abstraktheit der Kenntnisse zu überwinden, erfüllt den Anspruch der Lebenskunde.

Angstfrei lernen und Blick auf Handlung

Der Sinn dieser Lehrplankonzeption ist zweifach und doch einheitlich. Einerseits wird immer versucht, den Stoff so auszuwählen und zu verwenden, daß das innere Erleben des jungen Menschen sich daran klären kann: Die Welt enthält Anregungen zur Selbsterkenntnis, in Geschichte und Literatur erscheint im Bild, was ihn bewegt. Die Lehrer fragen sich immer wieder: Welche Weltinhalte brauchen meine Schüler jetzt, damit sie sich selber verstehen und ergreifen lernen? So soll der Inhalt dessen, was gelernt wird, letztlich nichts Fremdes sein, nichts, das man bloß lernen muß, um es zu wissen. Man soll immer wieder die Möglichkeit finden, das zu lernen, was interessiert. Dazu wird der Stoff in die Perspektive gesetzt, die ihn zur menschlichen Erfahrung macht. Genau dieser Umgang mit dem Stoff hat aber die Folge, daß ein gewichtiges, angsterzeugendes Element wegfällt: das Pathos der Objektivität, der ehernen Gehalte. Da hinter dem zu erfahrenden Weltinhalt auch nicht eine Zensur wartet, ein Versetzungsproblem droht, kann man wirklich um einer Sache willen lernen, nicht nur angstfrei, sondern aus Interesse. Die falschen Motivationen des Lernens, die mit der Sache nichts zu tun haben, fallen einfach weg – wovon noch später zu sprechen sein wird.

Zum anderen führt die ganze Lebenskunde in die Weltkenntnis hinein, überall wird das Schulwissen so ausgeweitet, daß praktischer Sinn und Gegenwartsbezug sichtbar werden. Es werden darüber hinaus Lebensbereiche erschlossen, die den Schüler ständig umgeben, ihm aber fremd und unverständlich bleiben: Auch so wird Angst beseitigt, und zugleich öffnet sich ein praktisches Weltverstehen, das Handlungen ermöglicht. Alles Handeln hat neben der moralischen Seite und dem tragenden Motiv oder Einfall eine technische Seite, und eben dieser technische Zugriff *öffnet* sich zunächst in der Lebenskunde. Die Lebenskunde allein genügt aber nicht: Künstlerisches Tun, handwerkliches Lernen und Können schulen und regen die Kräfte an, die dann wirklich zum Handeln führen.

6. Künstlerische und praktische Erziehung – künstlerischer Unterricht und Menschenkunde

Bildendes, formendes Tun

Feuchter Sand, Steine, ein Bach – und Kinder können mit großem Ernst ausdauernd spielen, wenn es nicht gar zu kalt ist. Etwas tun können, Dämme oder Burgen bauen, Kanäle graben, ein Floß basteln, eine Bude aus Zweigen oder Brettern errichten, überhaupt etwas machen dürfen, können: Das sind die großen Kindheitsfreuden, in die auch mancher Erwachsene in den Ferien wieder eintaucht. Alles Tun und Machen befreit und schafft Wohlbehagen, besonders aber das Können befriedigt. Im Umgang mit der Welt wollen wir nicht nur erkennen oder die Welt anschauen, wir wollen auch die Welt verwandeln, ihr unseren Stempel aufprägen. Ob Kinder nun fabulieren, Basteln, mit dem Ball spielen oder kochen, indem sie einen Brei anrühren: Tätigsein ist ihr Element.

Dagegen das Leben in der Schule: Stillsitzen, Zuhören. Stillsitzen. Aufnehmen, immer mehr aufnehmen. In den untersten Klassen werden immerhin noch einige Fertigkeiten, zumindest das Schreiben, gelernt, da gibt es noch etwas zu tun. Aber später: als wäre der Mensch ein Datenspeicher und Datenverarbeiter, der durch die hineingegebenen Daten gesteuert würde. Durch Information sollen die Schüler letztlich programmiert werden. Schließlich brechen die Schüler aus. Sie suchen Tun und Bewegung, irgendeine Bewegung: Fußball, Moped fahren oder noch besser mit der Honda oder Kawasaki. Oder Rausch im Beatschuppen. Und dann am nächsten Morgen wieder in der Schule sitzen, sitzen, aufnehmen.

Die Schule zeigt Neigung, den Schüler in erster Linie als Denkenden, als Vorstellenden zu beanspruchen. Das Tätigsein, das Lernen des Handelns findet, abgesehen vom Unterricht in den Fremdsprachen und von dem an den Rand gedrängten Turnen, so gut wie gar nicht statt. Darüber hinaus besteht zwischen der Welt des Denkens und der Welt des Tuns nur ein sehr dürftiger Zusammenhang. Wollte man es mit großen Worten, mit drohenden, sagen, so könnte man sagen: Erziehung zur Schizophrenie.

Zwei Gedanken scheinen, zunächst auch ohne «Beweis», einleuchtend zu sein: Einmal, daß Gleichgewicht *und* Zusammenhang zwischen Vorstellen und Handeln gepflegt werde. So wie der Schüler einen Strom von Kenntnissen aufnimmt, so wie sein Denken angeregt wird, so wie sein Gedächtnis beansprucht wird, so muß auch ein Strom von Handlungen von ihm ausgehen, so müssen Handgriffe, Techniken, Darstellungsweisen geübt werden, ja es muß eine Brücke gesucht und gefunden werden, über die aus der Welt der Praxis der Weg zum Begreifen gegangen werden kann, so wie jeder, der etwas tut, dieses schließlich anschaut, so wie man etwas, was gekocht oder gebacken wird schließlich ißt.

Daneben steht der zweite Gedanke: Auch in der Zukunft, ja vielleicht gerade in der Zukunft werden Menschen immer vor neuen, vor nie dagewesenen oder vor stets variierenden, schwierigen Aufgaben stehen: Seien es Probleme im Familienleben, seien es Konflikte in der Arbeitswelt oder Katastrophen in der Umwelt. Da werden dann Menschen in der Lage sein müssen, die fremde Situation zu meistern. Sie können nicht nach Schema F handeln: Die Routinen versagen. In diesem Augenblick muß ein Mensch in der Lage sein, die Frage der Situation zu erleben, zu sehen – er muß eine Lösung finden, er muß sich aufraffen, etwas völlig Neues zu tun. *Jeder Mensch sollte der Möglichkeit nach Ursprung elementarer Handlungen sein.*

Diese beiden Gedanken werden im Prinzip heute eigentlich von jedermann anerkannt. In den Lernzielkatalogen werden Kreativität, Phantasie, Instinkt, Spiel und Intuition, aber auch Bereitschaft und Fähigkeit, sich an sozialen Aufgaben und Konflikten zu beteiligen, die Bereitschaft zur Kooperation und zum Verzicht genannt. Nun ist das Aufstellen von Zielen immer relativ leicht, schwieriger ist es schon, genau zu sagen, was Kreativität ist, was man unter Initiative und Intuition versteht. Noch schwieriger ist es dann freilich zu sagen, wie man diese Erziehungsziele «operationalisieren», also praktisch erreichen will. Die bisherigen Entwürfe für ein Kreativitätstraining wenden sich erstens mehr an Erwachsene, und zum zweiten machen sie sehr oft den Eindruck eines Trockenschwimmkurses. Was die Intuition angeht, so findet man bei Jerome Bruner eine interessante, wenn auch negative Beobachtung: «Einer der ersten Eindrücke, den ein Kind in der Schule bekommt, dürfte häufig sein, daß man hier mit ganz anderen Techniken weiterkommt, als man sie bisher benutzt hat. Hier – in der Schule – muß die Phantasie, die Vorstellungskraft, schlaues Erraten und bildhaftes Erfassen gedämpft werden, um Lesen und Zeichnen, Schreiben und Arithmetik zu lernen. Es wird größter Wert darauf gelegt, daß man zum erstenmal klar und genau sagen kann, was einem so im Kopf herumgeht. Die Atmosphäre betont nachdrücklich ‹intraverbale Fähigkeiten›: man gebraucht Worte, um über Worte zu sprechen, die sich wiederum auf andere Worte beziehen.»[48] Was dann so weiter gelernt wird, sind genaue Regeln, immer präziser beschriebene Tatsachen und Diskussionstechniken, die allzuoft zu einem leeren Spiel um seiner selbst willen werden.

Es dürfte das große Manko der meisten heutigen Schulen sein, daß sie die natürlichen kindlichen Verhaltensweisen, den Tätigkeitsdrang nicht weiter pflegen, sondern nur zurückdrängen, bändigen. Die Schulen honorieren die Anpassung an die Nüchternheit, etwa indem das Rechtschreiben zum Intelligenzkriterium gemacht wird. Man macht so die Fähigkeit, das immer Gleiche immer gleich zu reproduzieren, zum Auslesekriterium. Wie oft muß man als Lehrer feststellen, daß ein Schüler, der vorzeitig aus der Schule abgegangen ist, weil er weder weiter «lernen» wollte noch konnte, nach einigen Jahren wieder auftaucht: ein gemachter Mann mit Erfolg im Leben. Wie oft muß man umgekehrt beobachten, daß brave und liebe Schüler, die immer fleißig gelernt haben und recht gut abschnitten, aber nie Schwierigkeiten machten, nach Jahren immer weniger werden und vielleicht in irgendeinem Büro bei Routinearbeiten enden.

Man sollte vielleicht ein Symptom positiv deuten und verstehen, das im allgemeinen von den Schulmeistern nur negativ, als Störung registriert wird. Da sitzen Schüler im Unterricht, die «malen» oder «zeichnen». Farbige Muster oder Bänder, Entwürfe, reif für ein Tapetenatelier oder für eine Ausstellung psychedelischer Kunst, entstehen beiläufig, manchmal werden auch nur Karos mit dem Filzstift in Regenbogenfarben angemalt. Dort wird mit einer Schnur der Füller über verschiedene Rollen transportiert, dort wird mit dem Messer der Schultisch langsam und schonend, aber um so dauerhafter bearbeitet, dort wird der Lehrer mehr oder weniger treffend porträtiert: Kurz, überall wollen die Schüler etwas tun. Aber noch mehr. Wenn man gerade jüngere Kinder etwas arbeiten läßt, sei es, daß sie die Schwämme nach dem Malunterricht reinigen, sei es, daß sie irgendwo etwas aufräumen, so merkt man: Die Kinder beginnen wie nebenbei zu gestalten und zu spielen. Auf dem weißen Fußboden des Schulflurs entstehen aus bunten Schwammtupfern impressionistische Gemälde, aufgeräumte Kästen oder Büchsen und

Töpfe werden wie zu einer Ausstellung aufgebaut. Oder das Singen: Wenn eine ganze Klasse durch einen geschickten Lehrer rhythmisch-musikalisch in Bewegung gebracht, gar noch spielend in der Pause auf dem Schulhof weiter singt, dann sieht man an den Gesichtern Entspannung, Freude, und man spürt die Lust am Tun.

Beim künstlerischen Unterricht geht es also zunächst einmal um Befriedigung und Gestaltung eines menschlichen Bedürfnisses: Neben dem «Kopfmenschen», der aufnehmen, registrieren, betrachten, denken und ruhen will, gibt es den «rhythmischen Menschen», den «Gliedmaßenmenschen», der nicht passiv bleiben will, der die Dinge modeln, verschönern will. Wo der Kopfmensch Gedanken, Gesetze, Funktionen, Strukturen erfassen will und glaubt, mit diesem Skelett der Welt das Wesentliche gefunden zu haben, da will der aktive Mensch etwas verändern, verbessern, verschönern. Ein Drama ist dann nicht zum Interpretieren da, sondern um gespielt zu werden, die Gestalten werden nicht analysiert, sondern kostümiert. Man hat einmal die Philosophie als das Denken der Welt nach dem Prinzip des kleinsten Kraftaufwandes bezeichnet, und in der Tat hat alles Denken die Tendenz, zu vereinfachen, zu verallgemeinern, auf Regeln und Gesetze zu reduzieren. Es kommt vielen Denkern darauf an, mit einem Minimum an Begriffen die Welt möglichst vollständig zu beschreiben. Ganz anders das Verhalten von Kindern und Künstlern. Nicht Reduktion, sondern Produktion ist das Ziel, nicht der Begriff fasziniert, sondern die sinnliche Wirklichkeit. Wer sich die Landschaften van Goghs oder Noldes anschaut, der sieht, wie der Künstler das vorhandene Material steigert, die Farben werden leuchtender und kräftiger, die Gegensätze werden verstärkt, die Dynamik der Landschaft betont. So bringt auch der Dichter das, was andere erfahren oder nur undeutlich fühlen, zur Erscheinung, er formuliert es, spricht es aus und macht es so zugänglich. Und: daß man es sagen kann, daß man es sehen kann, daß man es gestalten kann, das befreit.

Will man also Kreativität, Phantasie und Intuition in der Schule nicht unterdrücken, so muß man das menschliche Verhalten, das dem wissenschaftlichen Verhalten entgegengesetzt ist, nicht unterdrücken, sondern fördern, formen und belohnen. Dem dient der künstlerische und praktische Unterricht der Waldorfschulen. Nun ist Kunst nicht gleich Kunst: Plastizieren ist etwas anderes als Malen, Rezitieren ist etwas anderes als Singen; und Singen unterscheidet sich vom Musizieren mit einem Instrument. Aber da wird auch Holz bearbeitet, Kupfer getrieben, Theater gespielt. Zum praktischen, nicht direkt künstlerischen Tun gehört das Stricken, Spinnen, Weben, Schreinern und Buchbinden.

Versuchen wir zunächst einmal, durch einzelne Beispiele Einblick in das konkrete Tun zu gewinnen und mögliche erzieherische Wirkungen der künstlerischen und praktischen Tätigkeit klar zu machen. Wer zum erstenmal eine Sense in der Hand hat und nun mit mächtigem Schwung ausholt, landet vielleicht mit der Sensenspitze im Erdboden, oder er schwingt zu hoch, und vom Gras oder Korn bleibt ein Büschel stehen. Wenn man dann gelernt hat, endlich mit elegantem Schwung über dem Erdboden das Gras zu mähen, dann ist man allzu leicht nach einer Viertelstunde ermüdet: Man bemerkt zunächst, daß man seiner Glieder noch gar nicht Herr ist. Ähnlich ergeht es beim Kupfertreiben: Der Schüler erhält eine runde Kupferplatte und soll diese flache Platte in einen gewölbten Becher verwandeln. Wer jetzt einfach kräftig drauflos-hämmert, wird zwar bald seine Platte verformt haben. Aber wird es die Form, die er erreichen will? Gelingt es unserem kräftigen Schmied gar, ein Loch in das Kupfer zu treiben? Was zu lernen ist, ist dies: mit einem ganz ruhigen und kontrollierten Schlag, der ständig vom Auge überwacht wird, langsam erst eine Wölbung, dann eine Höhlung und schließlich eine Becherwand aus dem flachen Blech zu treiben, ohne daß irgendwo eine Stelle zu dünn wird. Was daran gelernt wird, ist die Kontrolle des eigenen Tuns. So muß auch der Geigenschüler als erstes lernen, durch einen ruhigen und gleichmäßigen Strich überhaupt einen nur halbwegs wohlklingenden Ton hervorzubringen, dann den gewünschten Ton durch den Griff zu treffen. Die Hand tut, Auge oder Ohr kontrollieren das Tun. Nennt man die Fähigkeit, die im menschlichen Handeln lebt, *Wille*, so wird in den ersten Übungen, eigentlich in den Vorübungen zur Kunst, der eigene Wille überhaupt erst begriffen. Es wird zu einem bewußten Tun angeleitet, und das Bewußtsein entsteht zunächst an der Stelle, wo Auge oder Ohr die Hand kontrollieren.

Noch heute erinnere ich mich daran, wie ich im Jahre 1945 mit einem Kreil aus einem Beet zwischen Johannisbeerbüschen Quecken heraushacken sollte. Mit Feuereifer ging ich an die Arbeit, der Boden wurde durchwühlt. Neben mir arbeitete eine alte Landarbeiterin ruhig und stetig. Nach einer halben Stunde war ich erschöpft, der von mir bearbeitete Boden ein wüstes Auf und Ab, während auf dem Streifen nebenan eine ebene, schöne Fläche entstanden war. So lernt man das eigene Tun, den eigenen Willen anschauen und nach und nach kontrollieren und ökonomisch einsetzen.

In jedem Kunstunterricht gibt es irgendwo diesen Punkt, wo der Schüler mit seinem eigenen Tun konfrontiert wird. Da in der Kunst das sinnliche Produkt, die gleichmäßig gehämmerte Vase oder der wohlklingende, richtig getroffene Ton das Entscheidende sind, darum eignet sich gerade der Kunstunterricht zur Bildung des Willens, zur Kontrolle des Handelns.

Wille bildet sich in der Auseinandersetzung mit der Welt, in der Beherrschung von Material. Material leistet in der einen oder anderen Weise Widerstand. Ton leistet zunächst nicht allzu großen mechanischen Widerstand, er scheint leicht formbar zu sein, und doch ist es für viele Schüler alles andere als leicht, den Ton zu gestalten, so daß eine Form, ein

Tier, das Relief einer Hand zur Erscheinung kommen. Will man mit dem Ton eine größere Plastik schaffen, so wählt man die Technik der Aufbau-Keramik, die langsam, Stufe für Stufe, die Wand aufbaut und so die Front gewinnt. Wenn so ein Kopf plastiziert werden soll, macht der Schüler eine neue Erfahrung: daß er bisher die Kopfform nur sehr allgemein kannte, daß er weder weiß, wie ein Kinn oder der Ansatz der Nasenwurzel genau gestaltet ist, und in der präzisen Gestaltung des Kopfes wird nun auch der Umgang mit Ton schwierig. Jedes Detail wird ertastet. Zu der Erfahrung des Sehraums tritt die Erfahrung des Tastraums hinzu.

Ganz anders ist der Umgang mit Holz: Dieses Material hat seine eigene Struktur, die Maserung, weiche und harte Stellen, Achsen, entlang deren sich das Holz spaltet, es reißt auf. Ein einmal weggeschnitzter Span wird nicht mehr angeklebt, und so arbeitet man nur sehr vorsichtig von groben und ungenauen Formen sich zu feineren vor. Das entscheidend Neue ist aber, den Meißel zu führen und den Hammer handhaben zu lernen. Wieder sind nicht Gewalt und Kraft das Motto, sondern das Gefühl für das Zusammenwirken von Material, Werkzeug und Kraft.

Einer der ersten Waldorflehrer, Alexander Strakosch, hat von diesem Gesichtspunkt her beschrieben, was beim Spinnen geübt wird:

«Um die angedeuteten Wirkungen zu verstehen, muß man sich klar machen, wie das Spinnen vor sich geht. Oft hört man die Meinung, daß die einzelnen Fasern mit den Fingern der linken Hand zusammengedreht werden. In Wirklichkeit besorgt dies der durch den rechten Fuß in möglichster Regelmäßigkeit angetriebene Mechanismus des Spinnrades. Die rechte Hand ist fast untätig, sie greift nur für Augenblicke ein, sei es, um am Rocken etwas zu lockern, sei es, um die linke Hand zu ersetzen, wenn diese die Finger in das mit Wasser gefüllte, an jedem Rade angebrachte ‹Netz-Schüsselchen› taucht. Denn die Finger müssen benetzt sein (daher der Name), damit die einzelnen Leinfasern, durch das Wasser geschmeidiger gemacht, sich besser aufeinanderlegen und so einen glatten und festen Faden bilden.

Zwischen Zeigefinger und Daumen der linken Hand laufen die Fasern. Wenn das Rad in Bewegung ist, laufen Spule und Spindel mit verschiedener Geschwindigkeit, wodurch der entstehende Faden stets um seine Längsachse, also um sich selbst, in Drehung versetzt und dadurch fest wird. Der Daumen muß auf den Zeigefinger etwas angedrückt werden, sonst würde die Drehung des entstehenden Fadens um sich selbst sich zu stark auf die noch im Rocken steckenden Fasern übertragen, es würden zu viele Fasern heruntergeholt werden, der Faden würde zu dick; er wird ungleichmäßig, wenn nicht durch den stets angemessenen Druck des Daumens die Menge der herunterkommenden Fasern geregelt würde. Daher rührt der volkstümliche Ausdruck: ‹Da muß man den Daumen drauf halten.› Dieser Druck muß aber auch immer wieder so weit gelokkert werden, daß der genügend gedrehte Faden sich einerseits auf die

Spule legt und andererseits neue Fasern vom Rocken herunterkommen können. Ein zu stark gedrehter Faden reißt, und zu schwach gedrehte haben zu wenig Festigkeit. Alles hängt von dem Gefühl zwischen Zeigefinger und Daumen der linken Hand und der Regelmäßigkeit des Tretens des rechten Fußes ab.

Beachtet man diesen Vorgang genauer, so bemerkt man, daß hier jede verstandesmäßige Tätigkeit ausgeschaltet ist, alles vollzieht sich durch ein bewußt werdendes fühlendes Wollen, welches eine Verbindung herstellt von dem Ballen des rechten Fußes über den Tretmechanismus des Spinnrades, die Treibschnur, die Spindel, die Spule, den fertigen Faden, zum entstehenden Faden zwischen Daumen und Zeigefinger der linken Hand.

Während des Spinnens ist man also von der sonst überwiegenden Tätigkeit des Kopfes . . . abgelenkt in die Gliedmaßen und in einen Rhythmus, der nichts von Zwang und auch nichts von Starrheit an sich hat. Er hat nichts gemeinsam mit der Starrheit etwa des Metronoms, er ergibt sich aus der gewünschten Stärke des Fadens und den Eigenschaften des zu verarbeitenden Materials, der größeren oder geringeren Schmiegsamkeit der Flachs-, Hanf- oder Woll-Fasern.»[49]

Ich kann mir gut vorstellen, daß diese bloße Beschreibung der praktischen Arbeit noch nicht sonderlich befriedigt, wirklich interessant wird es erst, wenn man es tut oder wenn man eine Schülergruppe beim Spinnen erlebt. Sensationell ist das alles nicht, aber für die Schüler ist es sehr befriedigend.

Der Wille wirkt im unmittelbaren Tun, und der Wille wird im unmittelbaren Tun an den Ergebnissen seines Tuns erzogen. Mit allem Tun verbindet man sich in der Anstrengung, mit allem Tun wird man aber auch in die wirklichen Weltgesetze hinausgeführt, in die Objektivität. Der Schüler, der mit aller Anstrengung schnitzt, vergißt sich selber, ganz konzentriert ist er auf die Form eines Kochlöffels, die er herausarbeitet, auf das Brett, das er hobelt. Gerade in der künstlerischen Arbeit, die keine Routine wird, ist der Mensch ganz «drin», ganz bei der Sache, und zwar nicht als ein überlegen Überlegender, der aus der Distanz betrachtet, beurteilt, sondern als der, der eintaucht und sich mit der Sache verbindet.

Blickt man an dieser Stelle schon einmal zurück auf das Rätsel der Phantasie, der Intuition und der Kreativität, so wird wahrscheinlich, daß Phantasie sich dort regt, wo man etwas tun oder verändern kann. Gewiß gibt es auch die Phantastik, die im stillen Kämmerlein vor sich hin brütet, Zukunftsvisionen malt und sich ausdenkt, was wäre, wenn . . . Aber die Phantasie der Gegenwart, die aus der Sympathie mit der Umwelt, die aus der Teilnahme am Leben der Mitmenschen entsteht, ist als praktische Phantasie des Handelns die unmittelbar brauchbare und sozial wichtige. Die Intuition dürfte auch etwas anderes sein als ein bloßer Einfall. Wenn ich intuitiv etwas erfasse, so deshalb, weil ich in einer Situation etwas leibhaftig spüre, ahne, fühle von den wirksamen Verhältnissen um mich her. Woher kommt die Intuition? Aus der vorher geleisteten Arbeit, aus dem Umgang mit Sachen, die man nun «im Leib» hat. Für die Kreativität dürfte es eine wichtige Voraussetzung sein, wenn man gelernt hat, viele Techniken zu beherrschen und zu verwenden, weil sich so der Horizont des Möglichen erweitert.

Phantasie und Gestaltung

Jede künstlerische Gestaltung hängt mit dem verwendeten Material zusammen. Schon durch die verschiedenen Arten von Farbe kann anderes bewirkt werden. Plakafarbe wirkt anders als Ölfarbe, als Pastell oder Wachskreiden. Durch Plakafarbe kommt man schnell zu kräftigen Effekten. Die Farbe deckt den Untergrund völlig zu, sie wird normalerweise als Flächenfarbe fertig gemischt in gewünschtem Ton aufgetragen. Der Farbton entsteht auf der Palette. Pastellfarben kann man hingegen auf dem Papier mischen, sie leicht ineinanderwischen, aber nur selten gelingt es, eine einmal aufgetragene Farbe wieder ganz zu verdecken. Eine besondere Dynamik entfaltet die Wasserfarbe, die, naß in naß aufgetragen, auf dem Papier sich erst zum gewünschten Farbton mischt. Besonders solange die Farbe noch naß ist, hat sie Glanz und Tiefe, es entstehen wie von selber Übergänge. Wo man also auf kräftige Wirkungen aus ist, beim Bühnenbild oder beim Plakat, lernt auch ein Waldorfschüler, etwa bei der Arbeit für ein Spiel in der 8. Klasse, die Plakafarbe kennen. Besonders beliebt sind bei Kindern die großen Blöcke breit auftragender Wachskreiden, in denen man in allen Regenbogenfarben dekorative Muster oder Illustrationen «malen» kann. Die eigentliche Malübung im Unterricht ist die Übung mit Wasserfarben.

Man kann die Übung mit Wasserfarben von verschiedenen Gesichtspunkten aus beschreiben: Einmal lernt der Lehrer so seine Kinder kennen. Da ist zunächst das große weiße Blatt. Ein gehemmtes Kind von etwa sechs Jahren wird vielleicht ganz oben in der Ecke vorsichtig etwas Blaues nicht malen, sondern zeichnen, während ein Dynamiker sogleich das kräftigste Zinnoberrot in mächtigen Flüssen über das Papier rinnen läßt. Das gehemmte Kind zu ermutigen, den Dynamiker zu differenzierteren Farben zu veranlassen, das wird Aufgabe der Lehrer. Ein ganz anderer Gesichtspunkt ist der: Was erlebt das Kind während des Malens an und mit den Farben? Der Umgang mit der Farbe wird zu einem Selbstgespräch, das nicht in Worten, sondern in Farbnuancen verläuft. Besonders im Alter vor vierzehn entsteht ein elementares Verhältnis zu verschiedenen Farbklängen: Das warme und manchmal behäbige Ultramarin wird anders erlebt als das herbe Preußischblau, und für viele ist es dann ein Genuß, die kühlen Türkistöne zu entdecken. Bei den Kindern wird dann von «Himmelblau» und «Meerblau» und vom «Blau der Berge» oder vom «Blau der Nacht» gesprochen. Für die Kinder wird zunächst die reine Farbe zu einer Erfahrung, an der sich seelisches Feingefühl entwickelt. Gerade im Farblichen läßt sich dann auch am leichtesten gestalten: Stimmungen und Gefühle werden ausgedrückt. Von der 4. Klasse an werden Naturmotive aufgegriffen: Ein Herbstbild in gelbroten Farben vor einem zartblauen Hintergrund entsteht, das Leuchten des Lichts in die Winternacht wird Motiv, oder aus der Tierkunde erscheint der Löwe in der Steppe.

Manchen Betrachtern erscheint heute diese Art des Malunterrichts veraltet. Prinzipiell soll zugestanden werden, daß es manchen ausgetretenen Weg, manche überholte Tradition auf diesem Gebiet gibt. Die Kinder haben dann mehr Spaß am Mischen der Farben im Wasserglas, wo sie immer neue Effekte und Farbwolken erwarten als beim eigentlichen Malen. Sie treiben im Unterricht allerlei Schabernack, wippen mit den Tischen, bis die Farbe aus den kleinen weißen Tiegeln auf den Tisch schwappt. Ebenso muß man zugeben, daß nicht alle Produkte kindlicher Malerei Ausstellungsobjekte sein sollten und daß sich naturgemäß im Schulunterricht manches wiederholt. Wer aber andererseits die Freude der Kinder am Malen erlebt, wer sieht, wie sie besonders gern auch in ihrer Freizeit weiter mit bunten Wachskreiden zeichnen, wie sie ihre Erfahrungen, Wünsche, Freuden malen ebenso wie die Geschichten, die sie hören, der weiß, daß auch das kindliche Gestalten ein Verarbeiten ist, in dem das Erlebte oder Gehörte angeeignet wird.

Es darf auch nicht übersehen werden, daß die Schüler in den illustrativen Gestaltungen ihrer Epochenhefte, wo der Schmied, die Heimatstadt und ähnliches gezeichnet wird, weitgehend selbständig vorgehen: Erst später werden die Zeichnungen zum naturwissenschaftlichen Unterricht wieder Arbeiten, die präzise eine Leber oder einen Knochen wiedergeben sollen. Ferner gibt es neben den Malübungen noch Übungen im Formenzeichnen, in der 7. und 8. Klasse wird mit dem Kohlestift schwarzweiß die räumliche Darstellung von Körpern, Gestalten und den damit zusammenhängenden perspektivischen Phänomenen geübt. Der Lehrplan verfährt dabei so, daß zuerst in den untersten Klassen die stark seelisch-phantasiehafte Malerei gepflegt wird, langsam wird diese dann in den Klassen 4–8 zum Erfassen der dinglichen Gegenstände hingeführt, in der 9. und 10. Klasse bleibt die zeichnerische Übung auf das Schwarzweiß beschränkt, um dann schließlich in der 11. und 12. Klasse nun mit aquarellistischer Schichttechnik wieder zur Farbe zurückzufinden.

Es ist ganz gewiß nicht leicht, die Frage nach dem Sinn der malerischen Übungen zu beantworten. Er liegt sicher nicht in den Produkten der Übungen, den Bildern, die die Kinder malen. Es will mir scheinen, als sei der Hauptgewinn bei einer Verstärkung und Klärung der Vorstellung und einer gleichzeitigen Intensivierung der Wahrnehmung zu suchen:

Was man einmal malerisch oder zeichnerisch gestaltet hat, sieht man hinfort ganz anders. Es klärt sich nicht nur die Vorstellung der Anordnung der Dinge im Raum, der Sinn für Form und Symmetrie oder Asymmetrie. Dazu kommt, daß die Sprache der Farben in Natur und Mensch stärker, bedeutungsvoller erlebt wird. Vielleicht kann es ein Hinweis sein, daß man bei Dichtern, die oft sich mühten, zeichnend zu skizzieren, eine besonders plastische und originelle Schilderung der Verhältnisse findet. Goethe notiert unter dem 21. Dezember 1787 in der *Italienischen Reise*›: «Daß ich zeichne und die Kunst studiere, hilft dem Dichtungsvermögen auf, statt es zu hindern, denn schreiben muß man nur wenig, zeichnen viel.»

Die Kritik am Malunterricht der Waldorfschulen bemerkt, daß die Methode mit reinen Farben in Aquarelltechnik zu malen, daß vor allem auch so wenig gegenständlich zu malen doch wenig kindgemäß sei: Die eigentliche schöpferische Kraft der Kinder, ihre Weise, die Welt darzustellen, ihr Temperament käme so gar nicht zum Ausdruck. Überhaupt, den an den Waldorfschulen gepflegten Kunstformen hafte ein Ruch von Jugendstil an. Schließlich werde den Kindern mit der Betonung einer Technik zu geringer Spielraum für ihre Ausdrucksmöglichkeiten gegeben.

Wer einen gewissen Überblick über den Malunterricht an verschiedenen Waldorfschulen hat, bemerkt, daß es innerhalb der Waldorfschulen auf diesem Gebiet starke Differenzen und Qualitätsunterschiede gibt: Da gibt es farbenfrohe, charakteristisch gestaltete und mutig gemalte Bilder, daneben andere, deren Kennzeichen Verwaschenheit und stereotype Wiederkehr des ewig Gleichen sind. Der Malunterricht an Waldorfschulen ist zunächst einmal traditionell entstanden: Ein Lehrer hat etwas begonnen und damit Erfolg gehabt, das heißt Anerkennung gefunden. Andere Kollegen, die sich als Klassenlehrer auf dem Gebiet der Malerei nicht so sicher fühlten, griffen das Vorbild auf, und so wurde schließlich aus dem Pfad, den sich ein Einzelgänger durch das Unterholz seiner Probleme geschlagen hatte, ein breiter Weg, der von vielen benützt wurde. Schließlich erscheint das historisch gewordene als Norm und verhindert so neue Entwicklungen. Auch wenn man nicht anerkennt, daß der Unterricht mit jeder pädagogischen Mode mitgehen solle, so stellen sich doch mehrere Fragen:

- Wie kann man den Klassenlehrern Anregungen zum Umgang mit der Farbe und Form geben?
- Wie kann man die Kinder so anleiten, daß sie ihre Individualität entfalten und weniger auf Nachahmung verfallen?
- Wie wird neben dem Malunterricht das kindliche Zeichnen in Epochenheften und bei anderen Gelegenheiten ähnlich betreut, wie es für das Malen erforderlich ist?
- Welche Techniken können noch neben den bisher angewandten

Verwendung finden? Wie steht es etwa mit Tuschzeichnungen?

In alldem möchten aber die Waldorfschulen an dem Ziel festhalten, das Goethe einmal mit folgenden Worten umriß: «Die Seele musiziert, indem sie zeichnet, ein Stück von ihrem innersten Wesen heraus, und eigentlich sind es die höchsten Geheimnisse der Schöpfung, die, was ihre Grundanlagen betrifft, gänzlich auf Zeichnen und Plastik beruht, welche sie dadurch ausplaudert.»

Musik

Keine Kunst erscheint weniger an sichtbare Vorbilder, an Zwecke und an ein vorgegebenes Material gebunden als die Musik. Sie wirkt, als wäre sie unmittelbarer Ausdruck der Seele selbst. Stimmungen und Harmonien empfindet man ebenso wie Dissonanzen unmittelbar als seelisch-musikalisch. Die Melodie läßt etwas erklingen, was sich unvermittelt in innere Bewegung umsetzen kann. Das wußte nicht nur Plato, der das Ethos der Tonarten im *‹Staat›* beschrieb, das praktiziert, bewußt oder unbewußt, heute jeder Werbefachmann. Daß in der Musik genaue, in Zahlen faßbare Proportion wirksam ist, hat schon Pythagoras berührt, daß aber die Zahlengesetze der Musik auch im Kosmos Ausdruck finden, wußte und beschrieb noch Kepler. Für ihn waren die Zahlen und Proportionen noch Ausdruck der in der Schöpfung verborgenen Musik, die sich im Fünfklang der Rose ebenso zeigt wie im Sechsstern des Eiskristalls.

Das Kind freilich versteht diesen inneren Ton der Welt noch naiver: Das Pochen an ein Holz verrät seine innere Beschaffenheit, der Klang einer Glocke läßt das Metall hörbar werden, und ihr Scheppern verrät einen Riß. Auch viele Tiere zeigen sich durch ihre Stimme – allen voran die Vögel, und so spricht schon Wolfram im *‹Parzival›* vom «vogelsanc, die süeze in sîn herze dranc». Der junge Parzival wurde von dem Gesang der Vögel erschüttert, weil sie «sîn art und sîn gelust» bezwangen.

Folgt man diesen allgemeinen Hinweisen, und fragt man genauer nach der Art, wie Musikalisches wirkt, so fällt als erstes die ganz wörtlich zu nehmende Eindringlichkeit des Tons auf. Leicht schließen wir die Augen, dem Ton sind wir immer offen, wenn wir uns nicht künstlich schützen, und so bewegt oder erregt uns der Ton, weil er uns trifft. Besonders kleine Kinder sind hier empfindlich: Ein lautes Radio tut weh, eine bewegte Musik wird in Tanz und Lauf verwandelt. Rudolf Steiner wies darauf hin, daß die so den Menschen ergreifende Musik aggressiver Natur sei. Steiner meint damit nicht, oder nicht nur Takt und Rhythmus, der in die Glieder fährt, er meint damit die gestaltende Kraft des Klanges, der in den Chladnischen Klangfiguren ebenso sichtbar wird wie in den kymatischen Versuchen von Hans Jenny.

Nicht nur ergreift der Ton den Menschen besonders intensiv: Mit der Ton*äußerung* verbindet man sich auch ganz anders. Singen als eigene Tätigkeit ist schwer zu beschreiben, mal erzeugt sie elementare Lust, mal empfindet man Schmerz oder Unbehagen, wenn einem ein Ton, den man singen soll, zu hoch ist. Es wäre wohl der Mühe wert, eine eigene Physiologie des Singens zu schreiben zu erforschen, damit man diese Vorgänge besser durchschaut.

Das kleine Kind lebt noch in der freien, nie endenden Melodie, die es selber singt, wenn es ganze Geschichten vorsingt. Dieses Singen lebt noch nicht aus der Empfindung des Akkords der zusammenklingenden Töne; es reiht vielmehr die Töne auf wie Perlen auf einer Schnur. Dem entspricht, daß dieses Singen noch nicht in die Tiefen des kleinen Leibes eingreift, es bleibt als Kopfstimme ganz peripher. Wer auf einer Schulfeier die unterste Klasse singen hört, kann das beobachten. Die Melodie schwebt noch, die Stimmen deuten mehr auf die Töne, als daß sie sie schon voll ergreifen. Das Singen ist weder individualisiert noch ist es Ausdruck des Gefühls.

Im Schulalter wird das Kind langsam in ein bewußteres Erfassen der Tonwelt geführt. Hören zu lernen ist die Grundlage für alles weitere. Dazu hilft sehr bald das Musikinstrument, meist eine Flöte. In diesem Prozeß wird die Welt der Akkorde nun langsam ergriffen. Noch aber herrscht Einstimmigkeit, und der Rhythmus drängt noch nicht zum Takt. Das in der Musik veranlagte soziale Element kann etwa in der dritten Klasse dadurch gepflegt werden, daß eine Klasse in zwei Gruppen sich teilt, die singend fragen und antworten, indem sie sich gegenüberstehen. Mit dem 9. und 10. Lebensjahr zieht dann das Musikalische tiefer in die Kinder ein: Nun sieht man auf der Schulfeier, wie die Kinder so recht lustvoll und kräftig singen. Durch das Instrument, das gleichzeitig weiter gepflegt wird, findet das Kind zu der objektiveren Tonwelt Zugang. Wenn dieses Objektive einigermaßen konsolidiert ist, kann die Zweistimmigkeit beginnen. Will man dieses Zweistimmige so veranlagen, daß es zu einem sozialen Miteinander wird, so ist wieder das rechte Hören Voraussetzung. Denn wirkliche Zweistimmigkeit entsteht nicht dort, wo man nur das eigene Singen erlebt, sondern eben im Hinhören auf die andere Stimme, die man ergänzt.

Die begabteren Kinder finden den Weg ins Unterstufenorchester, wo eben dieses Zusammenspiel immer weiter zu üben ist. Auf alles Solistische wird aber noch ganz und gar verzichtet. Andere Schülergruppen vereinigen sich im Flötenchor, wo nun auch neben den C-Flöten die F-Flöten, die Baß- und Tenorflöten auftreten.

Die eigentliche Krisis des gesamten Musikunterrichts ist durch den Stimmbruch gegeben. Erst jetzt muß nämlich der Schüler sich die ganz individuelle, eigene Stimme erobern, die ihn dann ein Leben lang begleiten wird. Wer junge Menschen in diesem Alter beobachtet, merkt, daß es vielen nicht gelingt, voll ihre Stimme so zu greifen, daß sie stimmlich fest auf dem Boden ankommen. Eine Stimme bleibt piepsig und schüchtern, eine andere spröde, fast heiser. Dieses Nicht-Ergreifen-Können der eigenen Stimme verdient den sonst hier gemiedenen Ausdruck «Frustration», denn die Stimme ist im Leben das wichtigste Mittel sozialen Wirkens und sozialer Kommunikation, auf das die Mitmenschen instinktiv reagieren. Der Musik- und Sprechunterricht, das Singen und Sprechen im Chor bieten hier eine ideale Hilfe. Ideal deshalb, weil der einzelne sich zunächst vom Chor tragen lassen kann, ja sich im Chor verstecken kann. Man kann beobachten, daß Stotterer gerne im Chor sprechen, weil sie hier die Hemmung nicht erleben, die sie sonst hindert, in ihre Stimme einzusteigen. Nun aber kommt es im Verfolg darauf an, daß irgendwann und nicht zu spät der einzelne aus der Gruppe heraustritt und allein zeigt, was er kann.

Ein ganz anderer Aspekt des jugendlichen Musikerlebens in diesem kritischen Alter ist die Differenzierung der Empfindung. Musik ist erst in zweiter Linie ein Transportmittel für Empfindung, für Gefühl und Stimmung. In erster Linie ist Musik selber und an sich objektiv gefühlte Empfindung. Anders als manches Gedicht *drückt* sie *nicht* einen Gedanken oder ein Gefühl *aus*: Sie ist selber, was sie ist. Und im Hören wie im Erschaffen dieser Ton- und Klangwelten erlebt der junge Mensch seine eigene Innerlichkeit, ohne daß er sich dessen bewußt wird. Die Musikentwicklung der Menschheit stellt sehr viele verschiedene Formen dieser Innerlichkeit zur Verfügung: Da sind die noch schwebenden Formen des gregorianischen Chorals, da ist die strenge Polyphonie, die, ähnlich wie die Gregorianik, noch dienende Funktion hatte, dann beginnt die Klassik, die Musik als geschlossene Werke schafft und die in diesen Werken immer stärker zum Individuellen, Emotionalen findet. Das Opus wird Selbstzweck. Nun zeigt sich, daß gerade derartige Werke für viele Schüler anziehend sind, weil sie an diesen individuellen Gestalten ihr eigenes Individuelles bilden. Die eigenen Empfindungen differenzieren sich aus: nicht nur Dur und Moll, auch das Chromatische nicht allein, vielmehr besonders das, was zum Beispiel in der Romantik lebt und auf feinste Nuancen gestimmt ist. Im Machen und Anhören von Musik befreit sich das empfindsame Gefühl aus der geschlossenen Innerlichkeit und tritt frei in die Welt.

Der Musikunterricht wird von gedanklicher Durchdringung begleitet, ja in der 11. Klasse findet sogar eine Epoche statt, die musikalische Fragen zum Thema hat. Denn es ist vielleicht gerade angesichts der Verführung durch Werbung, angesichts der immer neuen musikalischen und unmusikalischen Versuche der Gegenwart erforderlich, daß Schüler durchschauen lernen, *was* in der Musik wirkt, *wie* es wirkt. So werden als

Grundlage die Harmonielehre behandelt, dann die einzelnen musikalischen Stile, die Kompositionsformen. Schließlich bieten die Oper, der Gesang oder eine Symphonie Anlaß, einzudringen in das Verhältnis von Musik und Dichtung. Selbstverständlich erwarten die Schüler mit Recht, daß auch alle musikalischen Phänomene des 20. Jahrhunderts diskutiert werden. Die ganze musiktheoretische Erziehung zielt darauf, daß man heute wirklich hört und hörend begreift, was man hört, und nicht einfach der Gewalt der Rhythmen und der Macht der Klänge erliegt. In der Toneurythmie, von der im nächsten Abschnitt gesprochen wird, übt der Schüler schließlich die Umwandlung des innerlich Bewegenden in sichtbare Bewegung des menschlichen Körpers.

Eurythmie

Daß Turnen, Spiel und Gymnastik in unserer so bewegungsarmen Zeit des Zuschauersports in der Schule betrieben und sogar verstärkt gepflegt werden sollten, ist jedem Lehrer klar, der einmal auf einem Schulausflug die mangelnde Kondition eines Teils seiner Schüler erleben mußte. Die gesunde und hygienische Funktion der Bewegung und Anstrengung muß heute das Sitzen ausgleichen, das in Verkehr und Beruf leider noch immer zunimmt.

Im Spiel und im Turnen wird die Bewegung durch äußere Aufgaben gefordert. Der Ball muß gefangen und sicher gezielt geworfen werden, der Barren oder der Bock ermöglichen bestimmte Übungen, bei denen Kraft und Körperbeherrschung sich verstärken. Die Waldorfschule kennt als ein ordentliches Unterrichtsfach noch die Bewegungskunst der Eurythmie. Die ursprünglich als Bühnenkunst von Steiner um 1912 ins Leben gerufene Eurythmie will Sprache und Ton durch menschliche Bewegung sichtbar machen. In Gestik und Mimik deutet sich diese Tendenz der Sprache, Bewegung zu werden, an, und für Kinder ist es eigentlich selbstverständlich, daß man sich zur Musik bewegt.

Die pädagogische Eurythmie unterscheidet sich von der Kunsteurythmie. Sie will eigentlich die Ausdrucks- und Bewegungsfähigkeit der Kinder wachhalten und, wenn es irgend geht, verstärken. Der kindlichen Bewegungslust entspricht aber auch eine Empfindlichkeit und Empfänglichkeit für alles Bewegende in seiner Umwelt. Eurythmie schult also den menschlichen Körper sowohl für den Ausdruck wie für den Eindruck. Daß der menschliche Körper insgesamt ein Organ des Ausdrucks ist, bemerkt man nicht nur, wenn man Redner oder Verkäufer beobachtet, man sieht es besonders bei kleinen Kindern, denen diese elementarste Form der Äußerung noch nicht durch die Erziehung abgewöhnt wurde. Bei unangenehmen Eindrücken krümmt sich das Kind, es sträubt sich gegen Unwillkommenes mit Händen und Füßen. Später, im Schulalter, streckt man die Zunge raus oder macht eine lange Nase, bei Freude springen die Schüler auf, die Hände fahren in die Höhe, bei einer Enttäuschung fällt der Kopf in die Hände, auf die Bank, und bei Verlegenheiten sieht man immer wieder, wie der Daumen sich zum Mund bewegt. Überhaupt die Lippen! Bei Konzentration werden sie zu einem Strich zusammengepreßt, mal werden sie wulstig aufgeworfen, wenn man vielleicht sagen will: «Ich weiß noch nicht.» Die Körpersprache verrät dem, der sie lesen kann, ungemein viel. Daß der Körper ebenso für Eindrücke empfänglich ist, daß er als Ganzes auf Bewegung, Ton und ähnliches reagiert, das kann der beobachten, der Zuhörer eines Konzertes oder Zuschauer eines Wettkampfes auf ihre Bewegungen hin beobachtet.

Es wäre wirklich schade, wenn diese kindliche Lust an der Bewegung nicht gepflegt und kultiviert würde. Zu allererst spielen die Kinder Eurythmie noch als ein Bewegungsspiel, sie verwandeln sich in gnitzige Gnomen, die bucklig trippeln, oder in gewaltige Riesen, die furchtbar stampfen, bald aber laufen sie auf dem Boden geometrische Formen oder deuten lautliche Gesten wie I A O mit den Händen an, auf den Lauf der Füße überträgt sich der Rhythmus eines Verses.

Zu dem spezifisch pädagogischen Element der Eurythmie gehören die sogenannten Stabübungen. Es handelt sich dabei um Übungen mit Kupferstäben. Bei den einfachsten und elementarsten Übungen geht es um das Raumerfassen: oben, unten, rechts, links. Dann gibt es Gruppenübungen, bei denen Stäbe im Kreis vom einen zum anderen Schüler geworfen werden, schließlich gibt es ausgesprochene Geschicklichkeitsübungen, bei denen etwa der Stab auf dem Rücken fallen gelassen und wieder aufgefangen oder auf dem Kopf beim Gehen balanciert wird.

Das soziale Element der Eurythmie kommt freilich erst bei dem gemeinsamen Versuch der Gestaltung eines Musikstücks oder bei der gemeinsamen Darstellung eines Gedichts oder anderer Gruppenformen heraus. Die Schüler, die sich in die Bewegungsgesetze der Eurythmie eingearbeitet haben, entwerfen zunächst zusammen die choreographischen Formen der Bewegungen auf der Bühne. Die Bewegung zu einer lebendig schwingenden Gruppenbewegung werden zu lassen, wenn acht oder neun Schüler sich gemeinsam und doch einzeln nach je anderen Formen auf der Bühne bewegen: das erfordert Vorsicht, Übersicht, Rücksicht, Gefühl fürs Ganze.

Was bedeutet es aber prinzipiell, wenn Schüler eine Invention von Bach oder ein Gedicht von Celan in Geste, Bewegung und damit in Sichtbarkeit umsetzen? Wer einen Rhythmus nicht nur hört, sondern ihn läuft, wer eine Tonfolge mit den Händen und Armen darstellt, wer die Lautgebärde eines Gedichts in Gestik verwandelt, gewinnt ein aktives Verhältnis zu dem, was sonst heute nur passiv aufgenommen und analytisch betrachtet wird. Durch derartige individuelle Aktivität wird aber das in Bewegung verwandelte Werk zu einer persönlichen Erfahrung, zu einer Erfahrung, die nicht den Begriffsinhalt, sondern die sinnliche Gestalt des Werkes ergreift. Es geht bei diesem Umgang mit Musikstükken oder Werken der Dichtung nicht um die Realisierung eines ästhetischen Anspruchs, sondern eben darum, das subjektive Erfassen dieser Werke zu verstärken. Schüler bis zur 7. oder 8. Klasse machen das ebenso gern wie unbefangen. Besonders dramatische Gedichtsinhalte oder Gedichte, in denen mehrere Personen und Gruppen dargestellt werden können, erfreuen sich großer Beliebtheit. Dann tritt eine Phase ein, in der wohl durch das Bewußtwerden des eigenen Gefühls in der Pubertät die Schüler Naivität und Lust an der Darstellung verlieren. Die Jungen namentlich genieren sich, und besonders kritisch wird es, wenn in dieser Phase der Eurythmielehrer sein Fach nicht auch mit Intelligenz, Können und Überzeugung gleichermaßen vertreten kann: Die Bewegungen der Vierzehnjährigen werden scheu, zurückhaltend, und erst dann, wenn sie zu der Überzeugung gekommen sind, es wirklich «gut» zu können, bieten sie in der 11. oder 12. Klasse dann eigenständig erarbeitete, ausdrucksvolle Interpretationen eines sie persönlich interessierenden Werkes.

Der Eurythmieunterricht ist sowohl Gegenstand heftiger Bewunderung wie auch scharf ablehnender Kritik. Diese Kritik beginnt dort, wo Schüler, die entdecken, daß es dieses Unterrichtsfach sonst nirgendwo auf der Welt gibt, fragen, wozu denn die Eurythmie gut sei. Andere Kritiker stoßen sich daran, daß in der Kunsteurythmie Schleier in oft zarten Farbtönungen verwandt werden, ein dritter Punkt der Kritik zielt darauf, daß eine Reihe der eurythmischen Ausdrucksmittel – etwa die Formen der Konsonanten oder Vokale – bis zu einem gewissen Grade in ihrer Gebärde vorgegeben seien. Diese Kritiken können hier nicht widerlegt werden: Jede Kunst wirkt dadurch, daß sie durch sich selbst überzeugt. Was die schulische Verwendung anlangt, so kann man gewiß an der Praxis vieles kritisieren: Aber daß auf der Schule eine den ganzen menschlichen Körper in Anspruch nehmende Bewegungskunst gepflegt werden sollte, scheint mir schon aus hygienisch-therapeutischen Gründen einleuchtend. Die Bewegungsfreude der Kinder fordert geradezu die Erfindung einer solchen Ausdrucksmöglichkeit, die die Kinder äußern läßt, was in ihnen an Bewegung steckt. Wer den Eurythmieunterricht zu beobachten Gelegenheit hatte, wird mir vielleicht zustimmen, wenn ich meine, gesehen zu haben, daß die Schwierigkeiten dieses Unterrichts nicht in der Trägheit der Kinder liegt, sondern an einem Bewegungsüberschuß, mit dem nicht jeder Lehrer so leicht fertig wird.

Eine ehemalige Schülerin schreibt zur Eurythmie:

«Schon als Kleinkind ging ich sehr gerne in die Eurythmiestunde. Während der Schulzeit kam zu dieser spontanen Freude wachsendes Interesse hinzu. Ich bemühte mich auch in zunehmendem Maß, mir über die Ursachen der Anziehungskraft klarzuwerden, die die Eurythmie trotz vorübergehender Schwierigkeiten mit der Fachlehrerin auf mich ausübte und ausübt: Die eurythmischen Bewegungen empfinde ich einerseits als dem menschlichen Organismus harmonisch angemessen und zugleich als ästhetisch schön. Dies scheint sich mir auch darin zu zeigen, daß sich bei mir ein belebendes Gefühl der Leichtigkeit einstellt, wenn es mir gelingt, eurythmische Bewegungen so auszuführen, daß sie ohne Bruch im Ablauf mit bis in die äußersten Spitzen von Aktivität ausgefüllten Gliedern geführt werden. Andererseits sind diese Bewegungen immer sehr genau aus Form und Inhalt des jeweils gestalteten Textes oder Musikstückes heraus motiviert und können diese daher auch adäquat ausdrücken. So komme ich während der Arbeit an einem Stück immer mehr zu einem Gefühl des Einklangs meiner Person mit dem Darzustellenden. Ich fühle mich dann von Musik oder Text und den dazugehörigen Bewegungen getragen und in ein Schwingen gebracht, das innerlich auch dann anhält, wenn ich rein körperlich etwas ausgepumpt bin.

Dadurch, daß man in der Eurythmie sehr viele Formen gemeinsam läuft, und dadurch, daß Bewegungen simultan von mehreren Menschen ausgeführt werden müssen, ist es notwendig, ein Empfinden für die Gemeinsamkeit mit seinen Nebenmenschen in der Bewegung zu entwikkeln. Die Konzentration des einzelnen wird also nicht nur auf ihn selbst und seine eigenen Bewegungen gerichtet, sondern im gleichen Maße auf diejenigen, die mit ihm zusammen etwas darstellen. Ich habe erlebt, daß die Bemühung um Übereinstimmung des Tuns mit anderen so weit gehen kann, daß man Menschen, zu denen man latent ein gespanntes Verhältnis hatte, innerlich näher kommt.

So scheint mir die Eurythmie eine Kunst zu sein, die auf besondere Weise den ganzen Menschen fordert und positiv beeinflußt – besonders deutlich wird mir das, seit ich nach dem Schulabschluß nur noch sporadisch Gelegenheit habe, selbst Eurythmie zu machen, und daher das Gefühl des Eurythmie-Mangels kenne.» D. R.

Künstlerische Unterrichtsgestaltung

Künstlerisches könnte als Zutat zum Unterricht verwendet werden: Musik als Einstimmung oder Dichtung als Zusatz, etwa zur Mathematik. Das scheint aber nur da sinnvoll, wo die Musik etwas mit der betreffenden Sache zu tun hat, wenn man also mittelalterliche Minnelieder im Zusammenhang mit dem Minnesang erklingen ließe. Ob aber Beethoven etwa eine besonders gute Illustration zum Zeitalter Napoleons abgibt, erscheint schon fraglicher, und bei Wagner wird es erst recht schwierig: Gehört er zur Vorgeschichte des Nationalsozialismus, oder ist er künstlerischer Ausdruck der Bismarckzeit? Jedenfalls ist das Herbeiziehen von Musik und Bildern großer Künstler nicht das, was in erster Linie mit künstlerischer Unterrichtsgestaltung gemeint ist. Ja, das äußerliche Draufpfropfen von «Kunst» auf den Unterricht hielt zumindest Steiner für Spielerei: Die Pädagogik würde so phantastisch, und die Kunst würde ebenso leiden, weil sie als bloßes Mittel verwendet würde.[50]

Die gewiß nie ganz zu verwirklichende Maxime des Waldorflehrers heißt: Der Unterricht soll selber ein Kunstwerk sein.

Das läßt sich von verschiedenen Gesichtspunkten her beschreiben. Man kann sich zum Beispiel fragen: Inwieweit wird in einem Unterricht an einem Tag der ganze Mensch angesprochen und angeregt? Werden also neben dem Gedächtnis und dem Intellekt auch Gefühle – Freude, Trauer, Humor, Spannung und Entspannung – einbezogen? Kommt das Kind im Unterricht zu einem vollen Willenseinsatz, zum kräftigen Sprechen, bilden sich im Kind Motive und Wünsche? Im Lauf eines ganzen Schultages sollte der Unterricht hygienisch sein, zum Beispiel sollte neben dem Sitzen und Sprechen auch das Arbeiten und Bewegen seinen Platz haben, so daß also Schule nicht gegen jede physiologische Notwendigkeit verstößt.

Ein anderer Gesichtspunkt ist der Aufbau der Unterrichtsstunde: In welchem Verhältnis stehen Wiederholen und Aufarbeiten des gestern Behandelten zu dem heute Erarbeiteten? Wie führt man Neues ein? Setzt man an den Anfang eines neuen Abschnitts eine Definition, oder geht man von Erfahrungen und Bildern aus? Wie lange und gründlich verweilt man bei Bildern, Ereignissen und Konkretem, wie führt man zum Gedanken? Wie kommt man möglichst überall zur Übung, wie individualisiert man die Übungen? Wo regt man die Arbeit von Gruppen an?[51]

Diese und andere Fragen zeigen, daß es sich bei der «künstlerischen Unterrichtsgestaltung» um sachliche Probleme handelt, bei denen es im wesentlichen um drei Elemente geht:

- um die Förderung des Kindes, indem der Unterricht auf seine psychische und physiologische Disposition ebenso Rücksicht nimmt wie auf die Kompensation der sozialen Elemente;
- um die wirkliche Gestaltung des Unterrichtsstoffes, der der Altersstufe gemäß zubereitet, aber auch sachgemäß so entfaltet werden muß, daß menschliches Interesse durch ihn geweckt und pädagogische Wirksamkeit durch ihn entfaltet werden kann;
- um den Lern-, Individualisierungs- und Übungseffekt, ob also etwas «sitzen» bleibt, behalten und gekonnt wird.

Die bisherige Schule stand im Geruch, namentlich das letztere für das allein Wichtige zu halten, und verwandte allzu häufig die barbarische Methode des «Paukens», den Druck, Strafe und Angst dazu, daß die Schüler mit einem gehörigen Sack Wissen die Schule verließen. Auch wenn die Stoffpaukerei in den letzten Jahren durch eine gewisse Krise gegangen ist, so darf man doch nicht annehmen, daß der auf Vermittlung großer Kenntnismengen zielende Unterricht in naher Zukunft sein Ende finden wird. Dafür wird schon die Knappheit der Studienplätze sorgen, die anscheinend nur nach abprüfbarem Wissen und nicht nach Intelligenz und Charakter verteilt werden können.

So steht auch die Waldorfschule vor der Frage, durch Lern- und Übungsprozesse die Zukunftschancen ihrer Kinder offenzuhalten. Nun ist weder Lernen noch Üben an sich von Übel. Von Übel ist nur das sture «Pauken», das mechanische Büffeln ohne Teilnahme und Verständnis. Das Berechtigte des Lernens und Übens sieht man am besten am Beispiel des Sprachunterrichts. Man unterrichtet nicht Sprache, um allein das «Erlebnis» der Sprache zu vermitteln. Schließlich sollen die Schüler etwas können: sprechen, verstehen, schreiben.

Beginnt man den Unterricht in den fremden Sprachen im 7. Lebensjahr, so kommt man dem Kind entgegen, wenn es die Sprache insofern zunächst «spielend» erlernt, als es in allerlei Spielen – *At the Baker's*, *Travelling by Train* oder *Building a House* – Satzbaumuster, Intonation und Aussprache und einen Wortschatz erwirbt. Die Sprache kann für das Kind in diesem Alter sehr interessant sein, wenn man seine Wortphantasie anregt, wenn man es mit den Worten übend spielen läßt. Die sachgemäße, didaktisch planvolle Lenkung des Unterrichts erfordert sehr viel Überlegung: Viele praktische Lebensbereiche müssen ergriffen werden, verschiedene Satzbaumuster müssen durch lange Übung gepflegt werden, ohne daß sogleich Grammatik getrieben würde, und die Unterrichtsstunde muß in sich ihren eigenen Rhythmus von Übung des Alten und Erfassen des Neuen haben. Ein besonderes Problem stellt hier das Singen von allerlei Liedern und das Sprechen von Gedichten dar. Gewiß kann das rhythmische Sprechen von Gedichten, das Singen von Liedern ein künstlerisches Element sein: nämlich dann, wenn im Unterricht beim Sprechen von Gedichten die ganze Klasse wirklich mitmacht, wenn das Lied wirklich entspannt. Allzu leicht aber verschwimmt beim Singen die Aussprache, allzu oft ist der Wortschatz der Gedichte obsolet oder gesucht, allzu oft versteckt sich der einzelne Schüler in der Gruppe, und das Ergebnis ist dann schließlich, daß Kinder, die seit der ersten Klasse Englisch haben, später entdecken müssen, daß sie Schwierigkeiten mit dem englischen «th» haben. Das an und für sich wäre keine Katastrophe (da auch ein guter Teil der beruflichen Sprecher des deutschen Fernsehens kein «th» kann), aber es kann nicht der Sinn des frühen Lernens der Fremdsprachen sein. Es kommt also auch bei dem Einsatz künstlerischer Elemente im Unterricht darauf an, daß sie wirklich ihren Sinn erfüllen: Das Gedichtsprechen im Chor muß abgelöst werden durch ein Üben der einzelnen, das Singen kann manchmal den Unterricht auflockern, ersetzt aber den Sprachunterricht nicht. Das Spielen mit verteilten Rollen und halbfreiem Text bringt mehr.

Eine Stunde Sprachunterricht könnte so gebaut sein, daß zunächst die ganze Klasse durch einen chorisch gesprochenen Text aktiviert würde, dann würden einige einzelne Teile des Textes allein sprechen, es folgt eine Wiederholung des Spiels aus dem praktischen Leben, dann wird das jeweils Neue eingeführt und einige Male durchgeübt, bis die Schüler eine gewisse Sicherheit haben – zum Abschluß, nachdem die Schüler wirklich das Neue aufgenommen haben, vielleicht ein Lied. In höheren Klassen kommt es dann darauf an, daß zwischen Lesen der Lektüre, Konversation und grammatischer Übung, daß zwischen chorischer Arbeit der ganzen Klasse und individueller Mühe in Gruppen ein Ausgleich besteht.

Ein anderes Element des Künstlerischen könnte man vielleicht im Zusammenhang mit dem verdeutlichen, was man mit Heimpel das «exemplarische Lehren» nennt. Der unter dem Stoffzwang stehende Lehrer wird gerne möglichst viel «durchnehmen». Das führt zu einem nervösen, flüchtigen Lernen. Ich weiß theoretisch, daß ich irgendwann einmal in Geographie Deutschland durchgenommen haben muß. Mir ist davon nichts hängengeblieben außer einer Zeichnung von einem Querschnitt durch einen Deich, die wir anzufertigen hatten. Später wechselte der Geographielehrer, und der neue Lehrer nahm sich die Zeit, das, was er darstellte, plastisch und sinnlich eindrucksvoll zu behandeln, so daß beispielsweise das Leben der Menschen in Brasilien, die Größe des Landes, seine Probleme voll zur Erscheinung kamen. Dabei wurden auch Interviews mit führenden Leuten eines Landes eingestreut, und so trat ein konkretes Bild von der Arabischen Wüste, von T. E. Lawrence und Ibn Saud, von Roosevelt und den amerikanischen Eisenbahnen an mich heran: Es kam mir so vor, als lernte ich Menschen, die in den USA oder China lebten, wirklich kennen. In Ruhe, ja in epischer Breite kann man die geographischen, ökonomischen und sozialen Verhältnisse schildern. Das ist auch künstlerisch, wenn der Lehrer die Stoffülle so greift, daß sich doch ein Bild, ein Zusammenhang zeigt, der die vielen Einzelheiten zu einem Ganzen zusammenfaßt.

So bräuchte in der 5. Klasse nicht ganz Deutschland, sondern nur der Lauf des Rheins durchgenommen werden. Da ergibt sich als Anfang die Bergwelt der zentralen Alpen, die Gletscher, das Leben der Schweizer Bergbauern, es könnte die Bodenseelandschaft folgen: Die Bodenseelandschaft mit ihrer Mischung von Erholungslandschaft, Land- und Weinbau und Industrie zeigt das Bild eines Zwischenstadiums zwischen Gebirge und Flachland. Bei Basel beginnt die Industrie, die dann weiteres Schicksal des Flusses ist, und nun wird der Fluß Verkehrsmittel und Grenze: Er trennt und verbindet Völker, verschiedenste Städte, mittelalterliche wie Basel, Straßburg und Köln, reine Industriestädte wie Ludwigshafen, Duisburg und Residenzstädte wie Karlsruhe und Bonn säumen seinen Lauf, bis sich schließlich in der Hafenstadt Rotterdam und am

Europoort die Perspektive zur Welt hin weitet. Dies alles folgt aus dem Bild eines Flusses vom Hochgebirge bis zum breiten Delta, wo Land aus dem Meer gewonnen wird. Im Bilde dieses Flusses wird das Zusammenleben der Menschen ganz anschaulich. Nicht nur dort, wo Kinder erfahren, daß die holländische Gewächshausindustrie ihnen Tomaten und Frühgemüse liefert, sondern auch dort, wo das Problem der Verschmutzung des Rheins ganz anschaulich wird. Man bringt es heute in Rotterdam und Amsterdam nicht mehr fertig, aus dem in Basel, Straßburg und Ludwigshafen verschmutzten Rheinwasser noch einigermaßen schmackhaftes Trinkwasser zu gewinnen. So entsteht sachgemäß ein Bild des Ganzen und der Zusammenhänge.

Wirklich zugänglich wird aber für Kinder diese Welt der Landschaften und Lebensverhältnisse erst, wenn sie in einzelnen Menschen eine erlebbare Gestalt annimmt, wenn sie also vom Weinbauern am Kaiserstuhl, der gerade die Flurbereinigung durchmacht, vom Straßburger Oberbürgermeister Pflimlin oder von einem Hafenarbeiter in Rotterdam hören. Die Naturgestalt, die Landschaft und das Sozialgefüge gipfeln für das Kind im arbeitenden und erzählenden Menschen. Die künstlerische Bearbeitung des Stoffes zielt so darauf, *in den Verhältnissen* selber die Elemente zu finden, die alles beleuchten und zusammenfassen.

Daß in der einzelnen Geographiestunde wiederum ein Gleichgewicht zwischen Gedächtnisanstrengung, Aufnehmen, Erarbeiten des Neuen, zeichnendem Erfassen und individueller Aussageübung herrschen sollte, sei nur am Rande vermerkt. Daß aber jedes Fach auch zu einer besonderen künstlerischen Aktivität Anlaß geben kann, soll noch betont werden. Man kann nicht nur, wie es an Waldorfschulen häufig geschieht, Landkarten auch einmal mit fließenden Wasserfarben malen und so die Tiefe des Meeres, den Schwung eines Gebirgszuges in farbiger Dynamik wiedergeben[52], man kann auch einmal eine Landschaft durch eine ganze Klasse in Ton plastizieren lassen und nachher anmalen, so daß Bewuchs und Bebauung der Landschaft sichtbar werden. Bei einer solchen Gemeinschaftsarbeit ist nicht das Produkt, das dabei herauskommt, sondern der Prozeß der Zusammenarbeit, die Erfahrung des Umsetzens von Karte in Plastik wichtig.

Die meisten Unterrichtsstoffe bieten Ansatzpunkte zu derartiger Konzentration des Stoffes auf wenige wirklich instruktive Grundmotive. Zu dieser Arbeit der Stoffaufarbeitung ist in den nun schon 55 Jahren der Waldorfpädagogik besonders viel getan worden: Für Mathematik und Physik kann auf die Arbeiten von Hermann von Baravalle verwiesen werden. Bekannt ist von Baravalle vor allem die künstlerische Behandlung der Geometrie[53]; daß er aber auch die Mechanik bis zur Bühnenreife entwickelte, ist fast vergessen worden. Baravalle hat in der Tat etwa die Gesetze des Flaschenzugs von Schülern auf der Schulfeier vorführen lassen. Mittels eines Flaschenzugs zog ein Schüler eine Gruppe anderer, die sich erbittert wehrte, quer über die Bühne. Für Biologie, Zoologie und Chemie hat der niederländische Naturkundler Frits H. Julius wichtige Anregungen gegeben. Zum Beispiel machte er deutlich, daß Schüler an Versuchen, die nur in kleinen Reagenzgläsern vorgenommen werden, das Elementare und Sinnliche, das ja die Versuche erst so lernwirksam macht, gar nicht recht erleben, weil alle Prozesse nur en miniature ablaufen und allzu schnell beendigt sind.[54] Schließlich liegt ein entscheidendes Geheimnis der künstlerisch-pädagogischen Stoffbearbeitung darin, daß in der Waldorfschule jeder Lehrer die Freiheit hat, sich selber den eigenen Weg durch die Fülle des Stoffes zu bahnen, so daß die wichtigsten Kennzeichen des Künstlerischen – Individualität, Originalität und Interesse – immer wieder eintreten können.

Einen ganz anderen Aspekt der künstlerischen Unterrichtsgestaltung berührt man, wenn man auf die Wirkungen zu sprechen kommt, die im Gefühlsleben der Schüler ausgelöst werden. Man kann als Lehrer nach einer Unterrichtsstunde ein ausgesprochen schlechtes Gefühl haben, wenn man die ganze Zeit nur geistreich gewesen ist und vielleicht in einer gar ironischen Stimmung über soziale Verhältnisse, historische Ereignisse oder literarische Gestalten gesprochen hat. Die Klasse war zwar sichtlich amüsiert und hat die Stunde möglicherweise auch «ganz nett» gefunden. Aber was ist geschehen? Die Klasse ist vielleicht unterhalten worden, oder sie hat auch «diskutiert», aber sie ist nicht nur die ganze Zeit über in der gleichen Gemütslage leichter Unkonzentriertheit und in der Haltung eines Konsumenten geblieben: Der Unterricht hatte keinen wirklichen Rhythmus. Durch das, was während einer Unterrichtsstunde in der Klasse zwischen Lehrer und Schüler und zwischen den Schülern vorgeht, und durch die Art, wie der Stoff erarbeitet wird, erfährt der Schüler Schmerz, Freude, Spannung, Lösung, Erwartung, Enttäuschung und Erfüllung. Es hat keinen Sinn, über «Ausbeutung» oder «Arbeiterelend» oder die «schwere Arbeit der Bauern» zu sprechen im Stile bloßer Information, ja nur unter Nennung des Begriffs. Es genügt nicht einmal, etwa unter Benutzung statistischen Materials (acht Menschen wohnten durchschnittlich in einem Raum, die Nahrung bestand nur aus trockenem Brot und Wasser) über unmenschliche Verhältnisse zu sprechen. Man sollte über alle die Dinge so sprechen, daß konkrete menschliche Schicksale miterlebt werden können, oder in der Biologie so, daß der Lebenskampf eines Tieres, das Aussterben einer Tierart u. ä. von den Schülern mitempfunden werden. Neben dem Ernsten, dem Traurigen, dem Tragischen können dann in jeder Stunde auch das Heitere, der Witz und der Humor stehen. Aber das bloße Berichten, namentlich das Hin- und Herhüpfen, das bloße Begriffe-Verbinden führt auf die Dauer nicht nur zum Erlahmen der Aufmerksamkeit, weil alles gleich gültig oder dadurch bald gleich ungültig wird; schließlich sind Konzentrationsschwäche und Nervosität die Folge.

Langeweile ist ein eminent unkünstlerisches Element, jeder Unterricht wird verwässert, gedehnt und unfruchtbar. So gehört neben Ernst und Humor auch eine, keineswegs übertriebene, Spannung in jeden Unterricht hinein: Fragen, die man aufwirft, müssen den Schülern als wirklich gewichtiges Problem erscheinen, und der Weg zur Beantwortung einer Frage soll auch die Enttäuschungen nicht umgehen. Man denke noch einmal an die naturwissenschaftlichen Erfindungen: Wie viele Versuche werden gemacht, wie viele Irrwege begangen, bis eine Erfindung glückt? Gerade im Scheitern von Forschungen, von Entdeckungen wird viel gelernt: Der Schüler lernt dadurch sachlich, aber bei einem geschickten Unterricht steigt so auch die Spannung. In jeder Spannung liegt ein leichtes Luftanhalten, ein Sich-Konzentrieren. Sobald dann die Lösung, die Entdeckung, der Erfolg sich zeigen, tritt die Lösung, das Ausatmen ein. Der Unterricht wird so zu einer leichten «seelischen Massage».

Auch auf die Gefahr hin, mißverstanden zu werden, sei noch eines dieser polaren Elemente wie Ernst–Humor, Spannung–Entspannung genannt, mit denen es der Lehrer im Unterricht fortwährend zu tun hat. Es gibt verschiedene Arten des Wachseins bei Kindern. Völlig wach und bei der Sache sind Schüler bei allen eurythmischen Übungen, namentlich dort, wo es wie bei den Stabübungen um Geschicklichkeit geht. Eine ganz andere Wachheit aber verlangen das Rechnen und der Mathematikunterricht. Wenn die Schüler wirklich fasziniert sind, dann werden sie sogar ein wenig kribbelig, die Kleinsten müssen öfter aus der Klasse austreten. Demgegenüber gibt es andere Tätigkeiten, bei denen das Kind eher ein wenig träumt: so besonders, wenn eine Geschichte erzählt wird. Nun muß auch zwischen diesen Formen höchster intellektueller Wachheit und träumerischem Zuhörens ein gewisser Ausgleich zustande kommen. Die nicht sehr reflektierte Meinung mancher Lehrer, der Schüler sei dazu in der Schule, um ihm den ganzen Tag seine Aufmerksamkeit wie einen Spieß entgegenzuhalten, auf dem er fortwährend alles aufspießt, was gelernt wird, ist einfach falsch. Die Schüler helfen sich von allein, indem sie abschweifen. Besser aber ist es, wenn dieser Rhythmus zwischen höchster Konzentration, denkerischer Anstrengung und entspannender, träumerischer Ruhe im Unterricht selber geplant ist, etwa indem im Übergang zu einer neuen Aufgabe eine Geschichte erzählt wird, die diese langsam vorbereitet.

Zur anthropologischen Begründung des künstlerischen Unterrichts

Warum all dies? Um dem Kind und Schüler die Schule recht angenehm zu machen? Gewiß auch das: Kinder müssen nicht unnötig strapaziert werden. Aber es wäre schief, künstlerischen Unterricht allein unter dem

Gesichtspunkt einer Art von Ausgleichssport zu sehen, als eine Technik der Schonung von Kindern, als eine Verzuckerung des Unterrichts. Zunächst muß gesehen werden, daß eine künstlerische Behandlung der Unterrichtsstoffe in erster Linie sachlich begründet ist: Die Naturprozesse verlaufen nicht nach abstrakter, wissenschaftlicher Systematik und die Sozialvorgänge nicht nach soziologischen Schemata. Die künstlerisch-bildhafte Darstellung der Stoffe ist nicht nur dem Kind und Schüler leichter zugänglich, sie eröffnet ihm auch den Zugang zur Wirklichkeit und vermittelt insofern einen möglichen Praxisbezug. So wichtig dieser Gesichtspunkt auch ist, selbst er ist nicht für den künstlerischen Unterricht leitend. Ebenso ist es nicht der Gedanke, daß lebensvoll-anschaulich Erfaßtes später besser erinnert werden könne.

Man spricht von der Erziehung zur Freiheit, zum freien, selbstbewußten Handeln. Freiheit wird vielerorts bereits dadurch verhindert, daß Dogmen, Gedanken-Schemen, fixe Vorstellungen das Denken blockieren. Gegen die Fixierung von Vorstellungen, gegen den Dogmatismus wendet sich jener bildhafte Unterricht, der Bilder nicht als bloße Beispiele und Illustrationen mißbraucht, der Bilder vielmehr mit ästhetischer Lust am wirklich Bunten und Vielgestalteten zur Darstellung bringt, so daß die Schüler sich dabei selber recht Unterschiedliches denken können. Das eigentliche Problem der Freiheit ist aber für die meisten jungen Menschen ein Doppeltes:

– Die erste Frage heißt im Leben: Kann ich, was ich will; tue ich, was ich will?
– Die zweite Frage lautet: lerne ich von dem, was ich tue; bin ich in der Lage, mein Tun bewußt zu verfolgen?

Eine Erziehung zur Freiheit heute kann nicht bedeuten, daß junge Menschen einfach freigesetzt, sich selber überlassen und zum Grasen auf die endlosen Weiden der Beliebigkeit geschickt werden. Was heute junge Menschen zunächst quält, ist dies: Sie möchten schon und würden gerne, aber sie kommen nicht dazu, es zu tun. Sie sehen eine ganze Menge ein und wüßten auch, was zu tun wäre, aber sie finden nicht den Zugang zum Handeln, den Willen zum Wollen, bis irgendeine sogenannte «eherne Notwendigkeit» sie packt und in die Routine zwingt, die Praxis genannt wird.

Eine Erziehung zur Selbständigkeit, eine Befreiung zur Individualität, steht vor der Aufgabe, den jungen Menschen dazu zu verhelfen, eigene Wege zu finden. *Deshalb* sollten Phantasie, Initiative und eigenes Suchen in jedem Unterricht gefördert werden. Gerade wer mit etwa Achtzehnjährigen viel zu tun hat, spürt im Gespräch mit ihnen, wie dieses Problem – oft unerkannt – in ihnen rumort: Sie wollen etwas, wissen auch, was sie nicht wollen, nämlich in die Karrieren der Routine einsteigen, aber im innerlichen Abtasten dessen, was sie eigentlich wollen, finden sie den eigenen Weg nicht, oder sie versinken über längere Zeit in ein ohnmächtiges Brüten. Daß allerdings dieser Wille, zu neuen Formen des Zusammenlebens und des Arbeitens zu kommen, heute stärker ist als noch vor zehn Jahren. Daß dieser Wille zur Selbständigkeit da ist, das beweisen nicht nur Wohngemeinschaften und Bürgerinitiativen, das wird vor allem dadurch bewiesen, daß auch die Umwelt der anderen diese Versuche sehr rasch zu bejahen begonnen hat, auch dort, wo man selber nicht mitmacht, daß sie leicht in den Anfängen steckenbleiben, weil man die wirklichen Schwierigkeiten nicht orten kann, sondern mit herkömmlichen Begriffsschemen ihnen nachspürt, deutet darauf, daß die hier diagnostizierte Schwierigkeit besteht. Erst dort, wo gelernt worden ist, Gedanken nicht irgendwelchen Systemen oder Philosophien zu entnehmen, also auf vorgefertigte Gedanken zurückzugreifen, erst dort, wo man Gedanken aus der Erfahrung, aus dem Erleben zu holen sich gewöhnt hat, findet man eigene Wege, andernfalls gerät man allzu leicht in die Gefahr, die Wirklichkeit zu mißdeuten.

1919 hat Rudolf Steiner im Zusammenhang mit der Begründung der Waldorfschule eine interessante Devise ausgegeben. Er formulierte: «Aber das muß man erst lernen, vom Leben zu lernen. Und in der Schule muß das Kind lernen, vom Leben zu lernen. So, daß es nicht aufhört, wegen seiner toten Begriffe und dergleichen, im späteren Dasein vom Leben zu lernen, daß es nicht starr wird. Das Leben wird uns förmlich verschlossen, wenn die Schule uns nicht die Kraft gibt, es uns zu erschließen»[55] (31. 8. 1919). Man vergleiche mit dieser Formulierung Steiners diejenige des Strukturplans des Deutschen Bildungsrats. Dort heißt es: «Der Wissenschaftsbestimmtheit des Lernens entspricht formal der Grundsatz vom Lernen des Lernens. Die Bildungsgänge vermitteln . . . auch die Fähigkeit, immer neu zu lernen, sei es in anderen Gegenstandsbereichen, sei es . . . auf höherem Anspruchsniveau.»[56] Die rein formalreflexive Formulierung vom Lernen des Lernens läßt zumindest Raum für das Mißverständnis, Lernen würde nur ein Lernen eines schon irgendwo aufbereiteten, begrifflich gefaßten Stoffes sein. Überall dort, wo Lernen nur in diesem Sinne verstanden wird, daß es sich nur um ein Aufnehmen eines Wissens oder eines überlieferten Könnens handelt, da wird gerade der Anspruch einer Erziehung zur Freiheit nicht eingelöst.

Der künstlerische und praktische Unterricht führen nun zu einem Lernen durch Tun. Besonders dort, wo Schüler vor die Aufgabe freier künstlerischer Gestaltung gestellt werden, erfahren sie im Anschauen und Anhören, im Plastizieren auch durch das Abtasten ihrer Arbeit, was sie tun. Sie lernen so nicht begrifflich, sie lernen auch nicht vorwiegend unter den Kategorien «richtig» und «falsch», vielmehr fragt man sich bei dieser Arbeit: Wird es so, wie ich es will? Das künstlerische Lernen ist so ein Abtasten, ein Probieren und Entdecken, weil es nicht das Aufnehmen eines intellektuellen oder verbalen Inhalts darstellt, sondern ein Produzieren.

Kinder, Schüler und auch mancher Erwachsene zeigen ganz prinzipiell die Tendenz, so, nämlich durch Praxis, durch Probieren und Experimentieren, zu lernen. Die Tatsache, daß unsere Begriffe und Vorstellungen mehr sind als bloße Worthülsen ohne Inhalt, die Tatsache, daß Wörter und Gedanken Bedeutung, Erlebnischarakter haben, beruht insgesamt auf Erfahrung und Umgang mit den Dingen. Handelnd nehmen Kinder die Weltinhalte auf. Eine Schulklasse von Jugendlichen, die unbefangen genug ist, reagiert auch in eigenartiger Weise, wenn einer der ihren beginnt, Buchwissen vorzubringen. Angelesene Geschichtskenntnisse, die mehr sind als eine zufällige Lesefrucht, erscheinen ihnen lächerlich, und bald hat der Betreffende seinen Spitznamen weg: Er heißt «Professor», was keineswegs anerkennend gemeint ist, und sobald er ansetzt, über alle Kriege Friedrichs des Großen zu referieren, ruft man ihm aus der Klasse zu: «Schon gut, Professor, laß mal, wir wissen, daß du es weißt.» Das bloße Kopfwissen wird in den meisten Fällen als unproduktiv empfunden, besonders dort, wo es sich nur um die sterile, korrekte Wiedergabe eines Gelernten ohne eigene Stellungnahme, Verarbeitung oder Fragestellung handelt.

Was aber in den meisten Fällen Interesse erweckt, ist die erlebte Erfahrung, die nicht als Lehre vorgebracht wird. Wirksamer und anregender als Erlebnis und Bericht kann eine Frage sein, die alle bewegt, und noch besser ist schließlich ein zündender Einfall für eine gemeinsame Unternehmung. Will man dieses allgemeine Phänomen verstehen, so tut man gut, sich den Gegensatz von Kopfarbeit und Handarbeit, von denkendem Vorstellen und handelndem Willen zu verdeutlichen.

Das Vorstellen bewegt sich im luftigen Raum der Beliebigkeit: Man kann sich denken, wie es wäre, wenn es anders wäre. In Gedanken könnte man zur Not den eigenen Standpunkt verlassen und sich auf die andere Seite stellen. Der Rechtsanwalt wird *den* Klienten vertreten, der das Glück hatte, ihn zu engagieren, weil er fünf Minuten vor seinem Prozeßgegner ihn telefonisch erreichte. Diese freie Beweglichkeit des Vorstellens wird aber dadurch erkauft, daß die Vorstellung sich allein im Bereich des Unwirklichen bewegt. Eine genauere Betrachtung zeigt ferner, daß das Material unserer Vorstellungen aus der Vergangenheit entnommen ist. Auch dort, wo man sich eine Zukunft ausdenkt, wird fast immer das Inventar der Zukunft aus vergangenen Erfahrungen, Ereignissen, Dingen genommen, die man vielleicht verbessert in die Zukunft projiziert. Selbst die Zukunftsforscher wollen auf Grund vergangener Entwicklungen, die sie in die Zukunft verlängern, das Bild der Zukunft aus den Materialien der Vergangenheit entwerfen. Und noch ein drittes gehört zum Denken und bewußten Vorstellen: Distanz. Will man über eine Sache wirklich nachdenken, so muß man nicht nur die Gefühle einigermaßen zur Ruhe stellen, man muß vor allem jenen analytischen Scharfblick und jene kühle Distanz erzeugen, die die Erscheinungen deutlich auseinandergliedert.

Die Grundgeste des Willens ist das Zupacken, das Drauflosgehen, das Handeln, das sich der Welt zuwendet. In jeder dieser Zuwendungen lebt Kraft, die nur für den Augenblick da ist, wo sie aufgewandt wird, die aber irgendeine konkrete Spur hinterläßt, und sei es nur die Tatsache, daß ich jetzt woanders bin als noch eben. Wo die Gedankenwelt voll faßbaren Inhalts ist, ist der wirklich handelnde und nicht nur vorgestellte Wille etwas, das der Aufmerksamkeit entfällt. Der Handelnde hat ein Ziel im Auge, die Bewegungen aber, die er vollführt, die Kraft, die er einsetzt, kalkuliert er nicht bewußt, sondern aus einer intuitiven Einschätzung der Sachlage. Wenn man einmal in das intensive Handeln eingestiegen ist, dann möchte man kaum aufhören, ehe man nicht mit der Sache fertig ist, es gibt eine Dynamik der Aktion, die uns mitreißt, bis wir ermattet sind. Diese Dynamik tritt freilich dann nicht ein, wenn man sein Handeln durch Pausen unterbricht, um etwa zu überlegen, wie man sich vor der Arbeit drücken kann. Der Wille kommt vor allem dort in Bewegung, wo er ein Ziel hat: Er lebt aus dem Ziel, aus dem Motiv, und er richtet sich auf die Zukunft, auf das, was werden soll.

Dieser Gegensatz ist der Gegensatz von Kopf und Hand: der Kopf ruht auf dem Rumpf. Selber bewegt er sich nicht. Geschützt vor den Einwirkungen der Welt schwimmt im Gehirnwasser das Gehirn. Ähnlich geschützt sind die Augen und das Gehör: Sie nehmen Weltinhalt auf, *bilden ab*, so wie das Vorstellen die Verhältnisse zu spiegeln trachtet. Die Hand dagegen erscheint als das gegliedertste Organ, weitgehend beweglich, ebenso geschickt zum Tasten wie zur vielfältigen Arbeit. Vorsichtig kann etwas Zerbrechliches zwischen zwei Fingern gehalten werden, kräftig kann die ganze Hand zupacken, zerren, ziehen, rütteln. Vor allem aber die Arbeit unserer Hände ist es, die die Welt *verändert*.

Man kann diesen Gegensatz von Kopf und Hand als ein Realsymbol nehmen. Es macht nämlich deutlich, worauf es ankommt, wenn man Pädagogik und Unterricht als eine Kunst betreiben will: Es kommt auf die Zusammenarbeit von Kopf und Hand, von Vorstellung und Wille an. Dabei verdankt man dem Vorstellen und Nachdenken Distanz, Übersicht und Klarheit. Dem Handeln und Tun aber Frische und Lust an der Sache. Es geht also darum, daß vom ersten Kindesalter an Kinder nicht in erster Linie zum Stillsitzen, zum Bravsein, zum Nichtstun erzogen werden. Eine wirkliche Gefahr ist hier das Fernsehen. Das Fernsehen fasziniert, aber es verurteilt die Kleinen auch zum Zuschauerdasein. Darüber hinaus sind heute die Programme für Kinder so gemacht, daß durch ständige Bildschnitte, durch Abwechslung der Thematik jenes Interesse wachgekitzelt wird, das eigentlich nur auf dem Nervenreiz bloßer Aktion beruht. So werden Kinder nicht an-, sondern aufgeregt. Die willenhafte Konzentration im späteren Leben ist aber das Ergebnis eines aktiven, dauerhaften Spielens. Dieses den Willen bildende Spielen kann für das spätere Leben entscheidend sein. Voraussetzung für sinnvolles Spielen und damit für die Stärkung des Willens und der Lebenskraft ist eine erfahrungsreiche, vielgestaltige, kinderfreundliche Umwelt. Der objekthaft orientierte Wille erwacht an Objekten. Das beste Mittel, zur Förderung des aktiven Spielens ist aber das Interesse der Erwachsenen. Dort, wo Kinder merken, daß ihr Weltentdecken von den Großen liebevoll begleitet und unterstützt wird, da wird ein Verhalten bestärkt, das zwar nicht bequem ist, aber die Energie eines Kindes fördert. Genauso wird auch beim Schulkind dort der Wille gestärkt, wo Aufmerksamkeit und Lob seine Tätigkeiten begleiten. Wo Kinder hingegen zur Bravheit, zu Pseudobeschäftigungen, zum Stillsein verurteilt werden, da kann es gut sein, daß sie zunächst ordentlich lernen: Aber oft sind die braven Kinder später die Langweiligen, die auch intellektuell dürr werden, einfallslos und unproduktiv. Gewiß, das muß nicht so sein. Es kann ein stilles Kind auch später zu reger Phantasietätigkeit erwachen – aber das sind die Ausnahmen.

Wer Schüler beobachtet, die in erster Linie aufnehmen, der wird gewahr, wie sich leicht eine gewisse Dumpfheit und schläfrige Stimmung in der Klasse ausbreitet. Sobald aber die Möglichkeit zum Handeln, zum Engagement auftaucht, kommt eine kribbelnde, produktive Unruhe auf. Nun kommt es in den Waldorfschulen keineswegs darauf an, das intellektuelle und denkerische Element etwa als nur negativ abzutun. Ebenso wie das kopflastige, blasse Wissen gibt es auch den Willensrausch, den Aktionismus, der nicht minder fragwürdig ist. Es kommt also darauf an, das Denken durch Interesse, durch das Gefühl des Betroffenseins munter zu machen. Diese Munterkeit wird aber nicht dann am Leben erhalten, wenn allein mit dem Nervenreiz der Sensation pädagogisch gearbeitet wird. Lehrer, die eine Klasse faszinieren wollen, indem sie irgend etwas besonders Interessantes bringen, merken, daß sich diese Reize nach einiger Zeit abstumpfen. Das wirklich lustbetonte Lernen setzt eben voraus, daß man sich an einer Stelle mit dem eigenen Willen engagieren kann.

Wie ist das möglich?

In der gedanklich-intellektuellen Dimension gelingt das dort, wo der Schüler selber in eine freie, offene Gedankenentwicklung eintreten kann – so daß er selber in der Lösung eines Problems Schritt für Schritt oder These auf These bauend *eigene Gedanken entwickeln* lernt: Dann ist es die eigene Willenstätigkeit im Denken, die ihn wach hält, dann ist der Wille zum Problemlösen auf ein Ziel gerichtet, dessen Lösung als offen erscheint.

Bei den darstellenden Fächern kommt es darauf an, daß so konkret sinnlich-räumlich erzählt wird, ohne Belehrung und Begriff, daß das Kind in der Darstellung innerlich mitgehen, laufen, reiten kann. Entscheidend ist dafür ein Erzählstil, der Urteile von der Art die «sehr groß», «sehr wichtig», «sehr schön» vermeidet und statt dessen sagt: «Und seine Stimme dröhnte so laut, daß man es in der ganzen Stadt hören konnte», oder: «Seine Worte hatten solches Gewicht, daß die weisen Männer im ganzen Lande nachdenklich mit dem Kopf nickten, und sagten: Wenn das der Abt sagt, so wird es schon seine Richtigkeit haben.» In solchen Darstellungen können sich Kinder frei bewegen und ihre eigenen Gedanken bilden.

Der Wille schließlich selber ist nicht so schnell in den Griff zu bekommen, wie eine Einsicht zu gewinnen ist. Einsehen und Wissen: das kann man leicht und schnell. Eine neue Technik lernen, eine Sprache beherrschen: das lernt sich langsam und nur durch Übung, und so ist die Wiederholung, die immer wiederkehrende Übung das, was schließlich den Willen stärkt. Warum kann man sich zu diesem oder jenem nicht oder nur so ungern aufraffen? Weil man es nicht kann. Es ist eine banale, aber richtige Weisheit: Was Hänschen nicht lernt, lernt Hans nimmermehr. So ist regelmäßiges Handarbeiten, Handwerken, Schnitzen, Schreinern, Schmieden, Malen, Musizieren und Bewegen einfach eine positive Gewohnheit, die es einem im späteren Leben leichter macht, eine Sache zu beginnen, denn man kann es.

Das Problem der Waldorfschulen heute ist, daß durch die Erwartungen, die von der Gesellschaft geprägt und von Kindern übernommen werden, Kinder nicht immer sofort einsehen, «wozu das gut ist». Die Prüfungsanforderungen tun ein Übriges, praktische Fächer abzuwerten. Das ist angesichts unserer Jugend, die bewegungsarm in einer verschlossenen Umwelt aufwächst, eine Katastrophe. Es wäre gut, wenn es möglich wäre, den Schülern täglich zwei Stunden künstlerischen oder praktischen Unterricht zu geben. Aus derart tätigem Lernen würde die Lebenskraft, aus dem Können die Lust am Tun, gesteigert werden.

Aus aktiv entfalteten Gedanken, aus der Erfahrung lebendig-sinnlicher Situation und Geschichte, aus sachlicher Arbeit, aus der Übung am Material entsteht schließlich das, was Vorstellung und Wille vermittelt: das Gefühl. Das Gefühl ist keine im Menschen verschlossene abstrakte Innerlichkeit: Das Gefühl wendet sich den Verhältnissen zu. Der schlampige Umgang mit Handwerkszeug wird einem schließlich unerträglich. Man empfindet, bevor man es beweisen kann, das Betrügerische oder Unmenschliche einer Argumentation, ebenso aber auch das Begeisternde einer neuen Idee, die Herausforderung einer Notlage für eigenes Tun. Das Gefühl macht es möglich, aus einer elementaren Empfindung zu handeln oder eine Idee zu erleben. Das ist der Grund, warum der praktische Unterricht – Schmieden und Schreinern – begleitet wird von künstlerischem Unterricht: Schnitzen, Plastizieren, Malen. So werden die im Handwerk fast unbewußt bleibenden Empfindungen zur Bewußtheit *gesteigert*. Ebenso aber werden die erst frei produzierten Ideen etwa im Theaterspiel aus der Sphäre des reinen Gedankens in den Bereich der

Darstellung getragen. So handelt es sich bei dem Streben nach einer künstlerischen Erziehung eigentlich um einen Doppelprozeß: Das Gedankliche und Innerliche wird konkretisiert und zur Äußerung gebracht, damit es sich bewähre und erfahre. Das Gegenständliche wird ergriffen, wird zur eigenen und inneren Erfahrung, wird schließlich zum lebendigen Gefühl der Welt. In diesem Doppelprozeß der Konkretisierung des Geistes und der Verwandlung der Welt besteht der Mensch.

Mit dem Wort *selbstbewußt handeln* wird hier genau das gemeint, was bisher als künstlerischer Prozeß beschrieben wurde. Versteht man unter Selbstbewußtsein freilich den starren Stolz der Individualität auf sich selber oder jenes Selbstbewußtsein des Renaissancefürsten, des Managers oder das angelernte forsche Auftreten eines Vertreters, so sucht man Anweisung und Erziehung zu solchem Selbstbewußtsein in diesem Buch vergebens. Seiner selbst bewußt handeln, heißt zugleich, bei allem Handeln auch sein Tun verfolgen. Gewiß entspringt dieses selbstbewußte, eigenständige Handeln der eigenen Intuition des Handelnden, seinem Wollen und Einsehen: Aber es verliert nicht die Besinnung, es bleibt vielmehr sensibel für die Welt, für die Folgen des eigenen Tuns. Im künstlerischen Tun erwacht das echte Bewußtsein des eigenen handelnden Selbst deshalb, weil alles künstlerische Tun, alles gezielte Formen und Gestalten sich stets selbst begegnet im Produkt, im Werk.

In der philosophischen Diskussion ist das hier behandelte Problem unter dem Begriff des Verhältnisses von Theorie und Praxis bekannt. Dem Element Theorie entsprechen hier Intuition und Einsicht, der Praxis korrespondiert das künstlerische Tun. Die Vermittlung beider stellt eben dasjenige Selbstbewußtsein dar, das sich im probierenden, tastenden Handeln notgedrungen einstellt, und zwar in dem Augenblick zunächst, wo man bemerkt, daß das, was man gestaltet hat, noch nicht dem eigenen Anspruch, dem Willen entspricht – und nun beginnt der eigentliche Kampf. Als erstes muß überhaupt entdeckt werden, was da falsch, mißglückt, inadäquat ist; dann beginnt der erste Versuch zur Verbesserung, es folgt ein zweiter, bis schließlich das Ich im Werk sich selber findet. Selbstbewußt handeln heißt also: in der Praxis sich selber finden. Dazu ist das Leben die große Schule, die Schule aber hält jene Sensibilität, die die Nicht-Übereinstimmung erkennt und die Unruhe schafft, durch künstlerisches Tun offen.

7. Die Schulorganisation einer freien Schule[57]

Die Schule als soziales System lebt inmitten einer Umwelt. Diese Umwelt hegt Erwartungen, stellt Forderungen, Bedingungen und formuliert geltende Gesetze. Die Umwelt ist es aber auch, die Finanzmittel in Form von Zuschüssen, Subventionen, Geschenken und Beiträgen zur Verfügung stellt, ja, sie räumt darüber hinaus auch noch Gelände für Schulbauten ein und stellt gar ein verbilligtes Transportsystem für Schüler zur Verfügung. Konkret heißt diese Umwelt in der Bundesrepublik Deutschland «Oberschulamt» oder «Kultusministerium», heißt sie «Schulgesetz» und «Prüfungsordnung», heißt sie «Elternschaft» und «Stadtverwaltung» – aber auch das geistige und ökonomische Klima gehören zur Umwelt einer Schule. Man kann sich fragen, wieweit in derartiger Umwelt Freiheit überhaupt möglich ist, wenn etwa Schule ein dem Kultusministerium und der Schulverwaltung nachgeordnetes Vollzugsorgan ist, das sich nach Lehrplänen zu richten hat, das kontrolliert wird und dessen Entscheidungen richterlich überprüft werden. Besonders stark formen aber die Abschlußprüfungen, vor allem dort, wo sie zentral gestellt werden, die Schulwirklichkeit.

Diese wenigen Hinweise bereits machen deutlich, daß die Freiheit einer freien Schule nicht absolut sein kann. Dennoch geht es den Waldorfschulen darum, einen möglichst weiten Freiheitsraum für ein sinnvolles pädagogisches Handeln zu erkämpfen, zu erhalten, zu verteidigen: denn freie Schulen wollen nicht vollgesteuerte Subsysteme des staatlichen Bildungswesens sein, und zwar deshalb, weil sie meinen, daß

- der Staat als Staat überhaupt das Schulwesen nicht lenken und verwalten kann. In Wirklichkeit leitet nämlich nicht der Staat, auch nicht die Bürokratie im allgemeinen die Schulen: vielmehr sind es Menschen «wie du und ich», Verwaltungsbeamte, irgendwelche Experten oder Gremien, die ihre Auffassung der Dinge durchsetzen und entscheiden, was richtig ist. Sie tun dies aber, als wären sie «der Staat», und sie setzen nicht privatim ihre Meinung durch, sondern sie verordnen durch Erlasse, was zu tun und was zu lassen sei. Die demokratischen Legitimationsverfahren – etwa die alle vier Jahre stattfindenden Landtagswahlen – sind viel zu pauschal, als daß sie die Entscheidungen der Kulturpolitik im Detail abdeckten. Nur der Tatbestand, daß sich die Öffentlichkeit derartige Verfahren – vielleicht aus Angst vor dem Chaos – noch gefallen läßt, bewirkt, daß es noch eine weitgehend *fremdbestimmte Schule* gibt.
- Zum anderen entfaltet sich in Freiheit und in Selbstverantwortung die Initiative und Phantasie eher als dort, wo alles reglementiert wird. Zu dieser Freiheit gehört nicht nur die individuelle Gestaltung des Unterrichts. Vor allem gehören dahin alle pädagogischen Entscheidungen: Wie ein Kind gefördert werden soll, kann nicht nach formalen Kriterien, etwa nach der Versetzungsordnung entschieden werden. Es muß, auch wenn das wesentlich schwerer ist, in persönlicher Verantwortung, aus persönlicher Einsicht, durch gemeinsame Gespräche erkundet und entschieden werden. Sogar die Verwaltung einer Schule und die Entscheidung in Finanzfragen gehört zu den

Dingen, die wesentlich sinnvoller und sogar sparsamer gehandhabt werden, wenn sie in Händen derer liegen, die mit der Sache zu tun haben.

Die Waldorfschulen gewinnen ihren Freiheitsraum, indem sie die staatlich verordneten Lehrpläne, die staatlichen Versetzungsordnungen und Leistungsmaßstäbe usw. ebensowenig übernehmen wie die staatlichen Formen der Schulverwaltung. Sie sind schließlich auch darauf bedacht, nur dort Geld entgegenzunehmen, wo dieses nicht mit Auflagen verbunden ist, die die pädagogische Handlungsfreiheit entscheidend einengen würden. Für diese Freiheiten zahlen die Waldorfschulen allerdings auch einen Preis: Ihre Zeugnisse werden nicht als staatliche Hoheitsakte anerkannt, die Subventionierung aus öffentlichen Mitteln ermöglicht es trotz vergleichweise geringer Bezahlung der Lehrer nicht, auf Elternbeiträge (Schulgeld) zu verzichten, auch die Schulbauten werden zum Teil durch Elternspenden finanziert. Entscheidend ist aber, daß durch diese Verzichte und Eigenleistungen die freie Schule von Systemzwängen des staatlichen Schulwesen losgekoppelt ist. Der Zwang und der Einfluß, die durch das Berechtigungswesen (Abitur, Fachhochschulreife, Mittlere Reife) ausgeübt werden, bleiben aber als Problem bestehen. Die Abschlußprüfungen beeinflussen das Ziel des Unterrichts mit und bestimmen so die Richtung des Vorgehens. Andere Elemente der Umwelt formieren die Ausgangsbasis unseres pädagogischen Tuns: Da ist nicht nur die erwähnte städtische Umwelt, das Elternhaus, da ist auch das Fernsehen, der Einfluß verschiedenster Moden, denen Schüler früh ausgesetzt sind. Ganz bewußt bejahen die Waldorfschulen diese Umwelt: Sie meinen nicht, daß man aufs Land hinaus fliehen müsse und fern der Zivilisation eine ideale Erziehung aufbauen solle, wo reine Lehrer in reiner Luft reine Kinder für eine reine Welt heranbilden. Wenn es heute auch Waldorfschulen in Form von Landschulheimen gibt, so ist das nicht Produkt eines Programms, sondern einer Notwendigkeit, die sich oft aus besonderen familiären Schwierigkeiten ergab.

Wie sieht nun die innere Struktur des pädagogischen Freiraums aus, um den sich die Waldorfschulen mühen? Wie regelt und formt die Menschengruppe ihre Umweltbeziehungen? Der Überblick über die heute bestehenden Waldorfschulen und über die Geschichte der Waldorfschulen zeigt, daß alle Schulgestalten durchaus aus historisch-individuellen Verhältnissen entstanden sind, daß die Entwicklungen sehr unterschiedlich verlaufen sind und daß sie doch mit der Zeit von verschiedenen Ausgangspunkten aus in eine Richtung strebten. Von der Schulgründung (1919) bis zu seinem Tod (1925) war Rudolf Steiner der anerkannte *Leiter* der Waldorfschule. Bei allen Personalfragen kam kaum eine Entscheidung über eine Neuanstellung ohne seine Einwilligung zustande, besonders aber waren es seine pädagogischen Ideen, die die Lehrerschaft begeisterten und ihr Handeln beflügelten. Steiner hatte, wie man heute sagen würde, in einem Kompaktkurs vierzehn Tage lang die ersten zwölf Lehrer geschult, und ständig flossen seine Anregungen durch weitere Vorträge, durch Konferenzen, Einzelgespräche und bei Unterrichtsbesuchen in das Handeln der Lehrerschaft ein. Die Bedeutung dieser Inspiration ist nur schwer zu überschätzen.

Andererseits war es gerade die Grundintention Steiners, daß diese neue Schule sich republikanisch selbst verwalte: «In einer wirklichen Lehrer-Republik werden wir nicht hinter uns haben Ruhekissen, Verordnungen, die vom Rektorat kommen, sondern wir müssen in uns das tragen, was uns die Möglichkeit gibt, die volle Verantwortung für das zu tragen, was wir tun. Jeder muß voll verantwortlich sein.» In der ersten Lehrerkonferenz vom 8. 9. 1919 heißt es dann: Konferenzen sind freie republikanische Unterredungen: Jeder ist darin ein Souverän. So hat Steiner, der nicht ständig in Stuttgart wohnte und die Schule oft wochenlang nicht besuchen konnte, von Anfang an die Selbstverwaltung der Schule veranlagt, er hat auch in die inneren Konflikte der Lehrerschaft nicht autoritär eingegriffen: Er hat die Lehrer ihre eigenen sozialen Formen und Verfahren suchen und finden lassen. Nach dem Tode Steiners hat sich dies Vorgehen bewährt: Die Lehrerschaft verwaltete die Schule in republikanischer Art. Zwar mußte für den Verkehr mit den Behörden ein besonderer Vertreter benannt werden, alle Entscheidungen in der Schule wurden aber kollegial oder im Bereich jener individuellen Verantwortungen getroffen, die an einzelne oder Gruppen *delegiert* waren.

Als nach 1945 in schneller Folge in Deutschland zwanzig Waldorfschulen gegründet wurden, gab es Schulen, die von vornherein von einem Kollegium gegründet wurden, bei anderen Schulen lag der Akzent der Gründung und der Initiative in den ersten Jahren stärker bei *einem* «Schulgründer». Das Interessante ist nun, daß sich ohne irgendeine zentrale Steuerung (die es nämlich nicht gibt) in allen Schulen, zum Teil in einer organischen Entwicklung, zum Teil durch schwere Konflikte, die republikanisch-kollegiale Selbstverwaltung durchgesetzt hat. Darüber hinaus hat sich eine zweite Entwicklung angebahnt: Die immer stärker werdende Teilnahme der Eltern an der Arbeit und Gestaltung der Schulen. 1919, also bei der Schulgründung, war wesentlich *ein* Mann, Emil Molt, der Direktor der Waldorf Astoria Zigarettenfabrik in Stuttgart, der Repräsentant der Trägerschaft der Schule. Diese Trägerschaft ging dann an den Verein für ein freies Schulwesen über: Dieser Rechts- und Wirtschaftsträger der Schulen ist besonders nach dem Zweiten Weltkrieg immer mehr eine Angelegenheit der Elterninitiative geworden. Neben dieser Arbeit der Schuleltern im Schulverein entstand eine weitere Form der Elternaktivität in den Elternbeiräten oder Initiativkreisen der Eltern. Heute sind die Elternbeiräte der deutschen Waldorfschulen im Bundeselternbeirat zusammengefaßt. So trat im Lauf der Entwicklung neben die kollegiale Selbstverwaltung der Lehrer die Mitbestimmung der Eltern in doppelter Gestalt. Die dritte Entwicklung, die erst relativ spät in den sechziger Jahren begonnen hat, ist die Mitwirkung der Schülerschaft. Hier sind an den verschiedensten Schulen Versuche gemacht worden, etwa indem Schüler an Konferenzen teilnehmen, indem sich Schülermitverwaltungen bildeten, indem Schüler an den Eltern-Lehrer-Tagungen des deutschen Bundes der Waldorfschulen teilnahmen, so daß diese Tagungen zu Eltern-Lehrer-Schüler-Tagungen wurden. Es wurden sogar Schülertagungen von Schülern deutscher Waldorfschulen organisiert, es zeigte sich aber auch, daß einige dieser Initiativen noch wenig Stabilität hatten, weil die Träger der Initiative nach wenigen Jahren die Schule wieder verließen und keine Nachfolger fanden. Insgesamt ist so die institutionalisierte Mitwirkung der wichtigsten Mitgliedergruppe der Organisation Schule noch ein offenes Problem, über dessen Lösung noch kein Konsens entstanden ist.

Nach diesem einleitenden Überblick soll versucht werden, nun die Verfahren und Probleme der einzelnen Gruppen genauer zu beschreiben. In diesem Zusammenhang wird wieder nicht auf Vollständigkeit in den Einzelheiten der Organisation Wert gelegt: Es sollen vor allem auch die offenen Fragen und Schwierigkeiten zur Sprache kommen.

Die kollegiale Selbstverwaltung der Lehrerschaft[58]

Da innerhalb einer kollegialen Verwaltung alle Lehrer im Prinzip gleichberechtigt miteinander wirken, da also kein Unterordnungsverhältnis und keine Weisungsbefugnis bestehen, müssen Verfahren gefunden werden, die die notwendigen Orientierungs- und Ordnungselemente schaffen. Es handelt sich dabei nicht in erster Linie um technische Fragen wie etwa Raumverteilung und Vertretungen, sondern um die Wahrnehmung der in der Schule entstehenden Fragen pädagogischer Art. Nehmen wir an, in einer Klasse breitet sich Unzufriedenheit aus oder der Unterricht eines Lehrers wird schwierig: Die Kinder lernen nicht oder werden zu sehr beansprucht. Will man mit solchen Problemen fertig werden, so muß man zunächst in der Lehrerschaft eine gemeinsame Basis der Verständigung erarbeiten. Dem dienen die wöchentlich stattfindenden pädagogischen Konferenzen, in denen zunächst in der Regel menschenkundliche und psychologische Fragen besprochen werden, bevor man pädagogisch-methodische Probleme ganz allgemein bespricht: Die Kollegen lernen so untereinander zunächst ihre durchaus verschiedenartigen Ansichten und Betrachtungsweisen kennen. Es darf auch bei einem Waldorfkollegium nicht, wie es oft durch Außenstehende geschieht, vorausgesetzt werden, daß die Lehrer in allen Dingen einer Meinung sind. Von der Disziplin im Unterricht bis zur Frage der geeigneten

Schullektüren sind divergierende Erfahrungen und Meinungen vorhanden, die im Konferenzgespräch zwar nicht sofort auf einen Nenner gebracht werden, die aber einsichtig gemacht oder abgewandelt, verbessert werden können. Erst nach solcher, jede Woche geleisteten Vorarbeit, die letztlich ein gemeinsames Mühen um Erkenntnis ist und dadurch sozial integrierend wirkt, geht man einen Schritt weiter: zur Besprechung einzelner Schüler oder ganzer Klassen. Bei derartigen Studien ist es nun nur natürlich, wenn die Vertreter verschiedener Fächer ganz unterschiedliche Erfahrungen zu berichten haben, wobei die Erfahrungen auch die Eigenart eines Lehrers spiegeln. Im Zug einer solchen Besprechung kommt es zu einer ausführlichen, sich oft über mehrere Konferenzen hinziehenden Darstellung einer Klasse, ihrer Fähigkeiten, ihrer besonderen Schüler, ihrer Schwierigkeiten. Schon ein solche Besprechung an sich kann sich auswirken: Die Klasse ändert ihr Verhalten – de facto deshalb, weil sich nun die Lehrerschaft um sie kümmert. Manchmal werden für eine Klasse besondere Aufgaben entdeckt, ein anderes Mal wird eine Unternehmung, eine Fahrt gestartet, jedenfalls werden Schwierigkeiten nicht nur unter dem Gesichtspunkt der Disziplin und der Ordnung angepackt, sondern unter dem Gesichtspunkt der Förderung – und das verlangt pädagogische Phantasie.

Wo man meint, Probleme in der Arbeit oder der Eigenart eines Kollegen entdecken zu müssen, da wird man ihn bitten, einen Arbeitsbericht zu geben. Er wird so zunächst zu einer Reflexion und Beurteilung seiner eigenen Tätigkeit veranlaßt. Wenn es ein Kollege ist, der erst kurze Zeit in der Arbeit steht, so wird er sich in diesen Dingen mit einem Kollegen beraten, der sein Tutor ist: Schließlich aber wird man versuchen, die Probleme in der Konferenz gemeinsam zu besprechen. Das ist menschlich nicht leicht. Mit gut gemeinten Ratschlägen älterer Kollegen ist hier nur selten zu helfen, und auch methodische Handgriffe sind nur ein sehr beschränkt wirksames Heilmittel. Die Schwierigkeiten liegen in der Regel tiefer: Es geht darum, daß der Lehrer sich ändern muß. Er muß lernen, sein Temperament zu handhaben, er muß lernen, seinen Willen energisch zu engagieren, er muß eventuell seine Stimme, seine Sprache besser in den Griff bekommen, er muß, besonders bei den jüngeren Kindern, lernen, die auf der Hochschule erworbenen Abstraktionen und abstrakten Denkformen abzulegen, und er muß sich statt dessen ein bildhaft-konkretes Sprechen erüben. Insofern sind das Konferenzgespräch oder die Aussprache in einem kleineren Kreis ein gemeinsames Suchen nach Wegen, ein Versuch, Bewußtsein für Probleme zu erwekken, und es wird, wenn es gutgeht, daraus im Lauf der Zeit ein wechselseitiges Vertrauensverhältnis. Aber manchmal scheitern diese Auseinandersetzungen. Das kann dann dazu führen, daß sich die Gemeinschaft wieder löst, daß ein Lehrer die Schule wieder verläßt. Solche Trennungen sind typisch für freie Schulen überhaupt: Wer die Geschichte der Landerziehungsheime, wie sie Anfang des Jahrhunderts von Lietz begonnen wurden, verfolgt, wird feststellen, daß immer aufs neue Sezessionen erfolgen, Abspaltungen, die zu fruchtbaren Neugründungen führten. So ist Differenzierung und Individualisierung ein sinnvoller Vorgang, der dazu führt, daß sich Menschengruppen finden, die zusammenarbeiten können. Ebenso macht es aber der Angestelltenstatus möglich, daß Lehrer, die sich auf die Dauer nicht bewähren, die Schule verlassen. Das ist für den einzelnen Lehrer zwar bitter, aber für Schüler und Schule gut.

Neben diesen zentralen, menschlich-persönlichen Schwierigkeiten, die ohne formale Regelung als menschliche Konflikte ausgetragen werden, gibt es eine Unmenge von sachlichen Problemen, u. a.

- die Aufnahme von Schülern,
- Veranstaltungen, Schulfeiern, Öffentlichkeitsarbeit,
- Kontakt mit Behörden,
- technische Fragen (Schulmöbel, Lehrmittel, Hausverwaltung),
- Elternarbeit,
- Baufragen (Planung von Schulerweiterungs- oder Neubauten),
- soziale Betreuung, Vertretungen, Beratungen,
- Schulordnung (Pausenaufsicht),
- Verwaltung der Lernmittel, der Bibliotheken, der Theaterkostüme usw.

Diese Aufgabenbereiche werden delegiert. So gibt es einen technischen Ausschuß, ein Veranstaltungskomitee, einen Bauausschuß, einen Lehrer, der sich um Kostüme kümmert, einige andere, die die Bibliothek versorgen. Diese Ausschüsse handeln bei großen Schulen oft in eigener Verantwortung, aber immer wieder bringen sie ihre Vorschläge und Erwägungen ins Kollegium. So werden zum Beispiel die Lehrer, die die Aufnahmesprechstunde betreuen, alle diskutablen Fälle in der Konferenz vorbringen, und die Konferenz entscheidet. Bei der Frage der Aufnahme haben dann die betroffenen Lehrer das entscheidende Wort zu sprechen. Der Bauausschuß wird mit den Architekten ein Bauprogramm entwerfen, wobei auch Kleinigkeiten nicht «bedeutungslos» sind, etwa die Frage, ob ein Holzfußboden oder ein Boden aus Kunststoff in die Klassen kommt, ob die Fenster besser nach Süden oder nach Westen orientiert sein sollen. Wenn der Bauausschuß dann die Frage nach mehreren Seiten hin mit den Architekten beraten hat, wird er sich an die Konferenz wenden, und das Kollegium wird Stellung nehmen, Anregungen geben, neue Vorschläge erbitten. So bleibt das Kollegium während der ganzen Bauphase mit allen Einzelheiten eines Baus verbunden: Es bekommt nicht eine fertige Schule vorgesetzt, die zum höheren Ruhm der Architekten in der Landschaft prangt.

Die Einrichtung der Ausschüsse und andere treffliche Regelungen sind aber nur so lange wertvoll, als sie im Bewußtsein des Kollegiums lebendig sind: Es können – besonders in einer größeren Schule – nicht alle alles tun und alles entscheiden, aber es muß in der Gesamtkonferenz gewußt werden, was in der Schule vorgeht, wo Schwierigkeiten sind. Wollte etwa ein Veranstaltungsausschuß im Übereifer ein Programm entwerfen, das neben Elternabenden und Konferenzen noch jede Woche zwei weitere Veranstaltungen arrangiert, so würde man mit der Zeit bemerken können, daß das Kollegium diese Veranstaltungen nicht mehr besuchen kann, da es ja berufstätig ist, da jeder Lehrer sich vorbereiten muß, da Hefte durchzusehen sind. Wichtig für eine Selbstverwaltung ist es, daß wirklich alle Fragen, die pädagogisch relevant sein können, in das gemeinsame Bewußtsein aufgenommen werden, denn dann reagiert der Organismus des Kollegiums, sobald irgendwo ein Organ versagt, und bildet es neu. Das ist nämlich die Grundbedingung des Funktionierens eines freien, nicht direktorial verwalteten Organismus, daß sich jeder über seinen eigenen Arbeits- und unmittelbaren Verantwortungsbereich hinaus auch für das interessiert und engagiert, was nicht unmittelbar seine Sache ist, so daß sich schließlich in möglichst vielen Lehrern ein Bewußtsein vom Schulganzen bildet.

An fast allen Schulen ist dieses Bewußtsein durch einen Verwaltungsrat, der aus drei oder mehr Kollegen besteht, institutionalisiert. Der Verwaltungsrat wird in der Regel nicht gewählt, denn die übrigen Kollegen sind meist froh, wenn sich Kollegen finden, die diese Arbeit auf sich nehmen wollen. Auch ist mit der Arbeit im Verwaltungsrat sehr wenig formelle Macht verbunden, wenn man unter Macht die Kompetenz versteht, über Entscheidungen anderer zu entscheiden. Der Verwaltungsrat ist ein Arbeits- und Initiativkollegium, das nur dann funktioniert, wenn es von der Zustimmung und Mitarbeit der meisten Kollegen getragen wird. An manchen Schulen ist der Verwaltungsrat sehr selbständig, an anderen ist er stark an die «Interne Konferenz» gebunden, in der alle auf Dauer verantwortlich und vollberuflich mitarbeitenden Kollegen vereinigt sind. Die Aufnahme in die Interne Konferenz erfolgt, sobald ein neuer Kollege nach einer Probezeit, die etwa ein Jahr dauert, zusagt, verantwortlich auf längere Zeit mitarbeiten zu wollen. Stillschweigende Voraussetzung für diese Mitarbeit ist, daß man die Grundideen der Waldorfpädagogik akzeptiert. Alle genannten Institutionen sind in einer freien Schule nicht sehr viel mehr wert als die Menschen, die sie tragen. Das Gewicht des einzelnen Lehrers ergibt sich nicht aus seinem Amt, sondern aus seiner Arbeit, aus seinem Beitrag zum Ganzen, aus seiner Einsicht in die Situationen, die er als Argumente vorbringt.

Die Schwierigkeit gerade bei länger bestehenden Kollegien ist nun freilich die, daß sich allzu leicht eine gewisse Rollenverteilung und heimliche Hierarchie im Kollegium einspielt, die sich dann verfestigt. Nun wäre gegen eine Führung durch die Tüchtigsten, die Einsatzbereitesten und Einsichtigsten nichts einzuwenden. Aber wer garantiert, daß so viel Weisheit in der Selektion einer Führungsgruppe waltet? Zum Glück sorgen eine relativ feindliche Umwelt, eine nicht obrigkeitsfromme Elternschaft und last but not least die Schülerschaft dafür, daß sich jedes Jahr irgendwelche neuen Aufgaben stellen, die bewältigt werden wollen. Da ist zum Beispiel in den sich stets wandelnden Problemen der Gegenwart die Waldorfpädagogik öffentlich zu begründen, da muß man im Schulbetrieb selber mit Neuerungen wie mit der Neuen Mathematik fertig werden, da muß geholfen werden, in der Nachbarschaft eine neue Waldorfschule zu gründen, da muß an der eigenen Schule neu gebaut werden, und da müssen vor allem auch aus freiem Entschluß und innerer Initiative pädagogische Neuerungen an der eigenen Schule eingeführt werden: Vielleicht soll ein praktischer Zug begonnen werden, eine mit den staatlichen Behörden ausgehandelte neue Prüfungsform muß durchgeführt werden. Kurz, es gibt laufend Aufgaben, und an diesen Aufgaben, an der erfolgreichen Durchführung, profilieren sich immer neu die Kollegen, die dann Verantwortung tragen und den Ton angeben. Man braucht keine Angst zu haben, daß zu solcher Bewährung für den, der will, keine Chance gegeben ist: Aufgaben gibt es immer genug. Das Talent zeigt sich sogar in der Regel darin, daß es bis dahin unerkannte Aufgaben als solche wahrnimmt, angeht und womöglich bewältigt.

So wie die Bewältigung von Schwierigkeiten und Innovationen ein Mittel gegen Verhärtung und Zementierung von Positionen sein kann und damit der Schichtenbildung im Kollegium entgegenwirkt, ja im Anschauen der Leistungen des oder der anderen zu wahrer Menschenschätzung führt, so führt die Zusammenarbeit aller Schulen im Bund der Waldorfschulen zu einer wechselweisen Wahrnehmung der Schulen, zur Diskussion über den Sinn da und dort eingeführter Neuerungen und zum Gefühl, zu einer großen Gemeinschaft zu gehören. Allzuleicht könnte nämlich eine einzelne Schule ein relativ starkes Sonderbewußtsein, das Gefühl, auf einsamem Posten eine besondere pädagogische Wahrheit zu verfechten, entwickeln. So würde pädagogisches Sektierertum entstehen. Die gemeinsame Arbeit von vierzig Waldorfkollegien führt aber zu wechselseitiger Kontrolle, zur Kritik und zur Ermunterung. Diese Zusammenarbeit der verschiedenen Schulen, die sich in durchaus differenzierter Weise entwickeln, hat sich drei Organe geschaffen:

- die interne Herbsttagung für alle Waldorflehrer; sie findet in der 2. Oktoberwoche in Stuttgart statt und wird von etwa 700–800 Lehrern besucht;
- die dreimal im Jahre stattfindenden Delegiertentagungen; sie finden immer an einer anderen Schule statt und dienen der Besprechung aller anstehenden Fragen;
- die Eltern-Lehrer-Schüler-Tagung; sie findet im Frühjahr an einer großen Schule statt und führt auch die Elternschaften aller Schulen zusammen.

Seit 1945 ist nun die Herbsttagung aller Lehrer der Waldorfbewegung das Organ, in dem die grundlegenden pädagogischen Fragen, die Menschenkunde, immer aufs neue durchgearbeitet werden. Man kann sagen, daß in der Vertiefung der Menschenkunde hier mancher Schritt vorwärts gemacht wurde. Die Aufmerksamkeit konzentriert sich immer auf die gerade kritischen Brennpunkte des Geschehens. So war etwa der Übergang von der Unterstufe zur Oberstufe, die Pubertätskrise, in den letzten Jahren ein zentrales Thema. Auch andere Punkte, an denen etwas nicht in Ordnung scheint, werden behandelt. Ernst Weißert, der langjährige Erste Vorsitzende des Bundes der Waldorfschulen, spricht deshalb von der großen zeitgemäßen Gewissensforschung der Lehrerschaft angesichts eines großen Themas. Die in der Gemeinsamkeit erlebte Auseinandersetzung mit den Fragen, die alle bewegen, gibt den Lehrern immer wieder neue Impulse. Man hat für diese Tagungen die verschiedensten Arbeitsformen ausprobiert: Vorträge, Seminare, Gesprächsgruppen und offene Diskussion. Heute verwendet man alle diese Formen: So kommen der Austausch unter den Schulen *und* die Bildung eines gemeinsamen Bewußtseins am besten voran.

Zur konkreten Ausarbeitung der Impulse der Herbsttagung trifft man sich dann in einer Delegiertentagung. Von den Schulen benannte Delegierte treffen sich an einer Schule und lernen diese kennen, erleben die Darbietungen der Klassen und sehen, wie eine andere Schule arbeitet. Dieses Kennenlernen ist aber nicht die Hauptaufgabe solcher Konferenzen, sondern ein erfreulicher Nebeneffekt. Es geht nun vielmehr darum, zu Beschlüssen zu kommen. Ein Beispiel. Das vielleicht schwierigste Problem der Waldorfschulen ist der Lehrernachwuchs. Auf zwei Herbsttagungen nacheinander war die Frage der Lehrerausbildung diskutiert worden, namentlich die Frage, ob zu den zwei bestehenden Formen – der Waldorf-Zusatzausbildung nach der Ausbildung an einer staatlichen Hochschule und der zweijährigen Ausbildung derer, die schon einen anderen Beruf voll erlernt hatten – noch eine dritte Ausbildungsform, eine grundständige Ausbildung von Schulabgängern hinzutreten solle als dreijährige Lehrerausbildung. Die Forderung, eine derartige grund- und eigenständige Waldorfausbildung einzurichten, war nun nicht nur in der Form vorgebracht worden, daß man gesagt hätte, der Bund der Waldorfschulen solle so etwas machen. Vielmehr war die Gruppe, die diesen Gedanken vertrat, auch bereit, die Sache selber in die Hand zu nehmen, dafür nicht nur Zeit, sondern auch Geld aufzubringen. Sie hatten ein für den Zweck geeignetes Gebäude entdeckt, das billig zu mieten war. So beschloß die Delegiertenversammlung, daß der Versuch gewagt werden solle. Man war sich der Problematik bewußt: Ein derartiges neues Seminar würde den Bundeshaushalt belasten, eine staatliche Anerkennung dieser Ausbildung stand nicht in Aussicht, die Ergebnisse einer Schulung in eigener Regie können erst später festgestellt werden. Die Entscheidung der Delegiertenversammlung war dennoch positiv und wurde letztlich durch zwei Dinge bewirkt: erstens, weil der Bedarf an wirklichen Waldorflehrern groß ist, und zweitens, weil der Wille der Initiativgruppe der Versammlung Eindruck machte. Überdies bot sich so die Möglichkeit zu der Form der Ausbildung, wie sie in Stuttgart praktiziert wurde, eine Alternative zu entwickeln. Man hofft, daß die beiden Seminare vielleicht gar in eine fruchtbare Konkurrenz treten werden, von der beide Einrichtungen lernend profitieren.

Aus dem bisher Dargestellten wurde implizit schon deutlich, daß die Entscheidungen in den Kollegien und Delegiertenversammlungen durch herrschaftsfreie Gespräche, durch Versuche, die wirklichen Verhältnisse zu ermitteln, getroffen werden. Das Verfahren dieser Gespräche und Diskussionen zielt *nicht* auf eine entscheidende Abstimmung. Formaldemokratische Entscheidungsmechanismen werden vermieden und nur im Notfall, wenn anders keine Entscheidung zu erreichen ist, angewandt. Es kommt jedem Kollegium darauf an, daß Minderheiten nicht durch formaldemokratische Verfahren in die Ecke der Teilnahmslosigkeit gedrängt werden oder daß das Gefühl entsteht, das haben ja die anderen gewollt. Das integrierende Verfahren, das an den Waldorfschulen verwendet wird, zielt darauf, daß jede Entscheidung von allen getragen werde. Das ist aber nur dann möglich, wenn der einzelne weiß, daß er die Entscheidung zum Teil mitgeformt hat, daß seine Gedanken in der ganzen Gruppe gehört worden sind. Zum anderen entwickelt sich mit der Zeit ein Gefühl dafür, daß diejenigen, die eine Entscheidung zu tragen und durchzuführen haben, in jener besonderen Angelegenheit ein gewichtigeres Wort zu reden haben als jene, die von einer Entscheidung nur mittelbar betroffen sind. So werden zum Beispiel die Klassenlehrer nicht über den Werkunterricht entscheiden wollen, und die Lehrer der Oberstufe werden zwar Wünsche und Erfahrungen an die Lehrer der Unterstufe mitteilen, aber deren Autonomie respektieren. Das Interessante dieser nichtformalisierten Verfahren ist, daß sie seit mehr als fünfzig Jahren, nämlich seit der Existenz der ersten Waldorfschule, ziemlich gut funktionieren. Der Grund für das Funktionieren liegt nicht in der von Außenseitern manchmal vermuteten weltanschaulichen Geschlossenheit des Kollegiums, die so, wie man sich das vorstellt, keineswegs vorhanden ist, sondern wohl eher darin, daß ein informelles Verfahren für den Bereich von Erziehung, Schule und Unterricht besser geeignet ist, wenn

– durch Gespräch und Beratung die Sache *gemeinsam bedacht* und
– durch Initiative *die Durchführung sichergestellt* wird.

Dann sind mit einiger Wahrscheinlichkeit die beiden Faktoren vorhanden, von denen alles abhängt: Einsicht und Wille.

Ein ganz anderes Kapitel der Selbstverwaltung ist, daß das Kollegium auch die Gehaltsordnung oder das Verfahren der Gehaltsfestsetzung selber im Einvernehmen mit dem Vorstand des Schulvereins regelt. Das Entscheidende ist, daß für alle Lehrer, ob sie nun eine Universitätsausbildung oder eine Qualifikation als Handwerkslehrer vorweisen können, die gleiche Gehaltsordnung gilt: Jede Arbeit mit Kindern ist wichtig, und es gibt keinen vernünftigen Grund, warum ein Mathematiker besser bezahlt werden sollte als ein Lehrer, der die 1. Klasse betreut. Es gibt in der für alle geltenden Gehaltsordnung eine ganz milde Zulage nach Alter oder Dienstjahren. Nun ist das Grundgehalt für Waldorflehrer auch heute niedriger als das Gehalt eines Lehrers im Staatsschuldienst. Man kann das bedauern, aber zwei Dinge sprechen für diese Regelung: Man sollte nicht aus falschen Motiven, nämlich Geldverdienst und Sicherung durch den Beamtenstatus, Lehrer werden, und man sollte auch als Lehrer nicht überbezahlt werden. Das ist heute im Öffentlichen Dienst der Fall, wenn eine 25 Jahre alte, ledige Junglehrerin netto im Monat wesentlich mehr verdient als ein verheirateter Facharbeiter mit 50 Jahren. Diese kollektive Ausbeutung der Bevölkerung durch den Öffentlichen Dienst mitzumachen, sehen die Waldorflehrer keinen Anlaß. Das zur Verfügung stehende Geld wird so verteilt, daß der objektive Bedarf insofern berücksichtigt wird, als zu dem relativ niedrigen Grundgehalt eine Verheiratetenzulage und je Kind eine Kinderzulage gezahlt wird. Diese Zulagen sind relativ großzügig bemessen. Es wird dem Lehrer nicht seine Arbeit bezahlt, sondern es soll versucht werden, eine sozial gerechte Verteilung der Mittel zu erreichen, so daß jeder Lehrer ein Leben ohne Not führen kann, so daß er sich erholen und weiterbilden kann. An einigen Rudolf-Steiner-Schulen in der Schweiz hat man ein anderes Verfahren, das sich seit Jahren bewährt hat. Einer Vertrauenspersönlichkeit wird von jedem Lehrer der individuelle Bedarf mitgeteilt, der Schulverein bringt das Geld auf, denn er sieht seine Aufgabe darin, den Wünschen und Notwendigkeiten entsprechend die Geldmittel aufzubringen. Kein Lehrer kennt die Bezüge des anderen. Insgesamt kann gesagt werden, daß die Fragen der Gehälter immer wieder diskutiert werden, daß man geneigt ist, immer neue Verfahren zu erproben und zu entwickeln – wobei man an einem Ort eher erwägt, an sozialisierende Verfahren zu denken, an einem anderen hält man individualisierende Regelungen für besser.

Für die sachliche Arbeit der Lehrer ist die Zahl der wöchentlich zu erteilenden Stunden wichtiger als die Frage der Bezahlung. Besonders an Waldorfschulen. Da die Lehrerschaft die Schule weitgehend selber verwaltet, braucht jeder Lehrer schon für die Verwaltung Zeit. Steiner hat einmal den Satz formuliert: «Jeder Unterrichtende hat für das Unterrichten nur so viel Zeit aufzuwenden, daß er auch noch ein Verwaltender auf diesem Gebiet sein kann.»[59] Steiner forderte die Selbstverwaltung, damit keine bürokratischen Gesichtspunkte in der Schule beherrschend werden. Durch die Selbstverwaltung, durch die damit verbundene praktische

Arbeit lernen die Lehrer überdies ständig Dinge, die jenseits ihrer Fachbildung liegen, und das ist dringend notwendig. Aber es kostet Zeit. Ferner kostet es mehr Zeit, einen Unterricht vorzubereiten, wenn man ohne ein Lehrbuch unterrichtet. Ein Lehrbuch – etwa in den Fremdsprachen – nimmt dem Lehrer die ganze Planung des Aufbaus des Stoffes, das Erfinden der Übungen usw. ab. Im Lehrbegleitheft kann er notfalls sogar die richtige Antwort auf Fragen, die das Lehrbuch stellt, nachlesen. Der Sprachlehrer an einer Waldorfschule muß sich sein Programm selber machen, das heißt, er muß unter anderem darauf achten, daß die einzelnen grammatischen Formen auch wirklich alle durchgeübt werden, er muß sich Gedanken über den Aufbau des Vokabelschatzes machen. Der Geschichtslehrer, der vor der Aufgabe steht, die Geschichte der alten Hochkulturen im Zusammenhang mit klimatischen und geographischen Bedingtheiten zu behandeln, kann dieses fächerübergreifende Thema nicht nach einem bereits vorgefertigten Schema abhandeln: Er muß den Stoff sich selber erarbeiten, und darin, daß er selber den Stoff für diese Klasse neu erarbeitet, liegt ein Stück pädagogischer Wirkung – aber die Vorbereitung kostet wiederum Zeit. So kostet auch die Elternarbeit Zeit und die Lehrerkonferenz. Es ist nicht übertrieben, wenn man sagt, daß jeder Lehrer an einer Waldorfschule jede Woche mindestens sechs Zeitstunden für die Konferenz- und Ausschußarbeit verwenden muß; von Zeit zu Zeit, besonders dann, wenn ein Lehrer für ein halbes Jahr die Konferenzleitung übernimmt, wird es noch erheblich viel mehr. Diese Konferenzarbeit ist gewiß nicht nur Verwaltungsarbeit, sie ist auch immer Lehrerfortbildung und pädagogische Besprechung – und diese pädagogische Arbeit ist mit der Verwaltungsarbeit dadurch verbunden, daß beide in einer Konferenz stattfinden.

Es ist wohl nicht möglich, eine allgemeingültige Wochenstundenzahl für Waldorflehrer zu fixieren. Als einen Richtwert könnte man an etwa 18 Wochenstunden Unterricht denken. Eine derart – im Vergleich zu staatlichen Schulen – niedrige Wochenstundenzahl hat sich bisher aber nirgendwo allgemein realisieren lassen. Meistens liegt die Zahl der Wochenstunden zwischen 20 und 25, in Notfällen sogar noch höher. Lehrermangel und Geldmangel sind die Ursachen für diese an sich nicht wünschenswerten Verhältnisse. Sie bleiben auch nicht ohne Folge. So ist zwar die eigentliche Schulverwaltung Sache der Konferenz, die besondere Aufgabe aber der Buchführung, der Verwaltung der Finanzen ist an einen Geschäftsführer delegiert, der diese Dinge, oft unter Mithilfe aus dem Elternkreis, besorgt. Dadurch ist die Lehrerschaft vom technischen Geschäft der Buchführung usw. zwar befreit, und sie gewinnt so Zeit. Aber das hat dann auch zur Folge, daß man das Lesen einer Bilanz erst eigens lernen muß, daß man über die geschäftlichen Dinge nicht laufend orientiert ist.

Die Elternschaft

Die Elternschaft einer Waldorfschule hat diese Schule für ihre Kinder frei gewählt: Sie schicken ihre Kinder in diese Schulen, nicht weil der staatliche Schulzwang sie dazu veranlaßt, sondern weil sie diese Schule so oder vielleicht auch etwas anders für ihr Kind wollen. Die Eltern tragen aber auch durch ihre Arbeit die Schule. Dazu ist die Elternschaft zunächst im Schulverein zusammengefaßt, und dieser Schulverein, dessen Mitglieder neben den Lehrern im wesentlichen die Eltern sind, ist der Träger der Schule. Rechtlich gesehen ist jeder Lehrer Angestellter und Mitglied des Schulvereins. Im Vorstand des Schulvereins arbeiten die Lehrer zwar mit, der Vorsitz aber liegt fast immer bei einem Vertreter der Elternschaft. Man kann auch getrost sagen, daß es Eltern sind, die im Schulverein die Hauptarbeit leisten.

Bei der Schulgründung 1919 wurde die Aufgabe des Schulvereins, das heißt die rechtliche und wirtschaftliche Trägerschaft, zuerst von der Waldorf Astoria Zigarettenfabrik wahrgenommen, und Emil Molt, der Direktor der Fabrik, finanzierte einen guten Teil der Schulgründung aus eigener Tasche. Die Lehrer waren damals Angestellte der Fabrik. Das änderte sich sehr bald, und an die Stelle der Zigarettenfabrik trat der Schulverein. Er hatte in den Inflations- und Krisenjahren die sehr schwere Aufgabe, die Schule zu finanzieren, und das geschah in selbstloser Weise. Nach 1945 bahnten sich ganz verschiedene Entwicklungen in Deutschland an. Einige Schulen hatten das Glück, einen Mäzen zu finden, der die Schule finanzieren half. Andere Schulen wurden von Anfang an fast ausschließlich von den Eltern getragen, und so gewann gerade an Schulen, die keinen Mäzen hatten, die Elternarbeit das entscheidende Gewicht. Inzwischen ist diese Entwicklung auch an den scheinbar begünstigten Schulen nachgeholt worden. Gerade für die großen Aufgaben der Schulen war die Mitarbeit der Eltern bahnbrechend. Es ging nicht nur darum, die wirtschaftlich und rechtlich oft unerfahrenen Lehrer zu beraten: Es ging um die Schaffung der wirklichen Basis der Schulen. Es zeigte sich, daß eine Stadtverwaltung eher geneigt ist, auf die Wünsche der Elternschaft einer Schule zu hören als auf die Stimmen der Lehrer. Wenn also für eine Schule ein neues Grundstück gesucht werden mußte, so führten Eltern die Verhandlungen, knüpften die Kontakte. Wenn bei den Länderparlamenten die Erhöhung der Subventionen durchzusetzen war, dann bearbeiteten Eltern ihre Abgeordneten, machten ihren Einfluß auf Behörden geltend. Die Waldorfbewegung, die zunächst eine Truppe von unverdrossenen Idealisten war, sammelte so – und vor allem dank der Elterninitiative – ein gehöriges Maß an politischer und wirtschaftlicher Erfahrung. Während dem Lehrer durch ständigen Umgang mit Kindern die Gefahr droht, sich der Erwachsenenwelt zu entfremden, stehen die Eltern mitten in dem, was man gemeinhin «das Leben» nennt, und so können die Eltern ihre Welterfahrung den Lehrern nicht nur zur Verfügung stellen, indem sie sich für Schule und Schulbund einsetzen, sondern sie regen darüber hinaus bei den Lehrern Lernprozesse an. Der Lehrer an der Waldorfschule, der im Klassenzimmer immer bemüht ist, vorsichtig, behutsam und tastend vorzugehen, lernt nun im Umgang mit Behörden usw. sich Gehör zu verschaffen, sich durchzusetzen.

Mehr noch. Die Eltern als legitime Vertreter der Interessen ihrer Kinder wollen eine schöne, eine geräumige Schule mit guter Atmosphäre und freier Luft für ihre Kinder. Dort, wo die Lehrerschaft bereit ist, sich mit engen Räumen oder dunklen Fluren zu bescheiden, da kann eine mutige Elternschaft auftreten und sagen: «Wir wollen eine neue Schule, eine Schule, die wachsen kann, die Gelände genug hat für Sport und Gartenbau, für Werkstätten und für eine große Halle für Theater, Musik, für Schulfeste und Schulversammlungen.» So reißen begeisterte Eltern die Lehrerschaft mit, ja sie treiben auf die verschiedensten Weisen auch das Geld auf, das die Schule als Eigenleistung erbringen muß, und so führen die Eltern die Schule aus der Enge der Stadt vielleicht an einen Waldrand, wo viele Kinder das genießen können, was daheim im Hochhaus fehlt.

Das Geld zu solchen Unternehmungen kann nicht von heute auf morgen aufgebracht werden. Große Spender und Mäzene fehlen den allermeisten Schulen. Entscheidend ist heute finanziell die kleine Spende, die durch manches Jahr hindurch gegeben wird, wichtig auch die sparsame Haushaltsführung der Schulen. Aber es kommt noch eine dritte Weise der Geldbeschaffung hinzu, die für die Kommunikation wichtig ist: Im Herbst veranstalten die meisten Schulen Herbstfeste, Martinimärkte oder Bazare. Da bereiten Klassen Spiele, Wettkämpfe, ein Kasperletheater oder eine Anlage zum Kerzenziehen vor, da werden in der Schule Cafés hergerichtet, und bei allem ist die Hilfe der Eltern dabei – dort als Arbeitseinsatz beim Aufbauen der Geisterbahn, dort als Kuchenbacken für ein Café. Bei diesen gemeinsamen Vorbereitungsarbeiten treffen sich Schüler und Lehrer und Eltern ganz zwanglos: Man lernt sich von einer anderen Seite her kennen. Dies geschieht nun besonders bei der Vorbereitung der Märkte und Bazare: Es findet sich eine Eltern-Lehrer-Schüler-Gruppe zum Töpfern zusammen, es wird gutes Spielzeug aus Holz gebastelt, es werden Blusen geschneidert, und es werden auch die beliebten Batikarbeiten gefertigt. Das Marktangebot, das so zustande kommt, ist – und das ist bei einem Markt natürlich erfreulich – schnell verkauft. Erzieherisch wichtig ist aber darüber hinaus, daß die individuell gefertigten Dinge in der Regel recht geschmackvoll geraten und daß für Kinder gutes Spielzeug angeboten wird: von der Kasperpuppe bis zum Holzwägelchen. Wichtiger als Verkauf, Gewinn und guter Geschmack ist aber die Tatsache, daß man bei der gemeinsamen Produktion dieser Dinge sich kennengelernt hat, daß hier jeder mitmachen kann und daß jeder so das Gefühl haben kann, ich tue etwas für unsere Schule, ich kenne die Menschen, die zu unserer Schule gehören, ich kann mit allen reden.

Wenn man diesen atmosphärischen Hintergrund des Schullebens sieht, der weiter ergänzt wird durch die Besuche, die die Lehrer der Unterstufe regelmäßig bei den Eltern machen, der weiter gepflegt wird durch die Klassenelternabende, über die noch zu reden sein wird, dann kann man sich auch eine Vorstellung davon bilden, wie die beiden entscheidenden Gremien gebildet werden, in denen die Elternschaft den Ton angibt: der Schulvereinsvorstand und der Elternrat oder Elternvertrauenskreis. Formal ist es richtig zu sagen: Der Vorstand des Schulvereins wird auf der Generalversammlung des Vereins in den dafür vorgesehenen Abständen gewählt – etwa alle drei Jahre. De facto ist es so, daß man von seiten des existierenden Vorstandes und auch von seiten der Lehrerschaft ständig nach tatkräftigen, geschickten und einsatzbereiten Mitarbeitern für die Schulvereinsarbeit sucht. Diese Arbeit bringt materiell nichts ein, aber sie fordert regelmäßigen Einsatz neben den wöchentlich oder vierzehntägig stattfindenden Sitzungen. Es kommt also darauf an, daß sich in der Elternschaft Menschen finden, die bereit sind, Extraarbeit neben ihrem Beruf noch zu leisten. Sollte in einer Generalversammlung etwa jemand auftreten, der Initiative zeigt und der auch bereit ist, sie durchzuführen, so ist man fast immer dafür dankbar, und bald wird man ihn als Gast im Vorstand sehen. Eine realistische Beschreibung des Vorstandes des Schulvereins würde also aussagen müssen: Der Vorstand ist ein Arbeits- oder Initiativvorstand, der vom Vertrauen der Elternschaft, das auf der Generalversammlung ausgesprochen wird, getragen wird. Sollte sich nach einiger Zeit zeigen, daß eine Aufgabe im Schulganzen nicht gelöst wird, etwa weil niemand dafür verantwortlich zeichnet oder weil der Verantwortliche versagt, dann ist es im Hinblick auf die sachlichen Notwendigkeiten leicht möglich, hier ein altes Vorstandsmitglied zum Rückzug zu bewegen und einen anderen zu finden (das ist oft schwerer), der die Aufgabe übernimmt.

Der Vorstand ist durch seine Aufgaben als der rechtliche Träger und als der wirtschaftlich verantwortliche Personenkreis, der der Schule ständig seine Lebensgrundlage schafft, hinreichend charakterisiert. Ein Gremium ganz anderer Art ist der Kreis, der an den Schulen die Elternschaft vertritt. Schon die verschiedenen Namen «Elternrat», «Elternvertrauenskreis», «Elterninitiativkreis» deuten an, daß es sich hier an den verschiedenen Schulen um unterschiedliche Konstruktionen und Funktionen handelt. Es sind drei verschiedene Möglichkeiten denkbar: ein gewählter Elternrat, in den etwa die Eltern jeder Klasse zwei Vertreter entsenden, ein prinzipiell offener Kreis, an dem alle Eltern teilnehmen können, und drittens ein wiederum ausgewählter Kreis von jenen Eltern, die sich durch irgendeine Aktivität für oder in der Schule engagieren. Bei der dritten Form, die sich gerne als «Initiativkreis» bezeichnet, ergänzt sich dieser Kreis durch Kooptation. Ein gewählter Elternrat stellt ebenso wie eine offene Gruppe für das heutige politische Verstehen kein Problem dar. Daß sich eine Elterngruppe durch besonderen Einsatz legitimiert, scheint mir deshalb eine gute Sache, weil wiederum für die Vertretung der Interessen der Elternschaft besondere Aktivität notwendig ist.

Man muß vor allem den grundsätzlichen Unterschied der rechtlichen Konstruktion der freien Schule im Vergleich zur Staatsschule sehen, wenn man die Stellung der Elternschaft beschreiben will. An der staatlichen Schule sind die Verhältnisse grundlegend anders. Die Eltern *müssen* bis zum zehnten Schuljahr das Kind in die Schule schicken, da Schulpflicht besteht. Die Lehrer an der staatlichen Schule sind im Regelfall Beamte auf Lebenszeit, sie sind weisungsgebunden und handeln in so und so vielen Fällen als staatliche Hoheitsträger, etwa beim Erteilen der Zensuren. Die Lehrer an staatlichen Schulen sind nicht direkt von der Elternschaft abhängig. Der Waldorflehrer ist rechtlich hingegen der Angestellte des Schulvereins, und damit steht er in unmittelbarem Zustand mit der Elternschaft. Der Waldorflehrer ist auch kein Träger hoheitlicher Gewalt, er gibt keine Zensuren, und da die Schüler jahrgangsweise als Klasse vorrücken, gibt es auch keine Nichtversetzung, von extremen Ausnahmefällen abgesehen. Schließlich haben die Eltern der Waldorfschule immer die Möglichkeit, ihr Kind auf eine staatliche Schule zu schicken, während eine Alternative zur staatlichen Schule in den seltensten Fällen real besteht.

Die Arbeit der Elternvertretung an einer Waldorfschule hat aus dieser ganz anderen Lage heraus natürlich auch einen ganz anderen Inhalt. Das zentrale Thema der Arbeit ist die Pädagogik. Die Eltern bemühen sich, ihre pädagogischen Kenntnisse zu erweitern, sie diskutieren Probleme wie «Autorität und Freiheit», sie geben aber auch Anregungen für die Arbeit der Schule, etwa daß es wünschenswert wäre, daß Schüler der Oberstufe eine Jahresarbeit anfertigen. Im einen Fall bringen die Eltern vielleicht vor, daß eine Klasse zu wenig ausgelastet sei, im anderen sind sie über das Gegenteil besorgt. Auch erfahren die Eltern durch die Eltern-Lehrer-Tagungen, die auf Bundesebene stattfinden, oder durch den Elternrat beim Bund der Waldorfschulen, wie man es an anderen Waldorfschulen macht, und sie schlagen irgendeine Neuerung vor: Die so geäußerten Sorgen, Gedanken, Vorschläge werden mit den Lehrern gemeinsam besprochen, und gegebenenfalls wird Abhilfe geschaffen oder etwas Neues in die Wege geleitet. Es kann aber mit diesem Organ zu erheblichen Konflikten kommen, zum Beispiel dann, wenn eine ältere Lehrerschaft sich auf einmal einer relativ jungen und dynamischen Elternschaft gegenübergestellt sieht: Die Eltern sind mit der Arbeit der Lehrer nicht zufrieden, die Lehrer wiederum fühlen sich von den Eltern nicht verstanden usw. Es kommt zu einer richtigen Krise. In Deutschland kann heute die Existenz anderer Waldorfschulen und des Bundes der Waldorfschulen helfen: Es wird eine Kommission einer anderen Schule oder des Bundes hinzugebeten – nicht etwa allein, um zu vermitteln und schnell zu schlichten, sondern um wirklich die Probleme zu lösen. Es kann durchaus wünschenswert sein, an eine solche Schule eine Reihe anderer, etwa jüngerer Lehrer zu berufen – die sind nur nicht so einfach zur Hand. Es ist auch denkbar, daß beide Gruppen ihre Einstellung ändern und so die Kommunikation wiederherstellen. Oft aber sind derartige Krisen auch Lernprozesse für beide Gruppen, die durch fremde Hilfe nur wenig gefördert werden können. Es kommt bei diesen Konflikten darauf an, daß die Schule und damit die Kinder keinen dauernden Schaden davontragen. Der Bund der Waldorfschulen hat für Deutschland die selbstauferlegte Verpflichtung übernommen, dies möglichst zu verhindern.

Eine ganz andere Situation ergibt sich dort, wo zum Beispiel die Elternschaft einer Klasse mit einem bestimmten Lehrer nicht einverstanden sein kann und bereits versucht hat, durch ihre Vertreter die Schwierigkeiten mit dem betroffenen Lehrer im Gespräch zu klären. Hier zeigt sich ein Problem, das sich durch die kollegiale Schulverfassung ergibt: Die Eltern wissen manchmal nicht so recht, an wen sie sich wenden sollen. Es gibt keinen Direktor, bei dem man sich beschweren kann und der dann den betreffenden Lehrer zur Ordnung ruft. Die Eltern fragen sich, ob man sich an das ganze Kollegium wenden kann, in dem der betreffende Lehrer selber anwesend ist. Ja, man kann. Aber man tut es nur in seltenen Fällen. In der Regel wenden sich die Eltern an einen Lehrer, zu dem sie Vertrauen haben, und dieser muß dann die Angelegenheit entweder in einem persönlichen Gespräch oder in der Konferenz betreiben. Die so eingeleiteten Prozesse wurden oben beschrieben. Des öfteren kommt es aber auch dazu, daß nach sehr reiflicher Überlegung und vielen Versuchen ein solcher Lehrer dann die Schule verläßt und sogar einen anderen Beruf ergreift. Das ist für den Lehrer eine persönliche Härte, und es wird deshalb nicht auf die leichte Schulter genommen. Aber es ist doch gut, daß diese Möglichkeit besteht und nicht durch beamtenrechtliche Verhältnisse verbaut wird: Es geht schließlich in der Schule in erster Linie nicht um die Rechte der Lehrer, sondern um die der Schüler. Es ist typisch für eine freie Schule, daß alle Konflikte als das durchgestanden werden müssen, was sie sind: als Probleme menschlicher Unzulänglichkeiten. Derartige Auseinandersetzungen sind viel riskanter und unmittelbarer als diejenigen, die durch formalisierte Verfahren gebremst und kanalisiert werden. Man könnte meinen, daß der emotionale Aufwand, daß der notwendige Einsatz bei solchen Kämpfen sehr groß ist, daß deshalb oft der Konflikt gescheut wird: Beides ist richtig. Sieht man die ganze, hier nur angedeutete Problematik unter dem Gesichtspunkt, daß in der Waldorfschule das Menschliche, der persönliche

Einsatz überall wirken, daß Entfremdungsprozesse vermieden und Lernprozesse gefördert werden sollen, so wird aber auch deutlich, daß durch den mangelnden Formalismus letztlich die menschliche Begegnung, das Miteinander auch in Gegensätzen gefördert werden soll.

Schließlich noch einige Worte über die Elternabende, die ebenfalls seit Begründung der Waldorfschule eine dauernde Einrichtung sind. Als 1919 die Waldorfschule als Schule für Kinder der Waldorf Astoria gegründet wurde, ging es in diesen Abenden neben der Aussprache über Organisatorisches in der Hauptsache um pädagogische Aufklärung: Alle Erziehungsfragen wurden besprochen. Das ist bis heute so geblieben, denn in mancher Hinsicht sind die Erziehungsprobleme heute noch größer als vor fünfzig Jahren. Zum Bereich der Erziehung gehören keineswegs allein die Fragen der Betreuung, des Benehmens, der Disziplin, der Freiheit, des Lebensrhythmus usw., sondern heute auch Fragen der Ernährung oder des Umgangs mit dem Fernsehen. Für gewöhnlich meint man, daß die Ernährung nicht zu den Dingen gehöre, für die sich die Schulen zu interessieren haben: Wer aber heute die überfütterten Kinder, wer die durch Süßwaren verdorbenen Gebisse der Schüler anschaut, wer weiß, welche Bedeutung eine Diät in dem einen oder anderen Falle auch für die intellektuelle Entwicklung und für die psychische Entwicklung spielt, der wird zugestehen, daß ein Schularzt oder ein Lehrer auf diese Dinge, die heutzutage Notstandsgebiete im Wohlstandsland sind, hinweist. Ebenso schwerwiegend wie die Ernährung wirkt sich das Fernsehen aus – und zwar *nicht* in erster Linie *durch den Inhalt* dessen, was als Programm geboten wird, sondern durch die Technik des Mediums selber, das zum passiven Aufnehmen verurteilt. Das Thema kann hier nicht diskutiert werden, aber der Hinweis sei gestattet, daß die gleichzeitige Beanspruchung von Auge und Ohr so verläuft, daß dem Auge etwas vorgeführt wird, während gleichzeitig über das Ohr gesagt wird, was dabei zu denken sei. So wird der Blick der Kinder stets durch die Linse des Aufnahmegeräts geführt, und das Denken wird durch die Stimme des Sprechers beansprucht. So kann sich kein eigenes Betrachten, kein freies Denken entfalten. Darüber hinaus ist das Fixieren der Mattscheibe aus gleichbleibendem Abstand für das von Natur aus sehr bewegliche Auge eine besondere physiologische Beanspruchung. Kurz: Diese und andere Themen werden auf Elternabenden oft lange und kontrovers diskutiert. Besonders gern berichtet von Zeit zu Zeit der Lehrer von dem, was er gerade in der Schule tut. So erfahren die Eltern, welche Gesichtspunkte zum Beispiel für die gerade laufende Unterrichtsepoche über «Grammatik» oder über «Gesteinskunde» leiten. Oft entwickeln sich aus diesen Elternabenden Elterninitiativen, die dann im Elternrat der ganzen Schule weitergeführt werden.

Die bisherige Schilderung der Schulorganisation der Waldorfschule zeigt diese Schule als eine kooperative Schule. Man hätte das bisher

Gesagte völlig mißverstanden, wenn man meinte, diese Organisationsform sei der Himmel auf Erden oder irgendein Idealgebilde. Gerade das ist sie nicht. Die Organisationsform ist in einer gewissen Weise unangenehm: Sie vertraut nicht auf selbsttätige Mechanismen, sie verlangt mehr von Eltern und Lehrern, als das anderswo üblich ist. Aber dadurch führt sie Menschen zusammen. Sie bildet neue Gemeinschaften, die von ihren Aufgaben leben. Die ganze Bedeutung dieser Tatsache sieht man erst, wenn man bedenkt, daß die technisierte Welt heute an sich die Tendenz hat, Menschen zu trennen: Nicht nur macht das Fließband in der Fabrik die Zusammenarbeit der Arbeiter überflüssig und entfremdet so den Arbeiter vom Arbeitskameraden, nicht nur ersetzen Fernsehen und Flaschenbier die Unterhaltung der Menschen durch Menschen, mit Menschen in der Kneipe, nicht nur macht die Versicherung die Hilfe für die Mitmenschen scheinbar überflüssig, nicht nur isolieren sich die Menschen im heutigen Verkehr durch den jeweiligen Blechpanzer, sondern auch der Staat, der Kindergärten, Schulen, Theater usw. in seiner Regie veranstaltet, *nimmt dem Bürger mit den Aufgaben auch Kontakt und Kommunikation,* er besorgt so die Desintegration der Gesellschaft. Das Phänomen der Bürgerinitiativen, die in den letzten Jahren aufgetreten sind, zeigt aber, daß der Bürger gar nicht so unmündig und hilfsbedürftig ist, wie der Staat, unser Vater, gerne denkt. Das Ganze hat aber auch eine sehr konkrete wirtschaftliche Seite: Wenn Eltern und Lehrer, selbst mit staatlicher Unterstützung, etwas unternehmen, etwa eine Schule zu bauen, dann wird diese – auch dann, wenn man etwas phantasievoller baut – wesentlich schlichter, als wenn der Staat baut. Die Ersparnisse erreichen ähnlich wie bei dem Gemeinschaftskrankenhaus in Herdecke, das auch durch die Selbstverwaltung der freien Ärzteschaft gebaut wurde, bis zu 50 Prozent der Kosten vergleichbarer staatlicher Bauten.

Die Schülerschaft

Das Problem einer sinnvollen Mitarbeit der Schüler an der Gestaltung der Schule haben die Waldorfschulen im allgemeinen noch nicht gelöst. Natürlich gibt es auch an einer Reihe von Waldorfschulen eine institutionalisierte und funktionierende Mitwirkung der Schüler – durch Schülerversammlungen, Klassenversammlungen, Klassenbeauftragte, einen Kreis der Oberstufenbeauftragten, die Schülerbeauftragten. Mindestens an zwei Schulen – in Wuppertal[60] und Pforzheim – ist auch die Mitarbeit der Schülervertreter an der Allgemeinen Konferenz institutionalisiert, und an vielen Schulen finden zeitweilig Schüler-Lehrer-Konferenzen oder gemeinsame Beratungen von Schülern mit dem Elterninitiativkreis usw. statt. Es werden gemeinsame Schulveranstaltungen in solchen Gremien besprochen, und es hat sich gezeigt, daß so neue Initiativen freigesetzt worden sind. Die Schüler ergreifen freudig mögliche Tätigkeiten: Sie übernehmen zum Beispiel bei Schulfesten völlig selbständig die Verantwortung und Zuständigkeit für bestimmte Gebiete. Eine Klasse, die sich daran gewöhnt hatte, solche Dinge in eigener Regie zu machen, drehte einmal zu einem Herbstfest einen Film, das folgende Mal veranstaltete sie eine Ausstellung ihrer privaten Kunstaktivitäten. An vielen Schulen betreuen Oberstufen- oder Mittelstufenschüler kleinere Schüler oder Kinder aus dem Kindergarten auf dem Schulweg, oder sie sorgen für Angelegenheiten der Schulordnung. Warum ist das Problem aber als ein ganzes noch nicht gelöst?

Da jede Schule im Bunde der Waldorfschulen autonom ist und keinerlei Unterordnungsverhältnisse bestehen, ist die Frage an jeder Schule anders angegangen worden: Es gibt Schulen, an denen sich die Schüleraktivität zum Beispiel besonders auf eine Schülerzeitschrift konzentriert hat (Hannover, Heidenheim, Stuttgart-Kräherwald, Tübingen u. a.) – diese Schülerzeitschriften gingen bloß immer ein, wenn die Gründer oder ihre unmittelbaren Nachfolger in die Abiturvorbereitung einstiegen oder die Schule verließen. An anderen Schulen richteten sich Schülerparlamente ein, man arbeitete eine Verfassung aus, aber wenn dann die Verfassung fertig war, war oft der Elan für diese Dinge verbraucht und verraucht. An wieder anderen Schulen haben sich praktische Verantwortungen der älteren Schüler für Bereiche des Schullebens gut eingeführt, und so haben die verschiedensten Schulen nicht nur die verschiedensten Erfahrungen, sondern und vor allem sehr unterschiedliche Meinungen. Es gibt also *das* «Waldorfverfahren» – das auch sonst oft vergebens gesucht wird – in diesem Punkt noch überhaupt nicht.

Das allgemeine Problem der Schülermitwirkung dürfte ja sein, daß es mit der Einführung irgendwelcher Formalitäten nicht getan ist. Durch das Demokratie-Spielen in der Form des Parlament-Spielens, des Wählens und Abstimmens wird überhaupt nichts erreicht. Vielleicht lernt der eine oder andere Schüler durch einen derartigen Aufwand, was ein «Antrag zur Geschäftsordnung» ist oder was der «weitergehende Antrag» ist. Das ist aber Informationswissen, das anders schneller und sicherer vermittelt werden kann. Demokratie besteht nicht aus parlamentarischen Mechanismen. Sehr allgemein könnte man Demokratie als dasjenige Verfahren zur Lösung von Aufgaben bezeichnen, bei dem die durch das Verfahren Betroffenen bei Planung, Entscheidung und Durchführung mitwirken, ja möglichst selber planen, entscheiden und durchführen. Nun geht es etwa bei der Planung und Durchführung von Festen oft wirklich demokratisch zu, weil das Ganze gemeinsam beraten und dann in Gruppen getrennt durchgeführt wird. Allein, es handelt sich bei Festen oder anderen Veranstaltungen nur um die außergewöhnlichen Dinge der Schule, aber nicht um die – trotz der Wichtigkeit der Feste –

zentrale Sache der Schule, um das Lernen.

Die Frage lautet also: Ist eine Mitwirkung, eine Mitgestaltung, eine freie Entscheidung der Schüler auch im Lernen möglich? Besonders positive Erfahrungen hat man hier auf künstlerischem Gebiet gemacht, wenn etwa eine Arbeitsgruppe in Eurythmie zunächst überlegte, was sie aufführen oder gestalten wollte: Die Gruppe trug Vorschläge zusammen, und schließlich wählte sie einen oder zwei aus. Dann machte man sich gemeinsam an die Choreographie, und schließlich begann das Üben, bei dem die Lehrerin in diesem Fall als Beraterin wirkte. In Musik haben Schüler zunächst selber die Musik erfunden, die sie machen wollten. Es ist klar, daß Analoges auch im Zeichnen, Malen, Plastizieren geschehen kann und geschieht, und man kann so, weil die Schüler, namentlich der Oberstufe, auf diese Weise das tun, was sie selber wollen, zu viel besseren Ergebnissen kommen: Die Leistungen werden individueller und überzeugender.

Wie aber ist es in anderen Fächern? In Mathematik zum Beispiel? Gerade am Beispiel der Mathematik, aber auch mancher Naturwissenschaften wird deutlich, daß es sich bei diesem Lernen um Aufnehmen, Verstehen und Aneignen von Wissen oder Fähigkeiten handelt, bei dem ein individueller Entscheidungsspielraum sehr begrenzt ist. In Mathematik ist es sogar zweckmäßig, bestimmte Reihenfolgen für das Erfassen des Ganzen einzuhalten. Inhaltlich hat also der Mathematikunterricht, besonders solange irgendwelche objektiven Anforderungen – sei es in Gestalt des Abiturs oder ökonomischer Notwendigkeiten – vorhanden sind, ein relativ geringes «Demokratisierungspotential». Hier könnte man die Frage stellen, ob denn Mathematik oder Physik oder der Marxismus überhaupt unbedingt zu den Lehrinhalten gehören sollen. Sollte man den Schülern nicht die Freiheit der Selbstbestimmung geben und sie den Stoff überhaupt wählen oder abwählen lassen? Genau an diesem Punkt unterscheidet sich die Waldorfschule von der gerade in Gange befindlichen Oberstufenreform, die auf eine frühzeitige Spezialisierung hinausläuft: Ab der 11. Klasse kann der Schüler ganze Bereiche abwählen und sich auf zwei oder drei Fächer konzentrieren. Eine derartig frühe Entscheidung wirkt sich später als Blockierung aus: Wer sich mit 16 Jahren für Chemie und Englisch entschieden hat, wird es schwer haben, später eine Laufbahn zu wählen, die nicht durch diese Entscheidung mitbestimmt wird. Will man dem Schüler eine wirklich freie Entscheidung im Augenblick seiner Mündigkeit ermöglichen, so muß man zumindest seinen Blick für möglichst viele Gebiete offen halten, ganz abgesehen davon, daß die politischen Entscheidungen eines künftigen Wählers oder gar Politikers es notwendig machen, daß er zumindest die Fähigkeit hat, sich Sachkenntnisse über Atomkraftwerke, über Chemieabwässer oder über Kommunikationstechnik zu erwerben. Um aber in allen diesen Dingen nicht von Beginn an blind zu sein, braucht jeder

Mensch für *viele* verschiedene Sachgebiete Grundkenntnisse. Er ist sonst der Herrschaft der Experten und Gutachter völlig ausgeliefert, und gerade das sollte in einer Demokratie nicht sein. Deshalb sind die Waldorfschulen bestrebt, die Schüler so lange wie möglich durch ein breites Spektrum der «Fächer» zu führen.

Aber heißt das, daß man auf einen Unterrichtsstil, der der Demokratie angemessen ist, verzichten muß? Ich glaube nicht. Man kann nämlich unter demokratisch heute auch noch etwas anderes verstehen als nur das Element der Selbstbestimmung. Zur Demokratie gehören auch fundamental Menschenwürde und Grundrechte. Wo Menschenwürde geachtet wird, wird man nicht in jedem Fall um bestimmte Anforderungen oder Notwendigkeiten herumkommen. Aber man kann immer versuchen, das Notwendige *einsichtig* zu machen und vor dem Bewußtsein derer zu legitimieren, die es angeht.

Ein Beispiel: Besonders in der Oberstufe, den drei letzten Klassen, habe ich immer wieder versucht, die Schüler bei der Auswahl des Stoffes mitwählen, mitentscheiden zu lassen, ebenso war ich bemüht, die Schüler durch eigene Beiträge Stil und Inhalt des Unterrichts bestimmen zu lassen. Solche Entscheidungen kosten Zeit. Ich glaube aber, daß diese Zeit in der Regel gut angewandt ist, weil die Überlegung, warum man was lernen will, ein anderes Verhältnis der Schüler zum Stoff entstehen läßt: Sie überlegen sich, wozu sie etwas lernen. Allerdings gibt es dabei Konflikte, von denen kurz berichtet werden soll.

Eine 11. Klasse lehnte einmal von sich aus ab, irgend etwas über mittelalterliche Geschichte zu erfahren. Nun gut, man kann auch einmal ohne mittelalterliche Geschichte auskommen, dachte ich mir; denn ich halte die Geschichte nicht für ein Kontinuum, in der logisch eins auf dem anderen aufbaut. Man kann die Weimarer Republik wohl auch ohne Heinrich IV. oder Barbarossa verstehen. Aber ich erschrak doch, als eine sehr starke Fraktion in der Klasse verlangte, es solle der Zweite Weltkrieg behandelt werden, sozusagen von vorn nach hinten, mit allen Details. Trotz meines eigenen Interesses an den mit dem Zweiten Weltkrieg zusammenhängenden Ereignissen sagte ich mir: Die Kenntnis der Feldzüge in Rußland, der Katastrophe von Stalingrad, des Luft- und U-Bootkriegs, selbst des europäischen Widerstandes, des Partisanenkriegs bringt wenig Einsicht in unsere heutige Welt. In der Klasse verhärtete sich die Debatte über das Thema. Eine schließliche Abstimmung – in Abwesenheit des Lehrers – brachte nur eine knappe Mehrheit für das Alternativthema «europäische Aufklärung und Französische Revolution». Es war in der folgenden Epoche dann sehr schwer, die überstimmte starke Minderheit zu einer produktiven Mitarbeit zu bewegen. In einem anderen Fall wurde in einer 12. Klasse ein ähnlicher Entscheidungsprozeß durch ziemlich ausführliche Diskussionen in einer zur Verfügung stehenden wöchentlichen Extrastunde angebahnt. Es bildeten sich drei

Gruppen heraus: Eine Gruppe wünschte einen eher geschichtsphilosophischen oder philosophiegeschichtlichen Überblick über das Ganze der Menschheitsgeschichte mit besonderer Berücksichtigung der außereuropäischen Kulturen (China, Indien, Japan, Azteken, Inkas usw.). Eine andere Gruppe hätte gern ein kleines Kapitel aus der Zeitgeschichte – etwa die Entstehung der Weimarer Republik 1917–1919 – in extenso behandelt, um einmal nicht Überblick zu gewinnen, sondern tieferen Einblick in die Breite der Geschichte; eine dritte Gruppe verlangte, man solle schon jetzt beginnen, das beim Abitur Geforderte durchzunehmen.

Die Frage, die sich angesichts derartiger Alternativen stellt, ist: Wie schützt man Jugendliche vor ihren eigenen kurzsichtigen Interessen? Es gehört zur Essenz jeder vollausgebildeten Demokratie, daß eine Gruppe selber entscheiden darf, was ihre eigenen Interessen sind, und das Auseinanderdividieren der Interessen der jungen Menschen in wahre und falsche Interessen hat etwas Mißliches. Aber schließlich hat der Lehrer wirklich die Aufgabe – und er sollte auch die Fähigkeit haben –, den Unterrichtsinhalt in seiner Bedeutung für Jugendbildung und späteres Leben werten zu können. Mindestens muß er vor seinem Gewissen verantworten können, was er tut. Es scheint deshalb sinnvoll und richtig, wenn man die Schüler nicht in jedem Falle «demokratisch» entscheiden läßt, was sie lernen wollen. Denn die Schüler wissen zunächst nicht, was sie wählen. Das ist ja das Eigentümliche beim Lernen, wenn man es vom Gesichtspunkt der Schüler sieht: daß sie gerade das noch nicht kennen, worüber sie entscheiden. Auch eine Vorausinformation kann, solange man rationell verfahren will, nur eine relativ kurze Zeit beanspruchen. Die Gefahr ist, daß es sonst Schülern so geht, wie es einmal jener Klasse erging, die hörte, an der Universität sei nun Linguistik «in», und also wollte auch sie Linguistik – um sich dann einige Stunden später gelangweilt von diesem Stoff abzuwenden.

Aber auch dort, wo eine Mitentscheidung über Unterrichtsinhalte nicht möglich ist, gibt es den genannten Weg, der einem demokratischen Verhalten entspricht. Der Lehrer kann sich nämlich stets bemühen, den Schülern die Bedeutung des Inhalts deutlich zu machen – freilich nicht durch Erörterung seines «Bildungswertes», sondern indem er auf die Weltbedeutung, auf die praktische Anwendung oder auf den anthropologischen Zusammenhang des Stoffes aufmerksam macht. Der Stoff wird so in den Augen der Schüler legitimiert. Wie man das einer Klasse klarmacht, ist jedesmal ein neues Kunststück. Diese äußere Legitimation kann aber oft nur ein Hilfsmittel sein, um die innere Legitimation eines Stoffes, den dieser nur durch den Spaß an der Sache, durch Freude am Lernen gewinnt, noch abzustützen.

Bei der künftigen Entwicklung der Schülermitwirkung eröffnen sich Ausblicke auf unausgeschöpfte Möglichkeiten einer sinnvollen Erziehung zum selbständigen Handeln. Ich sehe vor allem zwei Wege: Einmal sollten bestimmte wichtige Dinge an den Schulen in die eigene Regie der Schüler gegeben und von diesen entwickelt werden. Eine Möglichkeit wäre eine Kombination von Schülerbibliothek, Schülerarbeitsraum mit einem angeschlossenen Aufenthalts- und Erholungsraum. Sollte eines Tages die Ganztagsschule Wirklichkeit werden, so wäre ein derartiger Schülerbereich sogar notwendig. Hier hätten die Schüler wirklich Gelegenheit zu ernsthafter Selbstverwaltung: Von der Anschaffung und Pflege der Bücher über die Regelung der Arbeits- und eventuellen Schweigezeiten bis zur Frage der Verwaltung einer eigenen Teeküche, die zum Beispiel von den Schülern selbst zu finanzieren wäre. Freilich lassen sich solche Felder der Selbstbestimmung nur dann verantworten, wenn der gewählte Bereich wirklich notwendig ist, wenn den Schülern diese Sache wirklich ein Bedürfnis ist: Sonst entsteht ein bloßer Spielraum.

In eine ganz andere Richtung zielt der Versuch, der an der Rudolf-Steiner-Skolen in Aarhus (Dänemark) gemacht worden ist. Man hat dort unter der Devise «Die Selbstprobe löst das Examen ab» eine neue Form der Abschlußprüfung entwickelt.[61]

Ohne Zweifel sind die allgemeinen Prüfungsbestimmungen des Abiturs, die in jeden Unterricht durchschlagen, eines der großen Hindernisse auf dem Weg zu einer freien, sich selbst verwaltenden Schule. Psychologisch wirkt sich das vielfach so aus, daß Schüler ihre eigenen geistigen oder künstlerischen Interessen vergessen und an die Stelle dessen, was sie selber wollen, das oktroyierte Ziel «Abitur bestehen» setzen. Wäre das Abitur noch eine vollgültige Angelegenheit, wäre so wirklich etwas über künftige Leistung und Begabung auszumachen, dann könnte man ja über das Abitur diskutieren. Leider ist das Abitur aber weitgehend so eingerichtet, daß es die Reproduktion von Gelerntem an die erste Stelle setzt, weil das allein normierbar ist. Die Kreativität, der Willenseinsatz und andere im Leben viel wichtigere Faktoren kommen aber nicht zur Geltung.

Die Schule in Aarhus hat deshalb an die Stelle einer allgemeinen Abschlußprüfung eine Selbstprobe gestellt, die dann im Zusammenhang mit dem ausführlich charakterisierenden Zeugnis der einzelnen Fachlehrer das Examen ersetzt. Das charakterisierende Zeugnis berichtet beschreibend über Leistungen und Fähigkeiten der Schüler in allen Unterrichtsgebieten. Die Selbstprobe erfolgt aber durch eine Jahresarbeit, deren Thema sich der Schüler selber stellt. In der 11. Klasse werden die Schüler auf die Schwierigkeiten der Jahresarbeit hingewiesen, die Problematik einzelner Themen wird ihnen deutlich gemacht, danach haben sie einen Monat Zeit, sich ein Thema zu wählen. Sie geben einen Entwurf ihres Themas ab und können sich mit den Lehrern über die Durchführung besprechen. Dann beginnt die Arbeit, die auch zum Teil handwerklich oder künstlerisch sein kann, aber immer von einer schriftlichen

Darstellung begleitet wird. Genau nach einem Jahr werden die Arbeiten abgeliefert und im Klassenzimmer zur wechselseitigen Betrachtung ausgestellt, schließlich werden die künstlerischen Arbeiten der ganzen Schulgemeinschaft vorgeführt, einige Schüler sprechen über ihre Arbeit vor einem größeren oder kleineren Publikum, und so fließt die Einzelleistung wieder in die ganze Gemeinschaft. Schließlich ist diese Art der Arbeit zugleich ein Weg der Berufsfindung. Mancher Schüler bemerkt so, daß der Beruf, den er sich ursprünglich wählen wollte, doch nicht der ist, der seinen Vorstellungen entspricht. Bei schriftlichen Arbeiten kann sich zeigen, ob eine Anlage zu wissenschaftlichem Denken beim Schüler da ist, in jedem Fall aber ist eine derartige Selbstprobe ein Verfahren, in dem die Selbstbestimmung der Schüler an einem entscheidenden Punkt Wirklichkeit wird.

Die Frage nach der allgemeinen Realisierung derartiger Verfahren, die in Dänemark offensichtlich möglich sind, kann nicht von den Waldorfschulen allein beantwortet werden, obwohl sich deutsche Schulen (Bochum, Pforzheim u. a.) auf diese Prüfungsform vorbereiten durch die Einführung der Jahresarbeit. Die allgemeine Inflationierung des Abiturs, die von einigen Bildungsplanern bewußt herbeigeführt wurde, läßt aber hoffen, daß ein wachsendes Verständnis für neue Verfahren der Berufsfindung und der Wahl von Studienwegen nicht mehr allzu lange auf sich warten läßt.

8. Zukunftsaussichten und Gegenwartsfragen der Waldorfschulen

Blick auf die Schulsituation der Gegenwart und nahen Zukunft

Noch vor acht Jahren hatte manche Waldorfschule die Sorge: Werden wohl für die kommende 1. Klasse genügend Kinder angemeldet? Dazu häuften sich Schulabgänge nach der 10. Klasse. Das hat sich völlig gewandelt. Viele Waldorfschulen müssen schon bei der Aufnahme in die 1. Klasse ebenso viele Kinder abweisen, wie sie aufnehmen können. Noch größer ist die Nachfrage dann für die Klassen 4, 5, 6, 7, 8. Diese plötzliche Nachfrage nach Waldorferziehung ist einerseits der Ausdruck eines geänderten Bewußtseins: Eltern machen sich heute mehr Gedanken über Schule und Erziehung, über Bildung und Fortkommen ihrer Kinder. Andererseits hört man in zunehmendem Maße von Schädigungen der Kinder, die von den Eltern oft auf die besuchte Schule zurückgeführt werden. Man erwähnt meist Zensurenangst und Leistungsstreß, die in Schlaflosigkeit, Passivität und schließlich im Leistungsversagen ihren

Ausdruck finden. Leider gibt es, soweit ich es erfahren konnte, zu diesem Problem keinerlei einigermaßen zuverlässige statistische Erhebung oder Untersuchung der Ursachen. Es gibt aber ein Anzeichen dafür, daß die *Schulnot* der Kinder zunimmt: das Thema der Schulnot, der durch Schule verursachten Erkrankungen, beschäftigt praktische Ärzte heute so sehr, daß auf Ärztekongressen das Thema Schule immer häufiger erörtert wird. Man muß nicht gleich so weit gehen wie Christa Mewes, die behauptet, man hätte voraussehen können, «daß ab 1970 die seelische Erkrankung ‹neurotische Verwahrlosung› mit der Symptomtrias: Passivität, Bindungslosigkeit und Ordnungsfeindlichkeit sich zur kollektiven Volksseuche ausbreiten werde»[63], aber man sollte doch etwa die Warnungen Theodor Hellbrügges, des Leiters des Kinderzentrums und der Forschungsstelle für soziale Pädiatrie der Universität München, ernster nehmen, der sich über die Folgen von Schulreformen Gedanken macht, die von Theoretikern und Bürokraten fern der Praxis entworfen werden. Hellbrügge warnte einmal: «Die Schule schafft sich ihre eigenen Behinderungen. Sie muß in großer Zahl Sonderschulen einrichten, um Störungen zu therapieren, die sie selbst verursacht hat.»[64] Ferner beklagt Hellbrügge: Bei den gegenwärtig unternommenen Schulreformen werde «auf physiologische Grundbedürfnisse des Kindes so gut wie keine Rücksicht genommen. Alte schulpädagogische Erkenntnisse, die in der Arbeitsphysiologie des Kindesalters ihre wissenschaftliche Bestätigung gefunden haben, werden in der Schulpraxis einfach ignoriert, um ‹Reformen› durchzusetzen.»[65] Ich meine, man sollte derartige Warnungen ernster nehmen, als man es in der Schule gemeinhin tut: Die Ärzte haben es mit der «Kehrseite» der Schule zu tun, mit den Problemen, die der Lehrer von Berufs wegen nicht sieht, die aber die Ärzte belasten.

Neben der Schulnot sollte man aber auch nach den anderen Ursachen der heutigen Kinder- und Jugendprobleme Umschau halten und nicht einfach alle Schuld den Schulen geben. Eine sehr naheliegende Quelle kindlicher Not sind die *Verhältnisse im Elternhaus* besonders dort, wo eine Scheidung stattfindet. Das ‹*Statistische Jahrbuch für die Bundesrepublik Deutschland*› registriert für

1964 55995 Ehelösungen,
1972 86614 Ehelösungen,
1975 106829 Ehelösungen.

Aus den weiteren statistischen Angaben geht hervor, daß

1968 etwa 66000 Kinder von solcher Ehelösung betroffen waren,
1972 etwa 94000 Kinder,
1975 etwa 107000 Kinder.

Wie oft bemerkt ein Lehrer, daß ein Kind völlig unkonzentriert und verstört in den Unterricht kommt, weil es zu Hause kriselt und kracht. Die Ehescheidungen sind aber für häusliche Probleme nur *ein* Symptom, die vielberufene Spitze des Eisberges.[66]

Auf eine andere Ursache der Schwierigkeiten wurde ich durch ein Gespräch mit einer Klasse hingewiesen. Im Sozialkundeunterricht besprachen wir soziale Rollen, die Rolle des Lehrers, der Schüler, die Rollen des Richters, des Verkäufers usw., und ich machte darauf aufmerksam, daß in der Gegenwart die Tendenz zu beobachten sei, daß sich Menschen zunehmend von sozial vorgeschriebenen Rollen, die früher bis in Sprache und Kleiderordnung fixiert waren, befreien. Das Gespräch kam auf die veränderte Rolle der Frau und ihr Recht auf Selbstverwirklichung im Beruf. Nun war es bei diesen siebzehnjährigen Schülern geradezu verblüffend, wie schnell sich in der Klasse die Meinung einiger Schüler durchsetzte, die Rollenstabilität und relativ feste Verhaltensregeln verlangte mit dem Argument, wenn die Leute laufend aus der Rolle fallen würden, wüßte man gar nicht mehr, woran man sei, es fehle einem die soziale Orientierung. Es ist denkbar, daß heute viele Eltern sich ihrer Rolle als Mutter und Vater nicht mehr sicher sind. Durch die Lektüre von Erziehungsbüchern nachdenklich gemacht, probieren sie neue Erziehungsstile aus oder, und das scheint noch häufiger zu sein, resignieren in ihrer Rolle als Erzieher und lassen die Dinge laufen. Diese Unsicherheit wird aber, auch beim Lehrer, ganz offensichtlich von seiten der Kinder mit Mißfallen bemerkt. Denn ständig neue, eigens zu reflektierende Situationen, die nicht nach bestimmten Verhaltensmustern ablaufen, sind für Kinder ebenso unbefriedigend wie Eltern, die sich aus ihrer Erzieherrolle zurückziehen und die Kinder ihrem Schicksal überlassen.

Schließlich wird die Erziehungslandschaft auch durch Faktoren wie Fernsehen und Wirtschaftslage geprägt. Beim Fernsehen muß man zwei ganz verschiedenartige Wirkungen unterscheiden: Einmal die Wirkungen, die von der Technik des Mediums ausgehen – sie wurden oben bereits erwähnt – und zum anderen die Wirkung des Programms. Das Problem der Fernsehprogramme als Erziehungsmittel dürfte wohl dort liegen, wo man, um Interesse zu wecken, stets Aktion, Sensation, Besonderes, Traumwelten, Starleistungen, Gewalt, kurz: das Ungewöhnliche bieten muß und will. Der so von Aktion zu Aktion gehetzte Zuschauer kommt nicht zur Betrachtung, zum eigenen Blick, zum forschenden Nachsehen, er wird von Effekt zu Effekt mitgenommen. Das so fremdbestimmte Denken und Vorstellen wird langsam leer, es gewöhnt sich nolens volens an Klischees. Was eintritt, ist – altertümlich gesagt – Verarmung. Ganz gewiß will das Fernsehen auch belehren und informieren, aber gerade die Tatsache, daß Fernsehsendungen notgedrungen passiv aufgenommen werden, führt bei Schülern, die nicht von sich aus mit einem Problem befaßt sind, das im Fernsehen behandelt wird, zu merkwürdig geringen Kenntnissen. Obwohl zum Beispiel die Tagesschau Nachrichten immer wieder durch Landkarten begleitet, prägt sich die Lage von Gebieten bei der großen Mehrzahl von Schülern nicht ein.[67]

Auch wenn man kein berufsmäßiger Pessimist oder Apokalyptiker ist, kann man für die kommenden Jahrzehnte annehmen, daß Erziehung und Schule schwieriger werden, weil die angedeuteten Tendenzen eher an Bedeutung zunehmen als abnehmen: Die noch bis in die sechziger Jahre recht ungebrochene und fast naturwüchsige Erziehungstradition ist erschüttert, Schule ist auch für die große Mehrzahl der Eltern fragwürdig geworden, in den Elternhäusern werden sehr unterschiedliche Erziehungsstile ausprobiert, die alte Sicherheit ist dahin. In der Schule selber sind heute Lehrplan und Methoden kontrovers geworden. Reformen werden in den einzelnen Bundesländern mit ganz verschiedenen, sehr divergenten Absichten unternommen, und so werden sich in der Bundesrepublik ganz verschiedene Bildungslandschaften enwickeln. Damit wird die Wirklichkeit, die in der Schule angesiedelt ist, immer komplexer.

Unter solchen Umständen muß man fragen, ob Schulen überhaupt mit dieser Welt fertig werden können. Kann es Schulen gelingen, so zu arbeiten, daß sie auf die Wirklichkeit auftreffen, in der ihre Schüler leben? Wird die Schule den Schülern helfen, das Leben zu meistern, oder wird die Schule ein weiteres Lebenshindernis sein, ein Fremdkörper im Leben der jungen Menschen, den man halt in Kauf nehmen muß, damit man eine Berechtigung erlangt, der aber wesentlich *neben* dem liegt, was das eigene Leben und die eigene Problematik ist?

Man kann nicht behaupten, daß die Waldorfschulen auf alle diese Fragen eine Antwort hätten. Aber es gibt in der Waldorfschule Ansätze, die hoffen lassen, Antworten auf diese Fragen zu finden. Da ist zunächst das ständige Konferenzgespräch der Lehrer, das sich Woche für Woche mit Kindern oder Klassen beschäftigt und sich so bemüht, die Kinder immer neu zu sehen. Da ist zweitens die Zusammenarbeit von Lehrerschaft und Schularzt, die nicht nur darauf hinzielt, besonders schwierige Schüler medizinisch-therapeutisch zu betreuen, sondern die gerade auch den gesundheitlichen Aspekt allen Unterrichts berücksichtigt. Da ist drittens der Kontakt mit dem Elternhaus, der eben auch deshalb gepflegt wird, um die im Elternhaus erlebbare «Kehrseite» des Unterrichts wahrzunehmen. Schließlich zielt der Grundgedanke der Waldorfschule – Pädagogik aus anthropologischem Ansatz zu treiben – eben darauf: daß man sich immer am Kind, an seiner Leistungsmöglichkeit, an seinem Alter und an seiner Individualität zu orientieren hat. Dabei setzt diese Orientierung am Kind beim Lehrer mehr als nur registrierendes Beobachten voraus. Sie wird nur dort erreicht, wo der Lehrer sich um ein Bewußtsein bemüht, das auch das Psychische, den Charakter mit ergreift. Ein solches Bewußtsein ist nicht einfach gegeben, es muß durch meditatives Beobachten geübt werden.

Die Probleme, die die Waldorfschulen zu bewältigen haben, werden vielfach denjenigen ähnlich sein, die sich an den öffentlichen Schulen stellen. Da ist das Problem der Passivität und Motivationslosigkeit, das bei vielen Schülern eine große Rolle spielt: Schüler formulieren heute oft, daß es sinnlos sei, in die Welt der Erwachsenen, so wie sie sich darbietet, hineinzuwachsen. Intelligente Schüler haben zum Beispiel einfach keine Lust, Abitur zu machen: Der Glanz der Konsumwelt, die Karriere eines Beamten oder der Erfolg eines Kaufmanns scheint ihnen – und wohl mit Recht – kein Lebensziel zu sein. Eine vorhergehende Schüler- und Studentengeneration hatte noch gegen diese Welt revoltiert. Die Revolte hat für das Bewußtsein der heutigen Schülergeneration keinen Erfolg gehabt und eher zu einer Stabilisierung des Konservatismus geführt. Die Schüler haben die Lehre daraus gezogen: «Man kann ja doch nichts machen!» Diese Resignation, die zur Passivität führt, ist von der Schule allein gar nicht zu lösen. Dennoch muß der Unterricht auch mit diesem Problem sich befassen, indem er Berufsziele, Sozialmodelle, Möglichkeiten der Veränderung und des lohnenden menschlichen Einsatzes zeigt. Eine allgemeine und schnelle Antwort kann auf diese Frage wohl überhaupt nicht gegeben werden, aber man sollte sehen, daß das Problem existiert.

Das zweite Problem neben den Schulschädigungen, das alle Schulen angeht, sind die sogenannten «Zivilisationsschäden» und «Milieuschäden», die durch Konsummoden, Fernsehen, Enthemmungsideologien und häusliche Schwierigkeiten zumindest mitverursacht werden. Man kann die Vermutung aussprechen, daß sich diese Schädigungen nicht nur in Konzentrationsschwäche, Kontaktarmut und Bindungslosigkeit äußern, sondern in einer Veränderung der Lernsituation. Die Schule rechnete bisher einfach damit, daß sie einigermaßen gesunde, lernwillige, motivierte und offene Schüler vorfindet. Der Lehrer ist sich meist nicht klar darüber, daß er Fähigkeiten vorfindet, beansprucht und einfach verwendet. Wer einmal versucht hat, einem schwer legasthenischen Kind, das keine Wörter wiedererkennen kann, sondern eher eine Seite auswendig lernt, Lesen und Schreiben beizubringen, wer sich darum bemüht hat, das Wiedererkennen einfacher Wörter zu verankern, der wird zunächst bemerkt haben, daß er als Lehrer da gar nichts ausrichtet. Unsere Vorstellung, wir, die Lehrer und Eltern, brächten den Kindern etwas bei, ist falsch. In Wirklichkeit gibt der Unterricht nur Veranlassung zum Lernen, und er lenkt Lernprozesse, die aber vom Kind ausgehen. In dem Maße, in dem dieses natürliche Lernen geschädigt wird, indem also Legasthenie, Nervosität usw. häufiger werden, bekommt die Schule ganz neue Aufgaben. Sie wird lernen müssen, die Bereitschaft, Möglichkeit, Motivation, kurz die Kräfte, die das Lernen tragen, zu pflegen, zu schützen, ihnen Nahrung zu geben.

Man kann hoffen, daß die Waldorfschulen hier Modelle schaffen können, vielleicht auch bereits geschaffen haben. Entscheidendes geschieht für das Lernen bereits vor dem Schuleintritt, und zwar durch und im kindlichen Spiel. Das kindliche Spiel beruht auf zwei Dingen: auf Nachahmung und auf einer anregenden, vielgestaltigen Umwelt, in der das Kind etwas machen, etwas bauen oder anlegen kann. Je mehr das Kind sinnvoll spielen kann und je weniger man versucht, es bereits gedanklich zu beanspruchen (das geschieht schon durch unsere normale Sprache in genügendem Maß), desto größer wird später in der Schule nicht nur die Lernbereitschaft sein, desto mehr praktisches Verstehen bringt es aus dem Spielen mit. Mit diesem Ziel mühen sich die Waldorfkindergärten, kindliches Spiel anzuregen und zu ermöglichen, und vielleicht gelingt es, die Bedeutung dieses Kindergartenmodells der Öffentlichkeit in den kommenden Jahren eindringlich darzustellen. Zweitens kann ein wirklich intensiver praktischer und künstlerischer Unterricht kindliche Aktivität und Freude am Tun wecken, die letzten Endes dann auch dem gedanklich-rezeptiven Lernen zugute kommen. So versuchen viele Waldorfschulen, die praktische, handwerkliche Arbeit zu vermehren und die Begegnung mit der Welt durch Praktika zu steigern. Das gedankliche Lernen wiederum erfährt eine besondere Stütze, wenn es Abstraktes in bildhaft zusammenfassender oder persönlich erlebter Form aufnehmen kann. Durch diese Bilder gewinnt das Kind das, was es durch den bloßen Gedanken noch nicht erlangen kann: Übersicht. Es kann so die Einzelheiten im Ganzen des Bildes unterbringen. Später gewinnt es aus dem Bild die Abstraktion. Diese Abstraktion ist aber eben dann wirklich von einer Grundlage her abstrahiert und nicht von vornherein in einer Form an das Kind herangetragen worden, in der das Kind den Gedanken eigentlich nur vergessen kann. Schließlich könnte auch an staatlichen Schulen, ohne dabei sehr viel zu verlieren, mit dem Sitzenbleiben und damit mit einem wirklich neurotisierenden Element Schluß gemacht werden. Nach jüngsten statistischen Unterlagen sind sowohl 1971 wie auch 1972 ziemlich genau 360000 Schüler sitzengeblieben – davon jeweils etwa 120000 an Gymnasien. Rechnet man diese dürre Zahl einmal in menschliches Leid um, in schlaflose Nächte und häusliche Katastrophen, dann fragt man sich wirklich, ob das sein muß. Daß das nicht sein muß, beweist nicht nur die Erfahrung der Waldorfschulen, sondern auch eine jüngst erschienene Schrift von Willy Stark[68], auf die hingewiesen sei. Daß alle diese und noch andere nicht genannten Schulschwierigkeiten in den letzten Jahren wachsendes öffentliches Interesse beanspruchen, daß sogar in vielen Provinzzeitungen über Schulschädigungen, über Mengenlehre pro und contra, über Lehrpläne diskutiert wird, hat nun auch zu jenem wachsenden Interesse *vor allem der Eltern* an Waldorfpädagogik geführt. Die Erwartungen, die man von seiten der Eltern gegenüber den Waldorfschulen hegt, sind nicht von Anfang an abgeklärt. Meist hofft man auf angstfreies Lernen, auf individuelle Betreuung, ganz allgemein erwartet man eine menschenfreundliche Pädagogik, ja man erwartet, daß die Waldorfschulen besonders gut schwierige Kinder fördern könnten. Diese Erwartungen deuten schon durch sich selbst auf das, was an staatlichen Schulen allzuoft vermißt wird, und sie haben zu der eingangs des Kapitels erwähnten Überfüllung der Aufnahmesprechstunden geführt, die dann leider allzuoft nicht mehr bieten können als ein pädagogisch beratendes Gespräch. Aber es führte auch zu einer immer wachsenden Elternaktivität, die nach neuen Waldorfschulen ruft. Diesem Ruf kann man sich kaum verschließen. Man sieht sich vor die Aufgabe gestellt, neue Schulen in vielen Städten Deutschlands zu gründen. Aber es geht nicht nur darum, neue Schulen zu eröffnen; den derzeitigen Bedarf kann die relativ kleine Waldorfbewegung ohnehin nicht befriedigen. Es geht auch darum, für das staatliche Schulwesen Anregungen zu geben, den Modellcharakter der Waldorfschulen für andere Schulen fruchtbar zu machen. Denn wenn auch bisher vieles aus der Waldorfpädagogik in das staatliche Schulwesen zeitweise übernommen wurde: es fehlt die anthropologisch-psychologische Grundeinsicht, die die Handhabung der Einzelheiten erst sinnvoll macht. Hier steht die Waldorfbewegung vor der Aufgabe, durch Untersuchungen und stets neue Durchdringung ihrer eigenen Praxis für Lehrer und Psychologen einsichtig zu machen, inwiefern die Methoden der Waldorfschulen jene belebende, ausgleichende Wirkung für das kindliche Lernen haben, die von den Waldorflehrern behauptet wird. Durch derartige Durchdringung und Besinnung, auch durch selbstkritische Fragen kann verhindert werden, daß die Waldorfschulen der durchaus vorhandenen Gefahr, eine bloße Methodenschule zu werden, entgehen. Es darf in der Waldorfschule nicht ein traditioneller pädagogisch-handwerklicher Stil sich durchsetzen, der ein «So machen wir das!» überliefert. Die Waldorfpädagogik würde verflachen, wenn sie nicht angesichts neuer Aufgaben immer neu um Erkenntnis der kindlichen Entwicklung, um Einsicht in Lernprozesse ringen würde. Und diese Bemühung, diese Einsicht wird dort wirklich geprüft, wo sie sich vor der heutigen Öffentlichkeit darstellen muß. Die Darstellung der anthroposophisch-pädagogischen Methoden ist deshalb nicht nur für die anderen Schulen, an die sie sich wendet, von Nutzen; sie dient vor allem der Bekräftigung und ständigen inneren Erneuerung der Waldorfpädagogik selbst.

Schwierigkeiten und Aufgaben einer wachsenden Schulbewegung

Zur Zeit des Verbots der Waldorfschulen durch die Machthaber des Dritten Reichs gab es in Deutschland acht Waldorfschulen. Bereits vor dem Zusammenbruch des Hitler-Regimes überlegten an vielen Orten Waldorflehrer oder Anthroposophen, die pädagogisch interessiert waren, wo und wie sie Schulen wiedereröffnen oder neu gründen könnten. Die Schule in Breslau konnte nicht wieder beginnen, aber für wenige Monate nahm die Dresdener Schule – bis zum neuerlichen Verbot –

wieder ihre Arbeit auf. Zu den sechs alten Schulen in Westdeutschland traten bis 1951 in schneller Folge 19 Neugründungen. Dann mußte 1951 durch den Bund der Waldorfschulen ein generelles Gründungsverbot proklamiert werden, weil es vor allem an Lehrern, aber auch an Geld fehlte. In diesen Jahren der Not und des Mangels festigte sich aber die Schulbewegung, und die bestehenden Schulen konnten unter Opfern und Entbehrungen voll ausgebaut werden. Neugründungen wollte man nun nicht dem Zufall überlassen, sondern sie dort vornehmen, wo auch der soziale Auftrag der Waldorfschulen, eine Schule für Arbeiterkinder zu sein, eine Chance auf Verwirklichung hatte: in den industriellen Ballungsgebieten. 1958 wurde deshalb als erste Schule nach dem Gründungsstopp Bochum eröffnet, bald trat die Schule in Wanne-Eickel hinzu, später folgten Dortmund und Essen. Nachdem durch diese Schulen der Gründungsstopp durchbrochen war, regten sich an sehr vielen Orten Initiativen, die auch «ihre» Waldorfschule eröffnen und aufbauen wollten: Eine dynamische Elternbewegung, von neuem pädagogischen Interesse erfüllt, forderte, drängte und begeisterte die Lehrerschaft der bestehenden Schulen zu neuen Unternehmungen. So wurden seit Ende der sechziger Jahre bis 1980 38 Schulen gegründet. Es gibt in Deutschland 69 Waldorfschulen, in der ganzen Welt – von Kanada bis Neuseeland – über 200.

So freudig man diese Entwicklung begrüßt, so macht sie, besonders den alten Schulen, auch Sorgen: Wird man all die neuen Gründungen durchhalten können? Finden die frisch und erwartungsvoll gegründeten Kollegien auch zur notwendigen Zusammenarbeit? Wird man überhaupt genügend qualifizierte Lehrer gewinnen können, um die alten *und* die neuen Schulen wirklich zu versorgen? Wird nicht schließlich die Gefahr bestehen, daß die Waldorfpädagogik verwässert wird und daß man dem Wunsch von Elternschaften nachgibt, die bloß eine private Schule für ihre Kinder haben wollen?

Der Bund der Waldorfschulen, vertreten durch Delegiertenversammlung und Bundesvorstand, hat in diesen Dingen keine Befehlsgewalt. Er ist keine Behörde, die Lehrer an einen bestimmten Ort schicken kann, er kann, juristisch gesehen, niemandem die Gründung einer Schule verbieten. Man kann nur raten, ermuntern, bremsen, warnen. Notfalls könnte der Bund sagen, daß er eine Schule nicht als Waldorfschule anerkennt und sie nicht in den Bund aufnimmt. Aber das wäre kein erfreuliches Verfahren, und so versucht man das Problem anders zu lösen. Sobald sich irgendwo in Deutschland eine Waldorfinitiative zeigte, kümmern sich entweder eine in der Nähe liegende Schule oder eine regionale Schulkonferenz und der Bundesvorstand um diesen Versuch. Das Wichtigste ist, sich kennenzulernen und ins Gespräch zu kommen und die Existenzbedingungen für eine Waldorfschule bekannt und einsichtig zu machen. Gutes Zureden und Raten allein hilft in solchen Fällen noch nicht. Da jede neue Arbeit aber schließlich darauf zielt, in das Ganze der Waldorfschulen hineinzuwachsen, und da die einzelne Schule nur von und durch dieses Ganze wirklich leben kann, lädt der Bund der Waldorfschulen jedes Jahr im Herbst alle Gruppen und gegebenenfalls auch Einzelpersönlichkeiten ein, die sich irgendwie mit dem Projekt einer Schulgründung tragen. Das waren im Herbst 1979 etwa zwanzig Gruppen in zwanzig verschiedenen Städten.

Ein einleitendes Referat stellt den so versammelten «Gründungswilligen» zunächst die Lage der bestehenden Waldorfschulen dar, man erzählt von den Bemühungen, etwa um erweiterte Lehrerbildung oder um Schulgesetze usw. Dann berichtet jede Gruppe von ihren Tätigkeiten und Vorarbeiten, aber auch von ihren Plänen und Reformvorstellungen. Dadurch lernen die Gruppen sich kennen, sie erfahren auch voneinander, was man machen kann: wie man es anfängt, weitere Kreise zu interessieren, wie man Schwierigkeiten mit Behörden überwindet. So bilden sich auch Maßstäbe heraus. Da ist vielleicht ein Schulverein, der vor einem halben Jahr gegründet worden ist: Er zählt zu seinen Gönnern oder Mitgliedern einige einflußreiche Männer aus der Stadtverwaltung. Diese plagt schon seit einigen Jahren der Gedanke, was mit diesem oder jenem demnächst leerstehenden Schulgebäude anzufangen sei. Die Stadt bietet dem Schulverein das Gebäude an, denn die Stadtväter wollen ein breitgefächertes Bildungsangebot schaffen. Durch Vorträge ist auch schon eine Elternschaft gewonnen, man würde genügend Anmeldungen für die ersten Klassen haben. Die Vertreter dieses Schulvereins, die frisch und ungebrochen meinen, im kommenden Jahr eine Schule eröffnen zu können, müssen nun hören, daß es andere Schulvereine gibt, die schon seit Jahren Vorarbeit leisten, die bereits einen eigenen Kindergarten mit drei Gruppen im selbsterrichteten und gestalteten Haus haben, die intensive Gesprächsgruppenarbeit mit kommenden Eltern und pädagogische Wochenenden durchführen und die bereits einen sehr differenzierten Schulverein mit verschiedenen Verantwortungsbereichen – Finanzen, Organisation, Öffentlichkeitsarbeit, Elternarbeit und Kindergarten – zu voller Funktion entwickelt haben. Ein derartiger Austausch hat das Ergebnis, daß auch ganz junge Schulvereine den Blick auf das Ganze der Waldorfbewegung lenken und daß sie ihre eigene Tätigkeit einschätzen lernen, ganz abgesehen von dem immer wertvollen Erfahrungsaustausch.

Es haben sich durch die verschiedensten Erfahrungen mit Schulgründungen nun folgende Kriterien aus der Praxis ablesen lassen, die zwar keine strenge Regel für kommende Schulgründungen bilden, aber doch auf die Erfordernisse einer derartigen Unternehmung hinweisen.

– Nach einer kleinen Zahl öffentlicher pädagogischer Vorträge bildet sich, wenn genügend Interesse vorhanden ist, am Ort ein Schulverein, der nun alle weitere Arbeit betreibt. Dabei ist es gut, wenn dieser Schulverein möglichst intensiv als Gruppe zusammenarbeitet, damit man sich kennenlernt und sich zusammenrauft. Die eigentliche Kerngruppe macht sich in Studienarbeit mit den Grundgedanken und Praktiken der Waldorfschule bekannt. Man besucht die Tagungen des Bundes der Waldorfschulen, etwa die Eltern-Lehrer-Schüler-Tagung oder die öffentliche Sommertagung in Stuttgart. In dieser Phase wird der eine oder andere feststellen, daß die Waldorfschule doch nicht das ist, was er sich darunter vorgestellt hat, und er kann, ohne Schaden zu verursachen, wieder aus dem Verein austreten. Erst wenn der Verein wirklich einen guten Informationsstand gewonnen und sich selber konsolidiert hat, beginnt

- die zweite Phase der Verwirklichung. Sehr oft unternimmt es der Verein, nun einen Kindergarten zu gründen, und dies möglichst nicht in einem gemieteten Raum, sondern in einem Privathaus. Sobald es geht, zieht man in eine Behausung, die der Verein auf einem geeigneten Grundstück, wo Kinder spielen können, selber erstellt. Diese Aufgabe stellt eine Bewährung dar. Es zeigt sich jetzt, ob auch Praktiker und unternehmerisch geschickte Mitglieder im Verein sind, die bei einer Stadtverwaltung ein Grundstück besorgen und Geld lockermachen können. Die Arbeitsgespräche nehmen nun einen anderen Charakter an. Die Elternarbeit beschäftigt sich mit sehr handfesten Fragen des Kindergartenalters, und schließlich wird sich der Verein selber differenzieren.
- Erst in der dritten Phase werden die Beschaffung eines Schulgeländes und der Bau eines eigens zu gestaltenden Schulgebäudes relevant. Gewiß kann man sich von Anfang an mit dieser Frage beschäftigen – wer wollte das verbieten? –, aber heutzutage wird das Geschick einer Schule in erster Linie durch Menschen bestimmt, und ein Gebäude sollte nicht der Anlaß zu einer Sturzgeburt sein. Mehr noch als um ein Gebäude geht es jetzt um ein Lehrerkollegium. Vielleicht sind im Schulverein bereits einige Lehrer, die selber den Sprung in die Waldorfpädagogik wagen wollen, vielleicht gibt es einige Studenten, die mit dem Gedanken spielen, einmal an diese Schule zu gehen, vielleicht aber muß man auch im Land nach Lehrern suchen und suchen – und das ist mühsam. Die Lehrer, die mit der Gründung der geplanten Schule zum erstenmal an eine Waldorfschule gehen, werden ein Seminar für Waldorflehrer besuchen und es nicht beim stillen Selbststudium der Pädagogik belassen, denn vieles wird einem doch erst durch Begegnung mit der Schulbewegung richtig klar. Studenten, die nach ihrem abgeschlossenen Examen an eine zu gründende Schule gehen wollen, tun gut daran, zwei oder drei Jahre schon an einer anderen Waldorfschule zu unterrichten, damit sie nicht in der prekären Situation einer Neugründung ihre ersten Unterrichtsversuche machen – wo allerdings

auch mancher Fehler durch Begeisterung und Einsatz für das Neue, Eigene wettgemacht wird.

– Die eigentliche Gründung sollte mit 3, 4 oder 5 Klassen beginnen, damit von Anfang an ein Kollegium da ist, damit von Anfang an kollegiale Zusammenarbeit praktiziert werden kann, damit die Schüler von Anfang an in eine «richtige» Schule gehen, und nicht in eine kleine Winkelschule.

Es gibt auch andere Verfahren der Schulgründung, besonders dann, wenn in der Nähe des Gründungsortes bereits eine Waldorfschule besteht, die die neue Schule eine Zeitlang betreuen, ja zunächst als zweiten Zug selber führen kann, bis sich dann die neue Schule aus der alten herauslöst. Die hier beschriebenen Wege sind überhaupt nicht als Norm oder Vorschrift gemeint: Nur die bisherigen Erfahrungen sollen zusammengefaßt werden.

Das schwierigste Problem der Gründungen haben wir bisher umgangen: *die Lehrerfrage*. Im Jahre 1980 wird es 32 Waldorfschulen geben, die noch im Aufbau sind; einige alte Schulen sind dabei, sich durch einen zweiten Zug zu vergrößern. Allein für diese Jahr für Jahr neu zu eröffnenden Klassen werden pro Jahr etwa 80 Lehrer gebraucht. Als Ersatz für Lehrer, die an den alten Schulen ausscheiden, dürften jährlich etwa 60–70 Lehrer benötigt werden: Diese Zahlen schwanken von Jahr zu Jahr, aber es sieht so aus, als ob gerade in den kommenden Jahren besonders viele jener Kollegen ausscheiden würden, die nach 1945 die Schulen wiederaufgebaut haben. Ein Generationswechsel steht bevor. So liegt der jährliche Lehrerbedarf wohl bei gut 120 Lehrern.

Man muß sich klarmachen, was das bedeutet. Verglichen mit den staatlichen Schulen sind die Waldorfschulen eine ganz kleine Schulgruppe. 37 Schulen sind voll ausgebaut, 10 davon zweizügig – alles andere ist noch im Aufbau. Die Lehrerausbildung, die meist als Zusatzausbildung in ein oder zwei Jahren durchgeführt wird, muß von dieser Gruppe selber finanziert werden. Steuergelder oder ähnliches steht nicht zur Verfügung. Es ist auch nicht so wie bei den konfessionellen Schulen, wo im Hintergrund die Mutter Kirche steht, die über Steuereinnahmen verfügt: Waldorfschulen sind auf sich angewiesen. Sie müssen auch aus ihren Kollegien die Lehrkräfte (Dozenten) stellen, die diese Ausbildung betreiben. Soweit möglich sind nämlich die Lehrer an den Seminaren selber auch als Lehrer in der Praxis tätig, und sie werden nur für kürzere Zeit für diese Sonderaufgabe frei. Kurz, schon in finanzieller und personeller Hinsicht ist die Ausbildung der kommenden Waldorflehrer eine besondere Aufgabe.

Die zweite Frage heißt: Woher kommen die künftigen Waldorflehrer? Es werden für die Waldorfschulen ja die verschiedensten Lehrer gebraucht: Klassenlehrer – also Lehrer, die an der Unterstufe sehr viele verschiedene Fächer betreuen müssen; Sprachlehrer, die sich an die neue

Methode, Kinder vom siebten Lebensjahr an in Fremdsprachen zu unterrichten, heranwagen; Handwerks- und Handarbeitslehrer, die in ihrem Fach etwas können; wissenschaftliche Fachlehrer für die Oberstufe, und vor allem Lehrer für den künstlerischen Unterricht: Eurythmie, Malen, Musik. Neben der fachlichen Qualifikation geht es aber darum, Lehrer zu finden, die bereit und fähig sind, die besonderen Aufgaben der Waldorflehrer zu übernehmen. Nicht als ob die Kollegen an den staatlichen Schulen nicht auch besonders gut, fähig und fleißig wären, aber es ist doch noch etwas anderes, wenn man zum Beispiel ohne Zensuren zu geben, unterrichten soll, wenn man nicht mit dem Sitzenbleiben drohen kann und wenn man die oft schier endlos erscheinenden Konferenzen und Sitzungen jede Woche mitmachen muß, die zur Selbstverwaltung erforderlich sind – und wenn man dann in manchen Fällen noch wesentlich weniger Geld bekommt als beim Staat.

Kann man unter solchen Umständen das Wagnis der Expansion einer Schulbewegung überhaupt unternehmen? Gewiß nicht, wenn man damit rechnet, daß ja in den kommenden Jahren nach Meinung der Kultusminister ohnehin eine Lehrerschwemme auftreten und dann von dem Überfluß auch für die Waldorfschulen etwas abfallen werde. Auch vertrauen wir nicht einfach auf den lieben Gott, ohne etwas zu tun. Aber folgende Überlegungen lassen trotz allem eine Expansion der Schulbewegung als notwendig erscheinen:

- Es geht in jedem Fall um Kinder, die angemeldet werden und die man nicht einfach abweisen kann; es geht oft um pädagogische Lebenshilfe, die man, wenn irgend möglich, leisten möchte.
- Jede neue Gründung erschließt auf Dauer gesehen neue Personenkreise und bringt damit in Zukunft auch neue Hilfe, vielleicht neue Mitarbeiter.
- Die pädagogischen Probleme der Zukunft, die sich der Tendenz nach schon in unserer Gegenwart sehr deutlich abzeichnen, lassen Waldorfschulen immer notwendiger erscheinen, und mit jeder neuen Schule können neue Varianten der Waldorfmethode ausprobiert und verwirklicht werden.

So bleibt den Waldorfschulen nur die Möglichkeit, mit einem vielleicht etwas langsameren Wachstum fortzufahren, in der Hoffnung, daß gerade in der jungen Generation werdender Lehrer sich immer mehr Interessenten für Waldorfpädagogik finden, in der Hoffnung vielleicht auch, daß mancher ehemalige Waldorfschüler später an seine Schule als Lehrer zurückkehrt. Daß diese Hoffnungen nicht aus der Luft gegriffen sind, zeigt sich in verschiedenen Entwicklungen: Vor etwa acht Jahren wurde die acht Tage dauernde öffentliche Sommertagung des Bundes der Waldorfschulen in Stuttgart, die durch Vorträge, Seminare und künstlerische Kurse in die Waldorfpädagogik einführt, von etwa 400–500 Menschen besucht. In den letzten beiden Jahren, 1973 und 1974, waren es über 700 Teilnehmer. Freilich wird ein Großteil von ihnen die Anregungen der Waldorfpädagogik für die eigene Praxis an der staatlichen Schule verwenden, ein anderer, kleiner Teil beginnt aber, sich ernsthafter mit der Waldorfschule zu beschäftigen. Ähnliches kann man von den Kursen für Studenten («Pädagogischer Seminarkurs für Studierende»), der im Herbst stattfindet, berichten, und schließlich ist auch die Zahl der Besucher der Waldorfseminare in den letzten Jahren auf das Doppelte angestiegen.

Damit die Waldorfpädagogik nicht, wie manchmal befürchtet wird, verwässert wird, bleiben manche Wege offen: Einmal muß die Lehrerausbildung noch intensiver werden, vielleicht auch etwas länger dauern, zweitens wird man die menschlich nicht leichte Aufgabe haben, wirklich ungeeigneten Bewerbern, die Lehrer werden wollen, dringend abzuraten; drittens wird man durch Besuche erfahrener und qualifizierter Kollegen an neuen und bestehenden Schulen raten, helfen, bessern können. Es bleibt dann zu hoffen, daß ganz individuelle Schulgestalten entstehen, an denen in immer neuer Form sich das Grundprinzip einer auf Menschenkunde aufbauenden Pädagogik verwirklicht.

Lehrernachwuchs? – Lehrerbildung!

Der entscheidende Engpaß für eine Ausbreitung der Waldorfbewegung heute ist, wie gesagt, nicht Geld und guter Wille, sondern die Frage nach wirklichen Lehrern. Nun sind die heute gängigen Modelle der Lehrerbildung so fragwürdig, daß man an sie in den Waldorfschulen gar nicht anknüpfen kann. Man meint, daß nach bestandenem Abitur und nach Besuch einer Universität oder einer Pädagogischen Hochschule der so ausgebildete Mensch durch sein Fachwissen und durch bestimmte methodisch-didaktische Kenntnisse, die vielleicht in einigen Praktika eingeübt worden sind, Lehrer sein könnte. Ich möchte hier nicht lang und breit darstellen, daß das auf der Universität erworbene Wissen ebenso wie das auf einer Pädagogischen Hochschule erworbene meist für den Unterricht ganz unbrauchbar ist, in der Regel viel zu abstrakt, oft viel zu speziell – so daß man, wenn man zu unterrichten beginnt, wieder ganz neu anfangen muß. Das ist vielleicht sogar ganz gut, weil man sich nun seinen Stoff wirklich selbständig zusammensuchen muß.

Während in der allgemeinen Pädagogik sich die Einsicht durchsetzt, daß es in Erziehung und Schule darum geht, *Fähigkeiten* und *Verhaltensweisen* heranzubilden, so daß die Ausgebildeten nachher zu Handlungen befähigt sind, ist diese Einsicht an der Lehrerbildung fast spurlos vorbeigegangen. In der Hauptsache wird den Lehrern Wissen beigebracht, und zwar in der Regel sehr theoretisches, allzu prinzipielles

Wissen, das *in sich selbst* kaum irgendeinen Praxisbezug aufweist. Daneben gibt es Methodik und Didaktik, die teilweise wieder sehr prinzipiell behandelt werden, teilweise aber auch ganz pragmatisch. Schließlich zur Erprobung noch ein paar Praktika, damit der künftige Lehrer weiß, was ihn erwartet. Gewiß werden in einer guten Ausbildung, und zwar meistens im Praktikum, der Aufbau einer Unterrichtsstunde, die Technik des Wandtafel-Anschriebs, das Korrigieren von Heften, die Beurteilung und Zensierung eines Schülers besprochen. Aber das geschieht oft sehr am Rande, oft ohne Begründung, wie das Beibringen einer Technik.

Nun wird sich jeder Mensch, der durch eine Schule gegangen ist, erinnern können, daß das, was wohl am stärksten auf ihn wirkte, die Persönlichkeit des Lehrers war, seine Ansichten, sein Einsatzwille und sein Fleiß, seine Offenheit oder Verschlossenheit. Es gibt Lehrer, die wissen viel, und sie können Schüler für ihre Sache begeistern; es gibt Lehrer, die wissen noch mehr, und sie langweilen ihre Klassen. Es gibt Mathematiker, die sind liebe Menschen, und die Schüler erkennen das sogar an, aber, so sagen sie: «Er kann es uns nicht erklären.» Was darauf hinweist, daß der Mathematiklehrer nicht nur ein Rechenkünstler, sondern auch ein Darsteller sein muß, und die *Kunst der Darstellung* ist nicht zu verwechseln mit dem technischen Beherrschen eines Stoffes. Auf ein ganz anderes Problem macht der Lehrer aufmerksam, der durch Ironie oder gar durch Zynismus oder andere Verhaltensweisen eine Klasse in Angst versetzt und so die «Disziplin» schafft, auf die sensiblere Schüler nachts mit Angstträumen reagieren. Umgekehrt ist da der «gütige» Lehrer, dem Schüler auf der Nase herumtanzen. Der Katalog der Beispiele ließe sich verlängern: Alle aber deuten darauf, daß in der Schulpraxis das Verhalten, die innere Einstellung, die Persönlichkeit entscheidend sind.

Man kann an diesem Punkt schlichtweg resignieren und sagen: Der eine Lehrer hat die Begabung, hat pädagogische Ausstrahlung, Charisma, und wie die Zutaten alle genannt werden, der andere hat sie eben nicht, da könne man nichts machen. Man kann aber auch meinen, daß es verantwortungslos sei, an diesem Punkt zu resignieren. Es gilt hier zunächst, das liberale Vorurteil zu überwinden, die Persönlichkeit, der Charakter eines Lehrers sei seine Privatangelegenheit. Man meint noch oft, wenn der Lehrer den Kindern nur etwas beibringe, könne er im übrigen sein, wie er wolle. Das ist im Hinblick auf die Wirkung, die ein Lehrer auf Kinder ausübt, nicht wahr. So wie man von einem Beamten mit Recht erwartet, daß er einen stabilen Charakter habe, daß er hilfsbereit und freundlich sei, so kann man auch von einem Lehrer alles das erwarten, was als Einstellung für seinen Beruf wesentlich ist.

Ohne Anspruch auf Vollständigkeit zu erheben, sollen hier einige der notwendigen Tugenden eines Lehrers katalogartig aufgezählt werden. Es scheint notwendig, daß ein Lehrer

- motiviert ist, immer weiter zu lernen (das stellt Ansprüche an seine Freizeit, und es wird nur funktionieren, wenn ihm dieses Weiterlernen zu einer Grundhaltung geworden ist und ihm Freude macht);
- motiviert ist, selbstkritisch den Reflex seiner Handlungen vom Verhalten seiner Schüler abzulesen (wer eine Klassenarbeit korrigiert, muß wissen, daß er die Folgen seines eigenen Tuns vor sich hat);
- motiviert ist, sich für die einzelnen Kinder, ihre Schwierigkeiten und Freuden zu interessieren (er muß sie fördern wollen);
- kontaktfreudig ist; die Schüler müssen das Gefühl haben: Man kann mit ihm sprechen, er hört uns zu und läßt sich auch etwas sagen.
- Er muß neben dem wissenschaftlichen oder fachlichen Verhältnis zu seinem Unterrichtsgegenstand noch ein anderes Verhältnis zur Sache haben: Er muß darstellen, plastisch gestalten und gliedern können;
- er muß die Punkte finden, an denen für Schüler die Fragen erwachen, an denen sich Schüler sachlich – ohne pädagogische Tricks – interessieren können, an denen er selber auch Interesse, ja Begeisterung entwickeln kann.
- Der Lehrer muß ein Mensch mit Initiative bleiben, er darf nicht versauern.

Zwei Wege führen dahin, daß Lehrer dieser Art an Schulen kommen. Erstens bedarf es einer anderen Auslese als bisher, zweitens muß die Lehrerausbildung einen anderen Stil und andere Inhalte finden. Man wird bei der Auswahl künftiger Lehrer (Lehrerprüfung) viel stärker auf die Fähigkeiten der Darstellung, auf Engagement und auf das Sozialverhalten der Kandidaten achten müssen. Erfolgreicher Einsatz in der Selbstverwaltung, bei Theateraufführungen und Festen, Bewährung bei Schwererziehbaren, Bemühung in der Heilpädagogik, Mitarbeit im Studentenorchester oder in der freien Jugendarbeit müssen *genauso* (d. h. gleichwertig) honoriert werden wie gute Kenntnisse. Bewährung in einer Berufspraxis sollte ebenfalls erwünscht sein, denn es ist im Grunde ein untragbarer Zustand, daß man von der Schulbank sofort auf eine Hochschule geht und von da wieder an eine Schule. Sein Lebtag hat man nichts anderes gesehen als Schule, Schule, Hochschule und dann wieder Schule.

In der Ausbildung selber dürfte wohl auf theoretischem Gebiet das Wichtigste sein, daß der kommende Lehrer Gelegenheit findet, seinen eigenen Interessen produktiv nachzugehen und Weltinteresse zu entfalten, anstatt das zu lernen, von dem er meint, der Prüfer wolle es in der Prüfung hören. Die psychologisch-pädagogische Schulung muß wirklich bis zur Anschauung detaillierter Kinderschicksale führen, jeweils unter Einbeziehung des sozialen und medizinischen Aspektes. Dringlicher ist aber für den Lehrer eine künstlerisch-praktische Ausbildung. Das Hauptinstrument seiner Wirksamkeit ist die Sprache, die Stimme. Sprecherziehung, Rhetorik, Erzählübungen und dramatische Übungen einschließlich des Rollenspiels fördern und lockern den einzelnen, helfen ihm, psychische Schwierigkeiten bewußter zu erfassen, und geben schließlich Sicherheit. Sprache und Stil als eigenster Ausdruck des Menschlichen wirken auf den Menschen zurück. Wo Sprachschlampereien – sei es im Reden, sei es im Formulieren – erst bewußt gemacht und dann – wenn möglich – beseitigt werden, wirkt das auf den Menschen zurück: Ein Lehrer, der sich um eine persönliche Sprache bemüht und nicht «*gleichsam und eigentlich das Wissen um die Dinge, die uns alle angehen, in den Raum stellt, um keine Rezepte zu geben*» und so Phrasen drischt, der wirkt anders auf Schüler als der, der den eben imitierten «Jargon der Eigentlichkeit» spricht.

Zweitens gehören auch das Malen, Zeichnen und Plastizieren in die Lehrerausbildung, bis hin zum Wandtafelzeichnen. Der Schüler ist nämlich, wie jeder andere Mensch, zu 80 Prozent Augenmensch, und da ist es nicht gleichgültig, was für Skizzen, Bilder, Schemata und Schriftbilder vor seinen Augen entstehen. Für den werdenden Lehrer ist es wiederum auch mehr als ein bloßer Ausgleichssport, wenn er vor gestalterische Aufgaben gestellt wird.

Die Ausbildung der Waldorflehrer[69], die heute zum allergrößten Teil Zusatzausbildung zur üblichen staatlichen Lehrerausbildung ist, verfolgt die angedeuteten Ziele, indem sie vor allem auf drei Gebieten ansetzt:

- Psychologisch-physiognomische Menschenkunde soll zum anschauenden Erfassen der Kinder führen.
- Der Methodikunterricht zielt auf menschenkundliche Vertiefung des Stoffes und auf ein Verstehen der durch den Unterricht beabsichtigten Wirkungen.
- Künstlerische Übungen – Plastizieren, Malen, Musizieren, Eurythmie und Sprechübungen – sollen einen Wandlungs- und Sensibilisierungsprozeß einleiten, der sowohl das künstlerische Unterrichten wie auch das psychologische Erkennen fördert.

Die Menschenkunde für Waldorflehrer beruht auf Steiners Darstellung der Dreigliederung des menschlichen Organismus[70], in der Steiner ausführt, wie Denken, Fühlen und Wollen mit entsprechenden leiblichen und geistigen Organisationen zusammenhängen. Das Denken und Vorstellen ist ebenso wie die bewußte Sinneswahrnehmung an die Nervensinnesorganisation gebunden. Das ist allgemein bekannt. Das Fühlen hat sein Korrelat in der gesamten rhythmischen Organisation, die vorzüglich durch den Herzrhythmus und den Atemrhythmus repräsentiert wird, die sich aber auch in zahlreichen anderen Rhythmen – etwa dem Tag/Nacht-Rhythmus – ausdrückt. Das Wollen schließlich beruht auf der Stoffwechsel-Gliedmaßen-Organisation. Zur Lehrerbildung gehört es nun zu lernen, wie und wodurch man die eine oder die andere Tätigkeit beansprucht, woran man eine Überlastung eines Systems erkennt und vor allem, wie die einzelnen Fähigkeiten ausgebildet und gesteigert werden und wie sie zusammenwirken. Bei der Darstellung des künstlerischen Unterrichts ist versucht worden, an Beispielen über dieses Thema zu sprechen, das in der Arbeit an der Menschenkunde nach seinen allgemeinen Gesetzmäßigkeiten behandelt wird.

Der Methodikunterricht soll zunächst Hilfen geben, den an Universität und Hochschule gelernten wissenschaftlichen Stoff so aufzuschließen, daß er sich den großen gesellschaftlichen, geschichtlichen und menschenkundlichen Perspektiven öffnet. Das Material der Wissenschaft muß aufbereitet und in den Zustand gebracht werden, in dem es für junge Menschen, die nicht nur von asketischem Forschergeist und Spezialkenntnissen begeistert sind, verdaulich ist. Zum anderen wird besonders die Problematik des altersgemäßen Unterrichts besprochen.

Das Schwierigste für den Studenten, der von der Hochschule kommt, ist die künstlerische Übung, wenn er nicht für die eine oder andere Kunst ein gewisses Talent hat. Zunächst bietet die wissenschaftliche Denkart, die auf der Universität eingeübt worden ist, keinen Ansatzpunkt, der dem Studenten Sinn und Nutzen solcher Bemühung einsichtig macht. Er kann sich bestenfalls denken, daß Malen oder Eurythmie ihn lockern, daß er seine seelischen Probleme herausmalen und dadurch loswerden soll. Gewiß, das geschieht auch. Aber das ist nicht die Hauptsache. Malen ist nicht in erster Linie Psychotherapie. Durch die künstlerische Übung ergreift man seinen eigenen, bis dahin in mancher Hinsicht unbewußten Willen. Man hat als Student irgendwie gesprochen. Nun will man einen Text gestalten – und man bemerkt nur allzuoft, daß man es nicht kann, daß man seine eigene Sprache nicht beherrscht, daß man nicht plastisch oder dramatisch sprechen kann, ohne komisch oder gezwungen zu wirken. Man lernt in der Eurythmie die Schwierigkeiten der rhythmischen und gestalteten Bewegung kennen, im Malen oder Kohlezeichnen ist man direkt mit den Schwächen der eigenen Beobachtungsgabe und mit dem Unvermögen, das, was man ausdrücken will, zu Papier zu bringen, konfrontiert. Alles das ist für den Lehrer entscheidend wichtig, denn er wirkt ja nicht durch das, was er *meint, möchte* oder *beabsichtigt,* auf Schüler, sondern durch das, was er real *kann, tut* und *ist.* Die künstlerische Übung scheint das Medium zu sein, in dem diese Erziehung der Lehrer am ehesten möglich ist, weil hier nicht direkt psychische oder persönliche Eigenschaften kritisiert werden. Jemand, der zum Beispiel völlig kritiklos in seinen Vorstellungen befangen ist, kann eben bei Sprechübungen oder beim Bildhauen dazu gebracht werden, zu bemerken, was er wirklich tut. Das ist der erste Schritt über sich hinaus. Bei jedem weiteren Schritt, mit dem er in die in Sprache, Musik, Farbe und Form wirksame Welt eindringt, lernt er sie besser handhaben.

Vielleicht ist heute die Durchführung dieses Konzepts der Lehrerbildung noch in manchem problematisch, vielleicht gelingt es noch nicht gut genug, durch Übungen die werdenden Lehrer wirklich auf den Weg der Selbsterziehung und Selbstgestaltung zu bringen. Vielleicht kann man sich auch manches anders denken: Aber der prinzipielle Ansatz, der darauf zielt, die Erzieher zu erziehen und die Entwicklung eines Lehrers nicht dem Zufall zu überlassen und die Auswahl kommender Lehrer nicht nach unsachlichen Gesichtspunkten – nämlich nach denen ihres theoretischen Wissens – vorzunehmen, an dem halten die Waldorfschulen fest.

Das Zukunftsproblem ist hiermit implizit geschildert: Die heutige Ausbildung an staatlichen Hochschulen ist nur in Glücksfällen wirklich so, daß die Ausbildung etwas zur Formung und Motivierung künftiger Lehrer beiträgt. In vielen Fällen aber ist der Besuch einer Hochschule für künftige Lehrer sogar problematisch, weil sie sich nur immer stärker in Theorie verstricken und in Verbalismen ohne Erfahrungshintergrund leben. Für sie wäre es besser, ein Handwerk zu lernen, eine Banklehre durchzumachen oder die Arbeitswelt der Fabriken kennenzulernen, damit sie die Füße wieder auf den Boden bekommen. Da nun kaum anzunehmen ist, daß die hier geltend gemachten Gesichtspunkte zur Lehrerbildung in naher Zukunft in der staatlichen Lehrerbildung irgendeine Berücksichtigung finden, stehen die Waldorfschulen vor der Frage, inwieweit sie die erforderliche Lehrerbildung immer weitgehender selber in die Hände nehmen können. Für den wissenschaftlichen Unterricht ist es gewiß praktisch, daß auch der künftige Waldorflehrer das wissenschaftliche Fundament seines Berufs an der Universität erwirbt. Er würde sonst ein sektiererisches Bewußtsein entwickeln. Aber vielfach ist heute der wissenschaftliche Betrieb so öde und unfruchtbar, daß ein Student Anregung braucht, damit er das von der Wissenschaft Gebotene schätzen und gedanklich durchdringen, bewerten kann. Zu diesem Zweck hat der Bund der Waldorfschulen Studienbegleitkurse eingerichtet, zu diesem Zweck ist ein freies Studienjahr («Proseminaristischer Lehrerbildungskurs») als Anregung für Studenten eingerichtet. Darüber hinaus ist vor kurzem, wie schon erwähnt, der Versuch zu einer eigenständigen, dreijährigen Lehrerbildung unternommen worden, und schließlich wird jedes Jahr – bisher immer in Stuttgart – eine öffentliche Sommertagung abgehalten, die Studenten und Lehrer an staatlichen Schulen durch volle acht Tage Gelegenheit gibt, die Waldorfarbeit von allen Seiten kennenzulernen und daraus Gewinn für ihr Studium oder ihren Lehrerberuf zu ziehen. Alle diese Versuche erfreuen sich steigender Teilnehmerzahlen, und so bleibt die Hoffnung, daß bei den vielen Bemühungen einiges weiterwirkt.

Es gibt heute folgende Einrichtungen in Europa, an denen Waldorflehrer ausgebildet werden:

1. Das Pädagogische Seminar des Bundes der Waldorfschulen in 7000 Stuttgart 1, Haussmannstr. 44.
   Dort findet ein einjähriger Ausbildungskurs statt, der ein abgeschlossenes Studium oder eine entsprechende Fachausbildung voraussetzt, zweitens ein zweijähriger Ausbildungskurs, der einen qualifizierten Schulabschluß und eine Bewährung im Beruf voraussetzt, und drittens ein Proseminaristischer Lehrerbildungskurs.
2. Das Institut für Waldorfpädagogik Annener Berg in Witten/Ruhr.
   Das Institut bietet eine vierjährige, ganztägige Ausbildung zum Waldorflehrer und wendet sich an Studienanfänger.
3. Freies Pädagogisches Zentrum für Waldorfpädagogik, Rathenaustr. 11, D 6800 Mannheim.
4. Pädagogisches Seminar am Goetheanum, Dornach, Schweiz.
   Dort finden ein- und zweijährige Ausbildungskurse statt.
5. Emerson-College, Pixton, Hartfield Road, Forest Row, Sussex, England.
6. Opleiding voor Leerkrachten Vrije Scholen in Nederland, Walsdorperweg 12, Den Haag, Niederlande.
7. Rudolf-Steiner-Seminariet Järna, 15020 Järna, Schweden.

Ferner gibt es noch drei Seminare für Waldorflehrer in den USA.

Waldorfschule und Anthroposophie

Die Waldorfpädagogik ist aus der Anthroposophie Rudolf Steiners hervorgegangen und ohne sie nicht zu denken. Viele Eltern und Lehrer, die heute auf die Waldorfschule zugehen und sich für Menschenkunde und Pädagogik interessieren, wissen zunächst nichts von Anthroposophie, sie sehen nur die Früchte dieser geistigen Bestrebungen auf manchen Gebieten. Neben der Waldorfpädagogik und der anthroposophischen Heilpädagogik haben vor allem die anthroposophische Medizin und – heute im Zeichen der Umweltproblematik – auch die lange verspottete biologisch-dynamische Landwirtschaft Beachtung und Anerkennung gefunden. Die Anthroposophie selber erfreut sich, trotz mancher Zustimmung, noch nicht solcher Anerkennung, sie ist weitgehend unbekannt, allenfalls ihr Zerrbild kursiert. Die Frage, die mancher stellt, ist: Kann heute die Waldorfpädagogik nicht auch ohne die nicht jedermann zugängliche und eingehende Anthroposophie existieren?

Wäre die Anthroposophie, wie man gemeinhin glaubt, eine «Weltanschauung» im üblichen Sinn des Wortes oder eine Summe von Dogmen oder Offenbarungen, dann hätte sie nicht jene eigenartige Fruchtbarkeit auf verschiedenen Lebensgebieten. Die Anthroposophie ist zunächst eine Methode des Erkennens, eine Art, Dinge, Verhältnisse und Menschen aufzufassen. Die heute übliche Wissenschaft sucht ihre Objektivität dadurch zu erreichen, daß sie zwischen den erkennenden Menschen und den zu erkennenden Sachverhalt Apparate, Meßverfahren und Versuche einschaltet, die den Anteil des erkennenden Menschen ganz eliminieren sollen. Das gelingt den mathematisierenden Verfahren und in der Physik am besten. Da diese Verfahren zu einer sehr erfolgreichen Technik geführt haben, genießen sie mit Recht allgemeine Anerkennung. Aber man muß sich darüber im klaren sein, daß letztlich auch diese Verfahren in Begriffsbildung, Fragestellung, Versuchsanordnung und Bewertung auf den Menschen zurückgehen. Das vergißt man aber meist, und so hält der Urheber solcher Erkenntnis seine eigenen Geschöpfe für objektiv. Daran ist vielleicht so viel richtig, daß die Antwort auf eine Frage oder daß das Ergebnis eines Experiments *auch* von dem untersuchten Gegenstand abhängt und nicht nur das Resultat einer bestimmten Fragestellung und Versuchsanordnung ist.

Sobald man aber soziale, menschliche oder seelische Verhältnisse erforschen will, stoßen die mathematisierenden und formalistischen Methoden an die Grenze ihrer Leistungsfähigkeit. Um im menschlichen Bereich weiterzukommen, wendet man dialektische, psychoanalytische, hermeneutische und andere Verfahren an, die das formal nicht Faßbare greifen sollen: Man möchte über das Vordergründige der Statistik, der Reaktionsmessungen und der Silbenzählerei in die verdeckten Hintergründe – etwa seelischer Erkrankungen – vordringen.

Die Anthroposophie Rudolf Steiners versucht einen noch anderen Weg zur Erforschung der eigentlich menschlichen Wirklichkeit zu gehen. Im Gegensatz zur mathematisierenden und formalen Naturwissenschaft sucht sie nicht in der Ausschaltung des Menschen und in der scheinbar objektiven Fremdbestimmung der Erkenntnis ihr Heil. Anstatt den Anteil des Menschen an der Erkenntnis zu vergessen und zu verdrängen, versucht sie ihn bewußt zu machen, anstatt den Menschen möglichst auszuschalten, möchte sie sein – freilich vom Selbstbewußtsein kontrolliertes – Erleben und Erfahren immer mehr ins Spiel zu bringen. So wie beim Kind Aufmerksamkeit und Denken geschult und gesteigert werden können, so kann auch der Erwachsene sein Denken und Erkennen weiterentwickeln durch Schulung. Es ist bekannt, daß es auch andere Wege zur Erweiterung und Intensivierung der menschlichen Wahrnehmung gibt, etwa durch Drogen; aber bei diesen Verfahren verliert der Mensch die Kontrolle über das, was mit ihm geschieht. Anthroposophie knüpft deshalb an das normale, gegebene Bewußtsein an und versucht die verschiedenen psychischen Fähigkeiten zu steigern.

Jeder Mensch findet sich in der Selbstbesinnung zunächst in einem denkend-betrachtenden Verhältnis zur Welt. Meist werden aber der Strom und die Richtung der Gedanken von außen, durch die Forderungen des Lebens, durch das Buch, das ich gerade lese, usw. gelenkt. Zieht der Mensch sich von dieser Außenlenkung zurück, denkt er einmal konzentriert nur an das, was er will, und tut er das regelmäßig täglich über längere Zeit hin, so kräftigt sich sein Denken. Er wird empfindlich für Gedankensprünge und unkonzentrierte Konversation. Ein zweiter Ansatz zur Selbstschulung besteht darin, daß man die Gefühlseindrücke beachtet, die die Dinge auf einen machen. Wie oft hat man zum Beispiel beim ersten Kennenlernen einen unmittelbaren Eindruck, der sehr schnell verschwindet, weil man sich in ihn nicht vertiefen kann. Im Gespräch wird man zu irgendwelchen Problemen geführt, und der erste Eindruck verschwindet hinter Sachfragen, hinter dem nun sich in den Vordergrund drängenden *Wissen*, wer das ist. Erst nach längerer Zeit erinnert man sich wieder an den ersten Eindruck oder an das dunkle, vielleicht warnende Gefühl, das man hatte, und man fragt sich: «Warum habe ich damals dieses Gefühl nicht beachtet? Es hätte mich doch etwas lehren können.» Auch das Gefühl kann zum Wahrnehmungsorgan entwickelt werden. Dazu bedarf es allerdings einer besonderen Schulung: Man muß lernen, das Urteil und die Begriffsbildung bewußt zurückzuhalten, um den Gefühlseindruck, der sich von selber entfaltet, zur Wahrnehmung werden zu lassen. Ist man zu dieser Wahrnehmung gelangt, dann muß man wieder versuchen, diese Wahrnehmung zu verstehen und zu beurteilen und sich nicht einfach von ihr leiten zu lassen: Denn nicht nur die Welt, auch wir selber in unserem Verhältnis zur Welt sprechen sich in diesem Gefühlseindruck aus.

Während die Eindrücke, die die Welt auf unser Gefühl macht, meist vorbewußt bleiben, aber doch dann und wann verschwommen ins Bewußtsein dringen, werden die Erfahrungen, die der Mensch als Handelnder und Arbeitender in der Welt macht, ganz verschlafen. Wir beobachten während der Arbeit die Sache, die wir bearbeiten, aber wir bemerken nicht, was unser Wille an der jeweiligen Arbeit erfährt. Dennoch lebt auch diese Erfahrung tief unbewußt in uns, und wir registrieren vielleicht nachträglich, daß wir durch diese Arbeit viel leichter ermüden als durch eine andere, die objektiv als schwerer erscheint. Es gibt auch Wege, sich an diese Erfahrungen heranzutasten: etwa indem man gewohnte Handlungen, die tief eingewurzelt sind, bewußt immer dann unterläßt, wenn man gerade zu ihnen ansetzt. Man wird dann langsam eine Welt ahnen, die sich von der Welt unserer gewöhnlichen Vorstellungen so unterscheidet, wie sich die Wahrnehmungen des Gesichtssinns von den Erfahrungen des Tastsinns unterscheiden.[71]

Die Bedeutung einer derartigen Schulung für Lehrer ist offensichtlich. Jede Klasse, jeder Schüler beeindruckt einen Lehrer fortwährend, aber der Unterricht läßt keine Zeit, diese Eindrücke wahrzunehmen, sie bleiben vorbewußt, und das übliche Bewußtsein hat auch keine Begriffe und Vorstellungen, um diese Eindrücke fassen und deuten zu können. Der Lehrer, der sich bemüht, sich in den Eindruck zu vertiefen, den ein Schüler auf ihn macht, und der sich seine Eindrücke nicht dadurch vom

Hals schafft, daß er sie durch klischeehafte Urteile wie «Streber!», «Hochgestochen!», «Zu weich!», «Sehr feiner Charakter!» usw. verdrängt, der bemerkt zunächst, wie sich diese Eindrücke verstärken, wie er aber dann Schwierigkeiten hat, sie festzuhalten und gedanklich zu fassen. Genau an dieser Stelle kommt Steiners Menschenkunde zu Hilfe. Sie enthält nämlich ganz andere Begriffe und Beobachtungshinweise als die übliche Psychologie. Einer dieser Begriffe bezieht sich zum Beispiel auf die Art, wie das Seelische im Menschen mit dem Leiblichen verbunden ist. Ein Mensch kann stark, ja zu stark mit dem Leiblichen verbunden sein, er kann aber auch in ungenügender Weise wirklich leiblich anwesend sein. Beides kann wahrgenommen werden, zum Beispiel an der Art, wie ein Mensch spricht; es kann sich aber auch darin ausdrücken, daß ein Schüler dazu neigt, im Unterricht zu träumen, oder darin, daß er fortwährend mit seinen Gliedern irgendwie «arbeitet». In *beiden* Fällen bekommt der Schüler den Unterricht nicht mit. In dem einen Fall muß aber der Schüler eher etwas gelockert, in dem anderen Fall in sich hineingeführt werden. Für beides gibt es pädagogische Hilfen.

Zwei Elemente scheinen mir charakteristisch für Steiners Begriffe: einmal daß sie eher Beobachtungshinweise oder Instrumente zum bewußteren Sehen von Erscheinungen sind, die man sonst mangels irgendeines Ansatzes zum Verstehen weder wahrnimmt noch deutet. Diese Hinweise Steiners entstammen einem wesentlich fortgeschritteneren Forschen auf dem Gebiete menschlicher Wahrnehmung. Steiner hat dargestellt, wie er manche dieser Begriffe – etwa den der Dreigliedrigkeit der menschlichen Organisation – erst in dreißig Jahren zur Reife und Formulierbarkeit gebracht hat. Das andere, was an den Begriffen, die Steiner den Lehrern an die Hand gibt, auffällt, ist, daß sie immer ein Element der Anschaulichkeit enthalten, wenn etwa die Nerven-Sinnes-Organisation als Spiegelungsapparat beschrieben oder es wird das Auftreten des Bewußtseins als ein Zurückdrängen der Vitalprozesse gedeutet. Damit haben diese Begriffe immer gewisse immanente Bezüge zur Praxis und zur Beobachtung. Der Lehrer im Klassenzimmer kann bei einiger Ruhe und Aufmerksamkeit sie anwenden und sich über das, was er bemerkt, klarer werden.

Es ist im Zusammenhang dieser Darstellung nicht sinnvoll, die besondere Begrifflichkeit der Anthroposophie zu entfalten, weil sie losgelöst von konkreten Wahrnehmungen, die nicht unmittelbar gegeben sind, eher Mißverständnisse als Einsicht hervorruft. Ein Teil der Lehrerausbildung aber wird dazu verwendet, zu diesem feineren Wahrnehmen anzuregen.

Man kann an dieser Stelle also nochmals fragen: «Kann man Waldorflehrer werden, ohne Anthroposoph zu sein?» Ja, das hat es schon zur Zeit gegeben, als Rudolf Steiner noch die erste Waldorfschule leitete. Aber man kann auf die Dauer nicht Waldorflehrer bleiben, wenn man sich nicht ständig um Menschenerkenntnis und psychologische Anschauung bemüht, sondern etwa meint: Wenn ich den Kindern etwas beibringe, dann ist's schon gut. Die Waldorfpädagogik lebt von diesem Bemühen um die Erkenntnis des Kindes auf Grund eines sich schulenden, um Erweiterung ringenden Bewußtseins. Dabei geht es aber nicht darum, daß die Lehrerschaft irgendwie auf ein «anthroposophisches Menschenbild» eingeschworen wird. Ein anthroposophisches Menschenbild in dem Sinn, daß damit eine normative Richtschnur und ein Entwicklungsziel vorgegeben sind, gibt es nicht, wohl aber gibt es zahllose Hinweise, Begriffe, Schilderungen derjenigen Vorgänge, die dem üblichen Beobachten entgehen. Man kann sagen, daß gerade in den letzten Jahren in dem selbständigen Handhaben und im eigenständigen Beobachten – etwa der Vorgänge, die sich im jungen Menschen um die Pubertät herum abspielen – Fortschritte gemacht und auf Lehrertagungen verarbeitet worden sind. So ist die Fruchtbarkeit der Anthroposophie auch in der Fortentwicklung der Waldorfpädagogik für die Lehrerschaft der Waldorfschulen eine Erfahrung geworden, und deshalb will sie nicht auf dieses ihre Arbeit leitende und anregende Element verzichten.

Dokument I

Rudolf Steiners radikaler Ansatz für eine neue Volksbildung

Die nachfolgende Passage ist einem Vortrag Steiners vom 11. Mai 1919 entnommen. Durch sie wird deutlich, welche Probleme und Aufgaben er für eine neue Volksbildung sah. Diese Worte sind deshalb so wichtig, weil hier noch nicht mit der Verwirklichung der Waldorfschule begonnen worden war. Es eröffnet sich hier die Perspektive einer grundlegend anderen Schule, einer grundlegend anderen Lehrerbildung, die später nur teilweise realisiert werden konnte.

Als Anhang folgt eine zweite Stelle aus einem Vortrag vom 12. März 1920, die zeigt, daß der ursprüngliche Ansatz ganz anderer Bildungsinhalte nicht vergessen worden ist, daß nur in der Realisierung der Waldorfschule Kompromisse mit der herkömmlichen bürgerlichen eingegangen worden sind.

Bei beiden Vortragszitaten wurde der stenographisch aufgenommene Wortlaut Steiners von mir zugunsten einer besseren Lesbarkeit leicht redigiert.

«Es gibt ja heute viele Menschen, die denken nach: Wie muß die künftige Volksbildung, die Volksschulbildung sein, wie muß die weitere Berufsbildung der Menschen sein und so weiter? Diesen Menschen gegenüber ist vor allen Dingen die Frage aufzuwerfen, namentlich wenn wir das Kapitel Volksbildung betrachten: Nun gut, wenn ihr den besten Willen habt, das ganze Volk durch Volksbildung heranzuziehen, könnt ihr es denn, wenn ihr innerhalb der heutigen Bildungs- und Geistesverhältnisse stehenbleibt? Habt ihr das Material dazu? Was könnt ihr denn eigentlich nur? Ihr könnt aus euren Grundsätzen heraus, die vielleicht gut sozialistische sind, für die breitesten Massen Schulen gründen, Volkshochschulen begründen. Ihr könnt alles das einrichten, was ihr eben aus dem guten Willen heraus einrichtet. Aber habt ihr das Material dazu, um dasjenige, was ihr in gutem Willen verbreiten wollt, wirklich zum Volksgut zu machen? Ihr sagt uns: Wir gründen Büchereien, Theater- und Musikaufführungen, Ausstellungen, Vortragsreihen, Volkshochschulen. Man muß sich aber fragen: Welche Bücher stellt ihr denn in eure Büchereien hinein? Was für eine Wissenschaft vertreibt ihr in euren Vortragsreihen? Diejenigen Bücher stellt ihr in eure Büchereien hinein, die aus der niedergehenden bürgerlichen Bildung heraus geschrieben sind. Von denjenigen Leuten laßt ihr die Wissenschaft vertreiben in Volkshochschulen, die aus der bürgerlichen Bildung hervorgegangen sind. Ihr reformiert formell das Bildungswesen, aber ihr schüttet in eure Formen dasjenige, was ihr als Altes übernehmt. Zum Beispiel sagt ihr: wir waren längst bestrebt, die Volksbildung demokratisch zu gestalten. Die Herrschenden haben sich bisher eher ablehnend dagegen verhalten, denn sie wollten gute Staatsdiener erziehen. – Ja, ihr lehnt es ab, gute Staatsdiener zu erziehen, aber ihr laßt von diesen Staatsdienern das Volk erziehen, denn ihr habt ja bis jetzt nichts anderes, worauf ihr das Augenmerk richtet, als diese Staatsdiener, deren Bücher ihr in eure Büchereien hineinstellt, deren wissenschaftliche Denkweise ihr in Vortragsreihen an den Mann bringen laßt, deren ganze Denkgewohnheiten eure Hochschulen durchfluten. – Sie sehen daraus: die Sache muß viel, viel tiefer angefaßt werden in dieser ernsten Zeit, viel tiefer, als sie heute von der einen oder anderen Seite angefaßt wird.

Wir wollen einmal auf Einzelheiten hinsehen, um einiges zu verdeutlichen. Wir wollen bei dem beginnen, was wir zunächst die Volksschule nennen. Ich rechne zur Volksschule, was dem Menschen beigebracht werden kann, wenn er der bloßen Familienerziehung entwachsen ist, und wenn zu dieser Familienerziehung die Schule als Erziehungs- und Unterrichtsanstalt dazutreten muß. Für denjenigen, der die menschliche Natur kennt, ist klar, daß für keinen werdenden Menschen diese Schulbildung in das menschliche Entwicklungssystem eher eingreifen sollte als ungefähr um die Zeit, wenn der Zahnwechsel vorüber ist. Das ist ein ebenso wissenschaftliches Gesetz wie andere wissenschaftliche Gesetze. Würde man, statt sich nach Schablonen zu richten, sich nach dem Wesen des Menschen richten, dann würde man als Vorschrift nehmen, daß mit dem Zahnwechsel der Schulunterricht der Kinder zu beginnen hat. Nur handelt es sich dann darum, nach welchen Grundsätzen dieser Schulunterricht der Kinder zu leiten ist. Wir müssen dabei im Auge haben, daß, wer wirklich mit der aufsteigenden Kulturentwicklung zu denken und zu streben vermag, heute gar nichts anderes kann, als für die Grundsätze, welche Geltung haben müssen für Schulerziehung und Schulunterricht, anzuerkennen das, was in der menschlichen Natur selbst liegt. Erkenntnis der menschlichen Natur vom Zahnwechsel bis zur Geschlechtsreife, das muß allen Prinzipien der sogenannten Volksschulbildung zugrunde liegen. Aus diesem und vielem Ähnlichen werden Sie erkennen können, daß sich ja, wenn man von dieser Unterlage ausgeht, nichts anderes ergeben kann als eine Einheitsschule für alle Menschen; denn selbstverständlich: diese Gesetze, die in der menschlichen Entwicklung zwischen dem ungefähr siebenten und ungefähr vierzehnten bis fünfzehnten Jahr wirksam sind, diese Gesetze sind für alle Menschen die gleichen. Und nichts anderes dürfte in Frage kommen, als durch die Erziehung und den Unterricht zu beantworten die Frage: Wie weit muß ich einen Menschen als Menschen bringen bis in sein vierzehntes bis fünfzehntes Jahr hinein? Das allein heißt volkspädagogisch denken. Das allein aber heißt auch, in wirklich modernem Sinne über das Unterrichtswesen denken. Dann aber ergibt sich, daß man nimmermehr an der Notwendigkeit vorbeikommen wird, in gründlicher, radikaler Weise mit dem alten Schulwesen zu brechen, daß man ernsthaft wird darauf losgehen müssen, dasjenige, was heranzubringen ist an die Kinder in den angedeuteten Jahren, einzurichten nach der Entwicklung des werdenden Menschen. Dazu wird eine gewisse Grundlage geschaffen werden müssen – etwas, das, wenn sozialer guter Wille vorhanden ist, nicht irgendeine nebulose Idee der Zukunft sein wird, sondern sogleich praktisch in Angriff genommen werden kann. Es wird vor allen Dingen die Grundlage dazu geschaffen werden müssen dadurch, daß das gesamte Prüfungs- und Schulwesen für Lehrer selbst absolut umgeändert wird. Wenn heute der Lehrer geprüft wird, so ist es oftmals nur so, daß man konstatiert, ob er dasjenige weiß, was er, wenn er ein bißchen geschickt ist, auch wenn er es nicht weiß, später im Konversationslexikon oder Handbuch nachlesen kann. Das kann man ganz auslassen bei der Lehrerprüfung. Damit aber wird der größte Teil dessen, was heute der Inhalt der Lehrerprüfungen ist, wegfallen. Denn zu konstatieren wird sein bei dem, was an die Stelle der heutigen Examina zu treten hat, ob der Mensch, der es mit der Erziehung und dem Unterricht werdender Menschen zu tun hat, ob der eine persönlich aktive, für den werdenden Menschen ersprießliche Beziehung zu diesen werdenden Menschen herstellen kann, ob er mit seiner ganzen Mentalität – wenn ich das sehr in Mode gekommene Wort gebrauchen will – in die Seelen und in die ganze Wesenheit des werdenden Menschen untertauchen kann. Dann wird er nicht Leselehrer, Rechenlehrer, Zeichenlehrer und so weiter sein, sondern dann wird er der wirkliche Bildner der werdenden Menschen sein können.

Darauf wird zu sehen sein bei allen künftigen sogenannten Prüfungen, die anders sich ausnehmen werden, als die Prüfungen sich ausnehmen von heute: daß das Lehrpersonal wirklich Bildner des werdenden Menschen sein kann. Das heißt, der Lehrer wird wissen: Ich muß dieses oder jenes an den Menschen heranbringen, wenn er denken lernen soll; ich muß dieses oder jenes an den Menschen heranbringen, wenn er die Gefühlswelt ausbilden soll, die übrigens mit dem Gedächtnis innig verwandt ist. Der Lehrer muß wissen, was er an den Menschen heranzubringen hat, wenn der Wille so ausgebildet werden soll, daß er aus den Keimen, die er zwischen dem siebenten und fünfzehnten Jahr aufnimmt, kraftvoll für das ganze Leben bleiben kann. Willensbildung wird erzielt, wenn alles dasjenige, was praktische Körper- und Kunstübungen sind, so getrieben wird, daß es der werdenden Wesenheit der Menschen angepaßt ist.»

«Das notizenhaft angesammelte Material in der Geschichte entbehrt heute in der geschichtlichen Betrachtung der Menschheit der großen Gesichtspunkte. Und diese großen Gesichtspunkte sind es doch einzig und allein, die der Geschichte einen Lebenswert geben können.

Denn wann hat die Geschichte einen Lebenswert für den Menschen? Sie hat ihn nur dann, wenn das, was in ihr gedacht werden kann, was in ihr angeschaut werden kann an vergangenen Menschheitsschicksalen und menschenheitlichen Gestaltungen, eine Anregung für unsere eigene Seele bieten kann, für das, was unser eigenes Gemüt erwärmt, damit aus diesem erwärmten Gemüt sich Kräfte entwickeln können, die geeignet sind, uns richtig in das Leben hineinzustellen. Man kann sagen, daß wir in dieser Beziehung einen Ballast in unserer gegenwärtigen geschichtlichen Betrachtung mitschleppen und daß die großen Gesichtspunkte, die wir gerade heute brauchen gegenüber den brennendsten Bedürfnissen der Gegenwartsmenschheit, fehlen.

Nicht als ob die geschichtliche Betrachtung früherer Zeiten nicht in ihrer Art solche großen Gesichtspunkte gehabt hätte. Nicht als ob wir nicht würdigen könnten, was es bedeutete für den jungen Mann, für das junge Mädchen, kennenzulernen die großen historischen Gestalten des Altertums und ihnen nachzueifern, zu bewahrheiten den Spruch, den der Dichter gebraucht: Ein jeglicher muß seinen Helden wählen, dem er die Wege zum Olymp hinauf sich nacharbeitet. Aber die Art und Weise, solche einzelne Gestalten als Vorbilder zu wählen und, was von ihnen ausgeprobt ist, in den eigenen Willen aufzunehmen, sie hing ja doch davon ab, daß man in einer Zeit lebte, in der lebendige Bewunderung ersprießen konnte für Persönlichkeiten und für rechtliche oder staatliche oder kirchliche Gestaltungen, die in jenen Zeiten blühten, aus denen wir heute doch heraus sind. Etwas radikal gesprochen könnte man sagen: Wie können sich heute in derselben Weise wie früher die jungen Menschen erwärmen für Alexander den Großen, da ihnen doch mehr oder weniger gleichgültig geworden ist so etwas, was Alexander der Große selber als sein Ideal betrachtet hat. Es mußte eine große Masse der Menschheit hinschauen zu Einzelnen, welche die Angelegenheiten dieser Menschheit innerhalb umfassender Reiche besorgten, die sie erobernd begründeten, damit die Geschichte in der alten Form mit ihren großen Gesichtspunkten auf die Menschheit, namentlich auf den Willen der Menschheit wirken konnte.

Die bezeichnendste Tatsache der neueren Geschichte ist ja, daß teilnehmen müssen an allem öffentlichen Leben die Angehörigen der breiten Massen der Menschheit, daß alles, was überhaupt menschliches Antlitz trägt, herbeikommen und die Angelegenheiten der Menschheit als seine eigenen betrachten will. Das ist es, was als berechtigter demokratischer Geist schließlich durch unsere Gegenwart flutet. Menschen nehmen damit teil an den großen öffentlichen Angelegenheiten des Lebens, denen mehr oder weniger gleichgültig oder wenigstens interesselos geworden ist, was die Angehörigen früherer Zeitalter begeistert hat. Da liegt vor allen Dingen, weil sich die geistigen Interessen der Menschheit demokratisch über alle Menschen ausgebreitet haben, der Punkt, wo die Notwendigkeit auftritt, zu einer neuen Art Geschichtsbetrachtung zu kommen. Und für den, der unbefangen die Ereignisse der

Gegenwart auf sich wirken läßt, der namentlich die Not der gegenwärtigen Zeit so recht empfinden kann, für den gehört unter die mancherlei anderen ideellen oder idealen, unter die geistigen großen Fragen der Gegenwart die: Wie bringen wir schon in dem Kinde und dann in dem jungen Menschen die Betrachtung der Vorzeit, die Betrachtung unserer Vorfahren zu einer solchen Wirkung, zu einem solchen Erlebnis, daß der Wille gestählt werden kann, daß die Orientierung im Leben klargemacht werden kann gerade durch den Einfluß geschichtlicher Betrachtungsweise?»

Dokument II

Der Gedanke an die neue Schule entsteht

Es war am 23. April des Jahres 1919 – in München hatte gerade die Niederwerfung der Räterepublik durch weiße Freikorps begonnen – als Rudolf Steiner in Stuttgart zu den Arbeitern der Waldorf Astoria Zigaretten-Fabrik sprach. Von Milieu und Klima dieses Vortrags berichtet Herbert Hahn, einer der ersten Waldorflehrer, der damals in der Arbeiterbildung tätig war: «Und ich höre noch heute in mir die atemlose Stille, die aus dem tiefen Lauschen der Anwesenden entstand. Der Tabakauslesesaal, in dem der Vortrag stattfand, konnte so viele Menschen eigentlich nicht gut fassen. So hatten sich die Arbeiter in bunter Gruppierung gelagert. Man saß nicht nur auf Stühlen oder Bänken; man kauerte, wie es sich gerade ergab, und einige, wohl die jüngeren, waren auf die gefüllten Tabaksäcke hinaufgeklettert, die an der hintersten Wand aufgestapelt waren. Dieses Durcheinandergewürfeltsein zugleich mit der Geschlossenheit, mit dem warmen Gedränge gab der ganzen Versammlung eine unvergeßliche Intimität.» Steiner sagte unter anderem:

«Auf den materiellen Gebieten, auf den äußerlichen Wirtschaftsgebieten teilen sich heute die Menschen in zwei Klassen: in die Klasse der Bürgerlichen, die mit dem Adel verschmolzen ist, und in die Klasse der Proletarier. Der Proletarier weiß heute, weil er klassenbewußt geworden ist, was er zu fordern hat. Er ist Proletarier. Er hatte nicht die Wahl. Er wurde durch den Wirtschaftsprozeß in das Proletariat hineingeworfen. Der geistige Arbeiter hatte unter der alten Wirtschaftsordnung und alten Staatsordnung nicht einmal die Wahl, entweder geistiger Unternehmer zu werden oder Proletarier – Proletarier konnte man da kaum werden, wenn man nicht seinen Frieden schloß mit den herrschenden Mächten. Auf geistigem Gebiete konnte man nur sich durchwinden durch die Schwierigkeiten, die sich in der alten Ordnung ergaben, oder, wenn man den Frieden mit den Mächten schloß, wenn man mitarbeitete, wie der Proletarier mitarbeiten muß auf materiellem

Gebiete, dann wurde man nicht Proletarier auf geistigem Gebiete, sondern Kuli . . .

Die Sache liegt ja so, daß dieses Geistesleben in der neueren Zeit gleichzeitig heraufgekommen ist mit der Entwickelung der modernen Technik, mit der Entwickelung des seelenverödenden Kapitalismus. Da ist auch ein neueres Geistesleben heraufgekommen, aber ein solches Geistesleben, das nur ein Klassen-Geistesleben ist. In dieser Beziehung wurde man und wird man noch sehr schwer verstanden. Ich möchte Ihnen ein Beispiel sagen. Ich habe einmal vor jetzt zwanzig Jahren im Berliner Gewerkschaftshaus in einem Vortrag vor der Berliner Arbeiterschaft, wobei auch Bürgerliche waren, die Behauptung, die für mich eine Erkenntnis ist, aufgestellt: Nicht etwa nur, was sonst in der Welt existiert, ist ein Ergebnis der kapitalistischen Wirtschaftsordnung, sondern vor allen Dingen ist auch unser Wissenschaftsbetrieb ein Ergebnis der kapitalistischen Wirtschaftsordnung. Das haben mir dazumal auch die meisten führenden Proletarier nicht geglaubt. Sie sagten: Wissenschaft ist doch etwas, was durch sich selbst feststeht. Was wissenschaftlich festgesetzt ist, ist eben festgesetzt; da kommt nicht in Betracht, ob es proletarisch oder bürgerlich gedacht ist. – Das waren Irrtümer, die in den Köpfen der Menschen spukten, gleichgültig, ob sie proletarisch oder bürgerlich waren; denn die bürgerliche Weltanschauung wurde vom Proletariat übernommen. Und wir stehen heute vor der Notwendigkeit, nicht dieses vom Bürgertum übernommene Wissen weiter zu pflegen, sondern uns für ein freies Wissen zu entscheiden, das sich nur entwickeln kann, wenn Vorurteile überwunden werden.

Man kann zum Beispiel sagen: Wir haben uns nun glücklich dazu durchgerungen, die Einheitsschule anzustreben; wenn nun das Geistesleben befreit werden und nicht Staatszwang die Kinder in die Schule führen soll, sondern jeder aus freiem Willen heraus seine Kinder in die Schule schicken kann, die er wählt, da werden doch wieder die Höhergestellten ihre eigenen Schulen begründen. Die alte Ständeschule wird wieder auftauchen . . . Die Einwände, die gegen diese Dinge gemacht werden, sind nur konservative Vorurteile. Darüber muß man hinauskommen. Wir müssen sehen lernen, daß das Geistesleben emanzipiert werden muß, daß es freigestellt werden muß auf sich selbst, damit es nicht mehr ein Diener der Staats- und Wirtschaftsordnung ist, sondern ein Diener dessen, was das allgemeine menschliche Bewußtsein an Geistesleben hervorbringen kann; damit das Geistesleben nicht für eine Klasse da ist, sondern für alle Menschen gleich.

Sehr verehrte Anwesende, Sie arbeiten heute von morgens an, so weit Ihre Arbeit reicht, in der Fabrik. Sie gehen aus der Fabrik heraus und gehen höchstens vorbei an den Bildungsanstalten, die für gewisse Menschen errichtet sind. In diesen Bildungsanstalten werden die fabriziert, die bisher die herrschende Klasse waren, die die Regierung geführt haben und so weiter. Ich frage Sie: Hand aufs Herz, haben Sie eine Ahnung davon, was da drinnen getrieben wird? Wissen Sie, was da drinnen vorgeht? Nichts wissen Sie! Da zeigt sich unmittelbar anschaulich die Scheidung der Klassen. Da ist der Abgrund. Was in dem Aufruf angestrebt wird, ist, daß alles, was auf geistigem Boden getrieben wird, alle angeht, und daß der geistige Arbeiter der ganzen Menschheit verantwortlich ist. Das können Sie nicht erreichen, wenn Sie nicht das geistige Leben befreien und auf sich stellen. Deshalb haben die Worte von Karl Marx so eingeschlagen in Proletariergemüter, die Worte von dem Mehrwert. Der Proletarier wußte das im Kopfe selbst nicht, aber im Herzen fühlte er das richtig, und diese Herzensforderungen kommen heute in weltgeschichtlichen Forderungen zum Ausdruck.

Warum haben diese Forderungen so eingeschlagen? Warum? Warum ängstigt sich Walther Rathenau schon in bezug auf den Mehrwert? Aus dem Grund, weil bis jetzt der Arbeiter von dem Mehrwert nichts anderes weiß, als daß er da ist. Verwendet wird er innerhalb von Kreisen, die sich von den anderen streng abschließen. Weiß der Arbeiter heute, daß er für Dinge arbeitet, die einfach nicht zu sein brauchen in der Welt, die fruchtlose Arbeit sind, die hervorgebracht worden sind, weil das bürgerliche Leben auch auf geistigem Gebiete unzähligen Luxus gebracht hat? Die meisten Leute verstehen heute aus Gedankenlosigkeit heraus noch nicht, eine richtige Idee zu bekommen über das Verhältnis vom volkswirtschaftlichen Wert der Arbeit zum Geistesleben, das doch das Führende in der Menschheit sein muß. Ich will Ihnen ein Beispiel sagen, das Ihnen etwas komisch vorkommen wird. Denken wir uns einmal einen Studenten, der die Universität absolvieren soll. Sie wissen, er bekommt da eine Aufgabe gestellt, eine Doktorarbeit auszuarbeiten ... Dazu braucht er eineinhalb Jahre. Dann macht er eine nach den Forderungen der heutigen Bildung und Wissenschaft vorzügliche Arbeit. – Aber jetzt fragen wir nach dem Drinnenstehen dieser Doktorarbeit im volkswirtschaftlichen Zusammenhang. Diese Doktorarbeit, wenn sie fertig ist, fertig gedruckt ist, wird sie in eine Bibliothek hineingestellt. Wieder eine Doktorarbeit; kein Mensch schaut danach, manchmal nicht einmal der Schreiber selbst. Aber praktisch betrachtet, muß der junge Student essen, muß sich kleiden, muß Geld haben. Geld haben aber heißt heute: die Arbeit von so und so viel Menschen haben. Der Proletarier muß arbeiten für diese Doktorarbeit. Er verrichtet Arbeit für etwas, woran er nicht teilhaben darf. Ein groteskes, komisches Beispiel für Unzähliges, es kann nicht nur verhundertfacht, es kann vertausendfacht werden. Sie müssen also zunächst fragen: Wie sehen die aus, die uns geistig führen sollen? Die kommen von den Bildungsanstalten, an denen wir selbst nicht teilnehmen dürfen. Das wird anders sein, wenn das Geistesleben emanzipiert sein wird, wenn derjenige, der Geistiges pflegt, nicht mehr die Unterstützung einer wirtschaftlichen Korporation oder einer kapitalistischen Ordnung haben wird, nicht die Unterstützung des Staates, sondern wenn er jeden Tag wissen muß, daß das, was er leistet, Wert hat für die Menschen, weil die Menschen Vertrauen dazu haben. Auf das Vertrauen zwischen der Menschheit und den geistigen Leitern muß das geistige Leben gestellt werden. Es kann niemand erwidern: Heute werden ja schon die Leute nicht immer anerkannt, wenn sie begabt sind, es gibt verkannte Talente, sogar verkannte Genies –, wie soll es da erst in der Zukunft werden, wenn die Anerkennung auf dem Vertrauen beruhen muß? – denn womit sich einer privat beschäftigt, das ist seine Sache, wir reden von dem, wie sich das Geistesleben in den sozialen Organismus hineinstellt. Da muß es sich so hineinstellen, wie ich es geschildert habe. Es muß sich frei hineinstellen. Dadurch, daß das Geistesleben allmählich in den letzten Jahrhunderten hineingetrieben worden ist in die Abhängigkeit von Staats- und Wirtschaftsleben, dadurch ist es geworden, was es ist.»

Nach dem Vortrag kamen einige der Arbeiter zu Herbert Hahn, der ihnen Kurse gab, und sagten etwa: «Die Kurse, die wir bekommen, sind recht, und wir sind dankbar für sie. Wir sind aber schon ein wenig alt. Könnten nicht unsere Kinder von den ersten Jahren an in der Art unterrichtet werden, die wir jetzt kennengelernt haben? Könnte nicht solch eine Schule entstehen, wie die, von der wir gestern gehört haben?» Und so wurde dann die Frage nach einer neuen Schule an Rudolf Steiner herangetragen.

Dokument III

Rudolf Steiner über die gesellschaftliche Rolle der Freien Schule

Der nachfolgende Aufsatz ist im September 1919 erschienen. Er stellt im Gründungsaugenblick der Waldorfschule das gesellschaftspolitische Konzept der Waldorfschule dar. Er trägt den Titel «Freie Schule und Dreigliederung» und macht damit den Zusammenhang mit der 1919 von Steiner in Württemberg angeregten Volksbewegung für eine Dreigliederung des sozialen Organismus deutlich. Das Grundkonzept der Dreigliederung meint, daß geistiges Leben, staatliches Regieren, Verwalten und Gesetzgeben wie auch schließlich Produktion und Konsumtion als Wirtschaften nach je eigenen Gesetzen erfolgen sollen.

«Die öffentliche Pflege des Geisteslebens in Erziehung und Schule ist in der neueren Zeit immer mehr zur Staatssache geworden. Daß das Schulwesen eine vom Staat zu besorgende Angelegenheit sei, wurzelt gegenwärtig so tief im Bewußtsein der Menschen, daß, wer an diesem Urteil rütteln zu müssen vermeint, als ein weltfremder ‹Ideologe› angesehen wird. Und doch liegt gerade auf diesem Lebensgebiete etwas vor, das der allerernstesten Erwägung bedarf. Denn diejenigen, die in der angedeuteten Art über ‹Weltfremdheit› denken, ahnen gar nicht, welch eine weltfremde Sache sie selbst verteidigen. Unser Schulwesen trägt ganz besonders die Charakterzüge an sich, die ein Abbild sind der niedergehenden Strömungen im Kulturleben der gegenwärtigen Menschheit. Die neueren Staatsgebilde sind mit ihrer sozialen Struktur den Anforderungen des Lebens nicht gefolgt. Sie zeigen zum Beispiel eine Gestaltung, die den wirtschaftlichen Forderungen der neueren Menschheit nicht genügt. Sie haben diese Rückständigkeit auch dem Schulwesen aufgedrückt, das sie, nachdem sie es den Religionsgemeinschaften entrissen, ganz in Abhängigkeit von sich gebracht haben. Die Schule auf allen ihren Stufen bildet die Menschen so aus, wie sie der Staat für die Leistungen braucht, die er für notwendig hält. In den Einrichtungen der Schulen spiegeln sich die Bedürfnisse des Staates. Man redet zwar viel von allgemeiner Menschenbildung und ähnlichem, das man anstreben will; aber der neuere Mensch fühlt sich unbewußt so stark als ein Glied der staatlichen Ordnung, daß er gar nicht bemerkt, wie er von der allgemeinen Menschenbildung redet und eigentlich die Ausbildung zum brauchbaren Staatsdiener meint.

In dieser Beziehung verspricht die Gesinnung der sozialistisch Denkenden von heute nichts Gutes. Man will den alten Staat umwandeln in eine große Wirtschaftsorganisation. In diese hinein soll sich fortsetzen die Staatsschule. Diese Fortsetzung würde alle Fehler der gegenwärtigen Schule in bedenklichster Art vergrößern. Bisher steckte in dieser Schule noch manches, was Zeiten entstammte, in denen der Staat noch nicht Beherrscher des Unterrichtswesens war. Man kann natürlich die Herrschaft des Geistes nicht zurückwünschen, der aus diesen alten Zeiten stammt. Aber man müßte bestrebt sein, den neuen Geist der fortentwikkelten Menschheit in die Schule hineinzutragen. Dieser Geist wird nicht darinnen sein, wenn man den Staat in eine Wirtschaftsorganisation umwandelt und die Schule so umgestaltet, daß aus ihr Menschen hervorgehen, die die brauchbarsten Arbeitsmaschinen in dieser Wirtschaftsorganisation sein können. Man spricht heute viel von einer ‹Einheitsschule›. Daß man sich theoretisch unter dieser Einheitsschule etwas sehr Schönes vorstellt, darauf kommt es nicht an. Denn, wenn man die Schule als ein organisches Glied einer Wirtschaftsorganisation ausgestaltet, so kann sie nicht etwas Schönes sein.

Worauf es der Gegenwart ankommen muß, das ist, die Schule ganz in einem freien Geistesleben zu verankern. Was gelehrt und erzogen werden soll, das soll nur aus der Erkenntnis des werdenden Menschen und seiner individuellen Anlagen entnommen sein. Wahrhaftige Anthropologie soll die Grundlage der Erziehung und des Unterrichtes sein. Nicht gefragt soll werden: Was braucht der Mensch zu wissen und zu können für die soziale Ordnung, die besteht; sondern: Was ist im Menschen veranlagt, und was kann in ihm entwickelt werden? Dann wird es möglich sein, der sozialen Ordnung immer neue Kräfte aus der heranwachsenden Generation zuzuführen. Dann wird in dieser Ordnung immer das leben, was die in sie eintretenden Vollmenschen aus ihr machen; nicht aber wird aus der heranwachsenden Generation das gemacht werden, was die bestehende soziale Organisation aus ihr machen will.

Ein gesundes Verhältnis zwischen Schule und sozialer Organisation besteht nur, wenn der letzteren immer die in ungehemmter Entwickelung herangebildeten neuen individuellen Menschheitsanlagen zugeführt werden. Das kann nur geschehen, wenn die Schule und das Erziehungswesen innerhalb des sozialen Organismus auf den Boden ihrer Selbstverwaltung gestellt werden. Das Staats- und Wirtschaftsleben sollen die von dem selbständigen Geistesleben herangebildeten Menschen empfangen; nicht aber sollen sie, nach ihren Bedürfnissen, deren Bildungsgang vorschreiben können. Was ein Mensch in einem bestimmten Lebensalter wissen und können soll, das muß sich aus der Menschennatur heraus ergeben. Staat und Wirtschaft werden sich so gestalten müssen, daß sie den Forderungen der Menschennatur entsprechen. Nicht der Staat oder das Wirtschaftsleben haben zu sagen: So brauchen wir den Menschen für ein bestimmtes Amt; also *prüft* uns die Menschen, die wir brauchen, und sorgt zuerst dafür, daß sie wissen und können, was wir brauchen; sondern das geistige Glied des sozialen Organismus soll aus seiner Selbstverwaltung heraus die entsprechend begabten Menschen zu einem gewissen Grade der Ausbildung bringen, und Staat und Wirtschaft sollen sich gemäß den Ergebnissen der Arbeit im geistigen Gliede einrichten.

Da das Leben des Staates und der Wirtschaft nicht von der Menschennatur Abgesondertes sind, sondern das Ergebnis dieser Natur, so ist niemals zu befürchten, daß ein wirklich freies, auf sich selbst gestelltes Geistesleben wirklichkeitsfremde Menschen ausbildet. Dagegen entstehen solche lebensfremde Menschen gerade dann, wenn die bestehenden Staats- und Wirtschaftseinrichtungen das Erziehungs- und Schulwesen von sich aus regeln. Denn in Staat und Wirtschaft müssen die Gesichtspunkte innerhalb des Bestehenden, Gewordenen eingenommen werden. Zur Entwickelung des werdenden Menschen braucht man ganz andere Richtlinien des Denkens und Empfindens. Man kommt als Erzieher, als Unterrichtender nur zurecht, wenn man in einer freien, individuellen Weise dem zu Erziehenden, zu Unterrichtenden gegenübersteht. Man muß sich für die Richtlinien des Wirkens nur abhängig wissen von

Erkenntnissen über die Menschennatur, über das Wesen der sozialen Ordnung und ähnliches, nicht aber von *Vorschriften* oder *Gesetzen*, die von außen gegeben werden. Will man ernstlich die bisherige Gesellschaftsordnung in eine solche nach sozialen Gesichtspunkten überleiten, so wird man nicht davor zurückschrecken dürfen, das geistige Leben – mit dem Erziehungs- und Schulwesen – in seine eigene Verwaltung zu stellen. Denn aus einem solchen selbständigen Gliede des sozialen Organismus werden Menschen hervorgehen mit Eifer und Lust zum Wirken im sozialen Organismus; aus einer vom Staat oder vom Wirtschaftsleben geregelten Schule können aber doch nur Menschen kommen, denen dieser Eifer und diese Lust fehlen, weil sie die Nachwirkung einer Herrschaft wie etwas Errötendes empfinden, die nicht hätte über sie ausgeübt werden dürfen, bevor sie vollbewußte Mitbürger und Mitarbeiter dieses Staates und dieser Wirtschaft sind. Der werdende Mensch soll erwachsen durch die Kraft des von Staat und Wirtschaft unabhängigen Erziehers und Lehrers, der die individuellen Fähigkeiten frei entwickeln kann, weil die seinigen in Freiheit walten dürfen.»

Dokument IV

Rudolf Steiner über praktische Menschenerkenntnis

Die folgende Passage ist einem Vortrag vom 8. 4. 1924 entnommen. Steiner hielt anläßlich einer öffentlichen Erziehungstagung eine Vortragsreihe unter dem Titel «Die Methodik des Lehrens und die Lebensbedingungen des Erziehens». Wichtig an der folgenden Stelle ist, daß Steiner hier unmißverständlich deutlich macht, daß er unter Menschenerkenntnis keine Theorie und kein Dogmensystem verstand, sondern dasjenige intuitive Element, das unser Verhalten steuert. Jeder Lehrer wendet diese Erkenntnis unbewußt an, wenn er bei Leitung eines Klassengesprächs mal diesem, mal jenem Schüler das Wort erteilt und einen dritten zur Äußerung herausfordert, weil er intuitiv von ihm einen besonderen Beitrag zum Gespräch erwartet, während der Lehrer gleichzeitig geneigt ist, einen unproduktiven Vielredner zurückzudrängen.

«Zunächst aber möchte ich darauf aufmerksam machen, meine sehr verehrten Anwesenden, daß wahre, echte Menschenerkenntnis nicht bloß sich damit befassen kann, den einzelnen Menschen nach Leib, Seele und Geist, wie er sich vor uns stellt, aufzufassen, sondern daß sie vor allen Dingen dasjenige ins Seelenauge fassen will, was sich zwischen den Menschen im irdischen Leben abspielt. Indem Mensch dem Menschen begegnet, kann sich – das wäre widersinnig – nicht eine zum vollen Bewußtsein heraufgebrachte Menschenerkenntnis entwickeln. Wir würden uns als Menschen im sozialen Leben nie begegnen können, wenn wir uns so anschauen würden, daß wir fragen: Was sitzt, was ist in dem anderen? Aber in den unbewußten Empfindungen, Gefühlen, vor allen Dingen in jenen Impulsen, die dem Willen zugrunde liegen, trägt der Mensch eine unbewußte Erkenntnis des anderen, der ihm im Leben begegnet. Diese Menschenerkenntnis – wir werden das noch sehen – hat allerdings in der neueren Zeit vielfach gelitten, und unsere sozialen Schäden beruhen darauf, daß sie gelitten hat. Aber sie hat sich mehr oder weniger nur zurückgezogen in noch unterbewußtere Gebiete, als in denen sie früher war. Sie ist aber vorhanden, sonst würden wir ja ganz verständnislos Mensch an Mensch aneinander vorbeigehen. Aber ist es denn nicht doch so: Wenn Mensch dem Menschen begegnet, auch wenn man sich es nicht klarmacht, Sympathien, Antipathien steigen auf, Eindrücke sind da, die uns sagen, der andere Mensch ist geeignet, uns nahezukommen, oder er ist ungeeignet dazu, wir wollen uns von ihm fernehalten. Ja, auch andere Eindrücke können wir bekommen: Wir können nach dem ersten Eindruck etwa uns sagen, das ist ein gescheiter Mensch, das ist ein weniger begabter Mensch. So könnte ich vieles anführen, es würde das alles zeigen, daß Hunderte und Hunderte von Eindrücken aus den Tiefen unserer Seele herauf wollen in das Bewußtsein, aber für die Unbefangenheit des Lebens hinuntergedrückt werden, daß wir aber mit ihnen als mit einer Seelenverfassung einem anderen Menschen gegenüberstehen und unser eigenes Leben ihm gegenüber nach diesen Eindrücken einrichten. Auch dasjenige, was wir Mitgefühl nennen und was im Grunde genommen einer der bedeutungsvollsten Impulse aller Moralität der Menschen ist, auch das gehört zu der unbewußten Menschenerkenntnis, von der ich hier spreche. Nun, so wie wir im Leben Erwachsener dem Erwachsenen gegenüberstehen und eigentlich die Menschenerkenntnis in solch unbewußter Weise üben, daß wir sie nicht bemerken, sondern nach ihr handeln, so müssen sich gegenüberstehen in einer viel bewußteren Weise Menschenseele des Lehrers der Menschenseele des Kindes, um dieses heranzubilden, aber auch, um in unserer eigenen Lehrerseele das erleben zu können, was erlebt werden muß, damit wir die rechte Stimmung, das rechte pädagogische Künstlertum, das richtige Mitfühlen mit der Seele des Kindes haben können, die notwendig sind, um Erziehung und Unterricht in entsprechender Weise zu leisten. Wir werden unmittelbar darauf gewiesen, daß eigentlich das Wichtigste sich abspielt im Erziehen und Unterrichten zwischen der Lehrerseele und der Kinderseele.

Und von dieser Menschenerkenntnis lassen Sie uns zunächst ausgehen, meine sehr verehrten Anwesenden, von jener Menschenerkenntnis, die nicht scharf konturiert ist, weil sie eigentlich nicht bezogen wird auf den einen Menschen, sondern weil sie schwebt, gewissermaßen sich vielfach hin und her webt zwischen demjenigen, was im Unterrichte und in der Erziehung in der Lehrerseele vor sich geht, und demjenigen, was in der Kindesseele vor sich geht. Es ist unter Umständen schwierig zu fassen, was sich da in wirklich imponderabler Weise hinzieht von Lehrerseele zu Kindesseele und umgekehrt. Denn dasjenige, was da strömt, es verändert sich im Grunde genommen in jedem Augenblicke, während wir unterrichten und erziehen. Man muß einen Blick sich dafür aneignen, einen Seelenblick, der das Flüchtige, Feine, das von Seele zu Seele spielt, erfaßt. Vielleicht kann man erst dann, wenn man so dasjenige, was so zwischen den Menschen intim geistig spielt, zu erfassen in der Lage ist, den einzelnen Menschen für sich erfassen.

Wollen wir daher an einzelnen Beispielen heute sehen einleitungsweise, wie sich in bestimmten Fällen diese Strömungen gestalten. Dabei allerdings muß eines berücksichtigt werden: Menschenerkenntnis, insbesondere dem werdenden Menschen, dem Kinde gegenüber, nur allzuoft wird sie so geübt, daß wir das Kind in einem bestimmten Zeitpunkte seines Lebens haben, uns mit ihm beschäftigen, fragen nach seinen Entwicklungskräften, fragen, wie gerade in einem bestimmten Lebensalter die Kräfte wirken usw., und was wir tun sollen, um diesen Entwicklungskräften in einem bestimmten Lebensalter in der richtigen Weise entgegenzukommen. Aber Menschenerkenntnis, wie sie hier gemeint ist, geht nicht nur auf diese einzelnen Erlebnisaugenblicke, solche Menschenerkenntnis geht auf das ganze Erdenleben des Menschen. Das ist nicht so bequem, als einen engbegrenzten Zeitraum im Menschenleben beobachten. Aber für den Erziehenden und Unterrichtenden ist es notwendig, das ganze menschliche Erdenleben ins Auge zu fassen, denn was wir im achten oder neunten Lebensjahre im Kinde veranlagen, hat seine Wirkungen im 45., 50. Lebensjahre des erwachsenen Menschen, wie wir es noch besprechen werden. Und was ich als Lehrer tue in dem volksschulpflichtigen Alter an dem Kinde, das zieht sich tief hinein in die physische, in die psychische, in die spirituelle Menschennatur, das west und webt gewissermaßen oft jahrzehntelang unter der Oberfläche, tritt in merkwürdiger Weise nach Jahrzehnten, manchmal am Lebensende des Menschen zutage, während es als Keim am Lebensanfang in ihn versetzt worden ist.

Anmerkungen

1 Zwischen 1919 und 1938 haben die folgenden Lehrer der Stuttgarter freien Waldorfschule selbständige Schriften publiziert: Hermann von Baravalle 9, Paul Baumann 12, Ernst Bindel 3, Erich Gabert, Herbert Hahn 5, Caroline von Heydebrandt 8, Gerbert Grohmann 4, Friedrich Hiebel 2, Hedwig Hauck, Eugen Kolisko, Hans Rutz, Konrad Sandkühler 4, Erich Schwebsch, Alexander Strakosch 2, Walter Johannes Stein, E. A. Karl Stockmeyer, Martin Tittmann, Ernst Uehli, Friedrich Wickenhauser, Rudolf Treichler. Die Zahlen hinter den Namen geben die Zahl der nachgewiesenen Publikationen an – eine Vollständigkeit ist nicht gewährleistet.

2 Vgl. Dokumentation am Ende dieses Buches.

3 ‹*Die Pädagogik im XX. Jahrhundert*›. Hg. von Wolfgang Scheibe, Stuttgart 1960, und Wolfgang Scheibe: ‹*Die Reformpädagogische Bewegung*›. Weinheim ^{3}1972.

4 Vgl. Literaturverzeichnis am Ende dieses Buches.

5 ‹*Geschichte der Pädagogik*›. Stuttgart ^{11}1971, S. 307.

6 Walter Schultze in: ‹*Pädagogisches Lexikon in 2 Bänden*›. Hg. von Walter Horney, J. P. Ruppert, Walter Schultze. Gütersloh 1970, 2. Bd., S. 1375.

7 Georg Picht in: ‹*Freie Schule – Gesellschaftliche Funktion des Freien Schulwesens in der Bundesrepublik Deutschland – Begründung und Darstellung*›. Stuttgart 1971, S. 10f.

8 Peter Petersen: ‹*Aus dem Nachlaß*›. In: *Westermanns Pädagogische Beiträge* 1952, S. 379.

9 Hans Windekilde Jannasch: ‹*Erziehung zur Freiheit*›. Göttingen ^{2}1970, S. 278f.

10 Wilhelm Hahn: ‹*Die älteste Gesamtschule*›. In: ‹*Bildung des Menschen zum Menschen*›. Stuttgart 1970, S. 48ff.

11 Rudolf Steiner: ‹*Der pädagogische Wert der Menschenerkenntnis und der Kulturwert der Pädagogik. 10 Vorträge in Arnhem, Juli 1924*›. Dornach ^{2}1965, S. 7.

12 Rudolf Steiner: ‹*Die Erneuerung der pädagogisch-didaktischen Kunst durch Geisteswissenschaft. 14 Vorträge, April/Mai 1920*›. Dornach ^{2}1958, S. 15.

13 Wolfgang Scheibe: ‹*Die reformpädagogische Bewegung*›. Weinheim ^{3}1972, S. 1307.

13a laut Unesco Statistical Yearbook 1972 stieg der Anteil der Bildungsausgaben am Sozialprodukt in

der Bundesrepublik	von 1961	2,9 %	auf 1970	4,0 %
den Niederlanden	von 1960	4,9 %	auf 1969	7,3 %
den USA	von 1961	4,4 %	auf 1970	6,5 %

14 Man ist heute geneigt zu meinen, daß das pädagogische Chaos ausbrechen würde, wenn der Staat nicht den Schulen ihre Arbeit, u. a. durch Lehrpläne, vorschreibe. Nur einigermaßen normierte Lehrpläne lassen zum Beispiel Prüfungen zu, bei denen verglichen werden kann, was die Schüler können. Das hat in Baden-Württemberg dazu geführt, daß alle Aufgaben im schriftlichen Abitur zentral gestellt werden. Eine derartige zentrale Prüfung, in der alle Schülerarbeiten nach dem gleichen Schema bewertet werden, führt dann zu vergleichbaren Ergebnissen. Nur so können «gerechte» Zensuren für das Reifezeugnis ermittelt werden, nur so kann dann schließlich die Zulassung zur Universität durch vergleichbare Noten «gerecht» geregelt werden. Man muß sich aber klarmachen, was eine derartige zentrale Prüfung zur Folge hat: Zentrale Aufgabenstellung erfordert, daß alle Schüler dasselbe lernen. In Deutsch etwa werden 6 Dramen: ‹*Nathan*›, ‹*Faust*›,

‹*Iphigenie*›, ‹*Wallenstein*›, Brechts ‹*Galilei*› und ein Drama von Frisch nun zur allgemeinen Pflichtlektüre, die jahraus, jahrein gebimst wird, denn nur wenn alle Schüler gleichermaßen vorbereitet worden sind, haben sie auch gleiche Chancen. Ganz abgesehen davon, daß den Lehrer die Wiederkehr des ewig Gleichen zum Routinier werden lassen kann, bekommen die Schüler eine Einheitsbildung verpaßt. Wissen ist aber nur in dem Maße wertvoll, in dem es individualisiert ist. Der totale Niveauausgleich alles Wissens führt zu dem, was man in der Kommunikationsforschung «Entropie» nennt: Man hat sich nichts mehr mitzuteilen, da alle dasselbe wissen. Überdies wird eine so einheitlich informierte Gesellschaft politisch viel leichter steuerbar. Der Preis, der für staatliche Normierung und staatliche Prüfung unter tatsächlich gleichen Bedingungen zu zahlen ist, dürfte also zu hoch sein – abgesehen davon, daß das wirkliche Leben später auch in erster Linie individualisiertes, spezialisiertes Wissen und Können braucht. Eine Selbstverwaltung der Schule, die Lehrern, Eltern und Schülern wirkliche Rechte und nicht nur einen Spiel-Raum für Scheindemokratie einräumt, muß auf zentrale Normierung der Leistungen, die unweigerlich in das Lernprogramm durchschlagen, verzichten.

15 Vgl. hierzu John Bowlby: ‹*Maternal Care and Mental Health*›. Genf 1951, und die populäre Zusammenfassung: John Bowlby und Margery Fry: ‹*Child Care and the Growth of Love*›. Harmondsworth 1951. (Neuauflage 1974)

16 Vgl. Jean Piaget, Bärbel Inhelder: ‹*Die Psychologie des Kindes*›. Olten [2]1973, S. 55.

17 Vgl. Alfred Nitschke: ‹*Das verwaiste Kind der Natur*›. Tübingen [2]1968.

18 Jean Piaget: ‹*Theorien und Methoden der modernen Erziehung*›. Frankfurt a. M. 1974, S. 183ff, und Hans Müller-Wiedemann: ‹*Mitte der Kindheit*›. Stuttgart [2]1980, S. 41ff.

19 Vgl. James M. Tanner, Gordon Rattray Taylor: ‹*Wachstum*›. Reinbek 1970, S. 89ff.

20 Eric H. Lenneberg: ‹*Biologische Grundlagen der Sprache*›. Frankfurt 1972, S. 159ff.

21 Hans Bühler: ‹*Sprachbarrieren und Schulanfang*›. Weinheim 1972, S. 68.

22 Ebenda, S. 130.

23 Zunächst in dem Aufsatz ‹*Die Erziehung des Kindes vom Gesichtspunkt der Geisteswissenschaft*›. 1907.

24 F. Seitelberger: ‹*Biologische Entwicklung des Gehirns*›. In: ‹*Handbuch der Kinderheilkunde*›. Band VIII, 1, Neurologie, S. 48.

25 Hans Aebli: ‹*Entwicklungspsychologische Kriterien für die Auswahl von Curriculumsinhalten*›. In: ‹*Kriterien der Curriculumkonstruktion*›. Hg. von Karl Frey. Weinheim [2]1971, S. 54.

26 Vgl. Heinrich Roth: ‹*Pädagogische Anthropologie*›, Bd. II, Hannover 1971, S. 74. Roth verweist in diesem Zusammenhang auf das Werk von F. Falkner: ‹*Human Development*›. Philadelphia 1966.

27 In Norwegen hat sich in dem Zeitraum von 1840 bis 1950 die Menarche um vier Jahre verschoben, das heißt verfrüht.

28 Rudolf Steiner: ‹*Mein Lebensgang*›. Dornach [7]1962, S. 14f.

29 Jetzt zugänglich in Rudolf Steiner: ‹*Allgemeine Menschenkunde*›. Dornach [7]1973, S. 204 (nur in dieser neuesten Auflage!).

30 Man könnte an dieser Stelle auch einwenden, daß ebenso wie eine starke negative Beeinflussung auch eine starke positive Prägung und Bindung problematisch sei. Angesichts der zahlreichen geheimen Miterzieher in Werbung, Mode, Fernsehen usw. kann ich in einer menschlichen Beziehung, die unvergleichlich viel schwächer

als die Beziehung zu den Eltern u. ä. ist, nicht etwas Negatives erblicken. Vielmehr erscheint mir ein vom Lehrer verantwortetes und kontrolliertes pädagogisches Verhalten und Verhältnis etwas Positives zu sein, das als Lebens- und Schicksalsbeziehung zu sehen ist.

31 Vgl. hierzu auch Wilhelm Rauthe: ‹*Erfahrungen mit dem Epochenunterricht der Waldorfschule*›. In: *Zeitschrift für Pädagogik* 1961, S. 337 ff.

32 Hier zitiert nach Saul B. Robinsohn: ‹*Neue Lern- und Lehrinhalte*›. In: ‹*Attacken auf die Pädagogische Provinz*›. Hg. von M. Braumeister. Stuttgart 1970, S. 68 f.

33 Ebenda, S. 69.

34 Der Kultusminister des Landes Nordrhein-Westfalen: ‹*Richtlinien für den politischen Unterricht*›. Düsseldorf 1973, S. 19.

35 Rudolf Steiner: ‹*Die Erneuerung der pädagogisch-didaktischen Kunst durch Geisteswissenschaft*›. Dornach [2]1958, S. 25.

36 Harry S. Broudy: ‹*Die Leistungen des schulischen Lernens als Schlüssel zur Curriculumbegründung*›. In: ‹*Curriculumentwicklung in der Diskussion*›. Hg. von Saul B. Robinsohn. Düsseldorf 1972, S. 18.

37 Timothy Leary: ‹*Politik der Ekstase*›. Hamburg 1970, S. 180 ff.

38 Jean Piaget: ‹*Theorien und Methoden der modernen Erziehung*›. Frankfurt 1974, S. 202.

39 Rudolf Steiner: ‹*Geisteswissenschaftliche Behandlung sozialer und pädagogischer Fragen. 17 Vorträge, in Stuttgart 1919 gehalten*›. Dornach 1964, S. 98.

40 Rudolf Steiner: ‹*Erziehungskunst – Methodisch-Didaktisches. Vorträge für die erste Waldorfschullehrerschaft, August/September 1919*› (Vortrag vom 3. 9. 1919). Dornach 1934, S. 182.

41 Rudolf Steiner: ‹*Menschenerkenntnis und Unterrichtsgestaltung. 8 Vorträge für Waldorflehrer, Stuttgart Juni 1921*›. Dornach 1951, S. 80 ff.

42 Rudolf Steiner: ‹*Die gesunde Entwicklung des Leiblich-Physischen als Grundlage der freien Entfaltung des Seelisch-Geistigen. 16 Vorträge 1921/22*›. Dornach 1949, S. 216.

43 Vgl. hierzu Klaus J. Fintelmann: ‹*Die Hiberniaschule*›. Wanne-Eickel 1968.

44 Erhard Fucke: ‹*Berufliche und allgemeine Bildung in der Sekundarstufe II*›. Stuttgart 1976.

45 Gotthilf M. Pütz: ‹*Das Abenteuer der Jugend heute*›. In: *Erziehungskunst*, Jahrgang XXVI (1972), S. 91.

46 Wie Anmerkung 42, S. 219.

47 Wilhelm Rauthe: ‹*Kultur- und lebenskundlicher Zug an der Rudolf-Steiner-Schule Wuppertal*›. In: *Erziehungskunst*, Jahrgang XXVIII (1974), S. 85 ff.

48 Jerome S. Bruner: ‹*Relevanz der Erziehung*›. Ravensburg 1973, S. 124.

49 Alexander Strakosch: ‹*Der Unterricht im Spinnen am Spinnrad*›. In: ‹*Lebenskunde muß aller Unterricht geben*›. Sonderdruck aus: *Die Menschenschule*, Jahrgang 1971, Nr. 7/8/9, Basel 1971.

50 Vgl. Caroline von Heydebrand: ‹*Zur Begründung künstlerischer Unterrichtsgestaltung*›. In *Die Freie Waldorfschule*, Mitteilungsblatt, August 1926, Seite 1 ff, und Hans Rudolf Niederhäuser: ‹*Das künstlerische Element in der Unterrichtsgestaltung*›. In: *Erziehungskunst*, Jahrgang XXII (1959), S. 10.

51 Vgl. hierzu besonders Rudolf Steiner: ‹*Menschenerkenntnis und Unterrichtsgestaltung*›. Dornach 1974, 3. und 4. Vortrag.

52 Vgl. hierzu Frans Carlgren, Arne Klingborg: ‹*Erziehung zur Freiheit*›. Stuttgart [3]1977, S. 118 ff.

53 Hermann von Baravalle: ‹*Geometrie als Sprache der Formen*›. Stuttgart ³1980.

54 Frits H. Julius: ‹*Grundlagen einer Phänomenologischen Chemie*›. Stuttgart 1965; ders.: ‹*Das Tier zwischen Mensch und Kosmos*›. Stuttgart 1970.

55 Rudolf Steiner: ‹*Die Waldorfschule und ihr Geist. Vortrag am 31. 8. 1919*›. In Rudolf Steiner: ‹*Die Waldorfschule und ihr Geist*›. Stuttgart 1956, S. 58.

56 Deutscher Bildungsrat – Empfehlungen der Bildungskommission: ‹*Strukturplan für das Bildungswesen*›. Stuttgart 1970. I. Grundsätze, 4.2.

57 Zu dem Thema dieses Kapitels liegt nun eine geschlossene und nicht nur beschreibende Darstellung von Stefan Leber vor: ‹*Die Sozialgestalt der Waldorfschule*›. Stuttgart ²1978.

58 Hierzu auch die Beschreibung der kollegialen Verfassung einer Schule (Hannover) von Wolfgang Rudolf: ‹*Zur Frage einer Selbstverwaltung einer Waldorfschule*›. In: *Erziehungskunst*, Jahrgang XXIV (1960), S. 72 ff.

59 Rudolf Steiner: ‹*Die Kernpunkte der Sozialen Frage*›. ²1920, S. 7.

60 Vgl. hierzu Wilhelm Rauthe: ‹*Lehrer – Schüler – Eltern, Notwendigkeit ihrer Kooperation*›. In: *Erziehungskunst* XXXV (1971), S. 177 ff.

61 Vgl. hierzu Holger Mellerup: ‹*Die Selbstprobe löst das Examen ab*›. In: *Erziehungskunst* XXXVI (1972), S. 348 ff.

62 Ansätze dazu in Heinz Rolf Lückert: ‹*Psychologie der Schulschwierigkeiten*›. In: ‹*Schulschwierigkeiten. Vorträge und Aufsätze*›. Bücherei des Pädiaters, Heft 71, Stuttgart 1973. Ferner Helmut A. Paul: ‹*Das behinderte Kind ein Sonderproblem?*›. In: ‹*Fortschritte der Sozialpädiatrie 1. Probleme des behinderten Kindes*›. München 1973. Ferner für Verhältnisse in den USA, die hiesige Entwicklungen oft vorwegnehmen, die alarmierende Darstellung: J. Herbert Fill: ‹*The Mental Breakdown of a Nation*›. (New Viewpoints, Div. of Franklin Watts), New York 1974. J. Herbert Fill war Commissioner for Mental Health in New York City.

63 Christa Mewes: ‹*Manipulierte Maßlosigkeit*›. Freiburg 1971, S. 9.

64 Theodor Hellbrügge: ‹*Unsere Schule macht die Kinder krank*›. In: *Deutsche Zeitung*, 21. Dezember 1973, S. 9.

65 Ders. am 25. Oktober 1974 in einem Vortrag auf dem 11. Stuttgarter Fortbildungskongreß für praktische Medizin. Zitiert nach der Presseverlautbarung.

66 Ein ähnliches Indiz der Lage der Jugend stellt das Anwachsen der Zahl der verurteilten Jugendlichen dar:
1965 waren es 41 846, d. i. 1,3 % aller Jugendlichen
1971 waren es 58 978, d. i. 1,8 % aller Jugendlichen.
Bei den Heranwachsenden ist das Anschwellen der Zahlen noch stärker zu beobachten.

67 Vgl. hierzu auch Horst Holzer: ‹*Kinder und Fernsehen*›. München 1974.

68 Willy Stark: ‹*Die Sitzenbleiber-Katastrophe*›. Stuttgart 1974.

69 Vgl. hierzu auch Erich Gabert: ‹*Lehrerbildung im Sinne der Pädagogik Rudolf Steiners*›. Stuttgart 1961, und das Sonderheft der Zeitschrift *Erziehungskunst*: ‹*Von der Lehrerbildung am Seminar des Bundes der Freien Waldorfschulen*›, XXIII. Jahrgang, Heft 11, November 1969.

70 Hierzu Rudolf Steiner: ‹*Von Seelenrätseln*›. 1917, Neuauflagen; besonders die Darstellung im 6. Anhang (Dornach ³1960, S. 150 ff).

71 Zu diesem Themenkomplex sehr zahlreiche Darstellungen Steiners, zum Beispiel in: ‹*Theosophie*›, ‹*Wie erlangt man Erkenntnisse der höheren Welten?*›, ‹*Ein Weg zur Selbsterkenntnis des Menschen*›.

Einige Hinweise auf weitere Literatur

für solche Leser, die das Thema dieses Buches unter anderen Aspekten kennenlernen oder an besonderen Punkten vertiefen wollen

Einleitendes und Allgemeines

Frans Carlgren, Arne Klingborg: ‹*Erziehung zur Freiheit. Die Pädagogik Rudolf Steiners*›. Stuttgart ^{3}1977.

Georg Hartmann: ‹*Erziehung aus Menschenerkenntnis*›. Dornach 1969.

Johannes Kiersch: ‹*Die Waldorfpädagogik*›. Stuttgart ^{5}1979.

Heinz Kloss: ‹*Waldorfpädagogik und Staatsschulwesen*›. Stuttgart 1955 (eine wertvolle Darstellung eines Nicht-Waldorflehrers).

Wilhelm Rauthe: ‹*Die Waldorfschule als Gesamtschule*›. Stuttgart 1970.

Helmut Schrey: ‹*Waldorfpädagogik. Kritische Beschreibung und Versuch eines Gesprächs*›. Bad Godesberg 1968.

Sondernummern in Zeitschriften: pädagogik heute 1969, Heft 1/2: ‹*Waldorfpädagogik, Schule aus Menschenerkenntnis und Sozialer Verantwortung*›.

Erziehungskunst XXXIII, Heft 8/9 (1969): ‹*Soziale Erneuerung als Ursprung und Ziel der Freien Waldorfschule*›.

Gerhard Wehr: ‹*Der pädagogische Impuls Rudolf Steiners*›. München 1977

Historisches und Berichtendes

Rudolf Grosse: ‹*Erlebte Pädagogik*›. Dornach 1968 (Bericht eines ehemaligen Waldorfschülers und nachmaligen Waldorflehrers).

Herbert Hahn: ‹*Rudolf Steiner, wie ich ihn sah und erlebte*›. Stuttgart 1961 (Bericht eines der ersten Waldorflehrer, u. a. über die Gründungszeit der Waldorfschulen).

Johannes Tautz: ‹*Die Freie Waldorfschule, Ursprung und Zielsetzungen*›. Stuttgart 1972.

Emil Molt: ‹*Entwurf meiner Lebensbeschreibung*›. Stuttgart 1972.

Christoph Lindenberg: ‹*Rudolf Steiner*›. In: ‹*Klassiker der Pädagogik II*›. München 1979.

Rudolf Steiner zur Erziehungskunst

Bis auf wenige Aufsätze liegen Rudolf Steiners Äußerungen zur Pädagogik in Vortragsform vor. Steiner sprach frei, ohne Manuskript. Die erhaltenen stenografischen Nachschriften sind nicht ohne Fehler, Steiner hat sie nicht durchgesehen. Überdies richtete er seine Darstellungen sehr nach den Fragen, die sein Publikum ihm jeweils gestellt hatte. Es ist nicht ratsam, sofort mit der Lektüre der Vorträge zu beginnen, die Steiner für Waldorflehrer gehalten hat. Diese Vorträge gelten auch unter langjährigen Anthroposophen mit Recht als seine schwierigsten Darstellungen, weil sie vor einem Kreis von erfahrenen und besonders qualifizierten Anthroposophen gehalten worden sind. Es empfiehlt sich also, mit den öffentlichen Vorträgen zu beginnen:

‹*Die geistig-seelischen Grundkräfte der Erziehungskunst. 10 Vorträge Oxford 1922*›. Dornach 1972, Taschenbuchausgabe.

‹*Gegenwärtiges Geistesleben und Erziehung. 14 Vorträge in Ilkley 1923*›. Dornach ^{4}1973.

‹Die gesunde Entwicklung des Leiblich-Physischen als Grundlage einer freien Entfaltung des Seelisch-Geistigen. 16 Vorträge Dornach 1921/22›. Dornach ^{3}1969.
‹Die pädagogische Praxis vom Gesichtspunkte geisteswissenschaftlicher Menschenerkenntnis. 8 Vorträge Dornach 1923›. Dornach 1956.
Dazu noch viele weitere Vorträge und Vortragsreihen. Vor dem Studium von *‹Allgemeine Menschenkunde als Grundlage der Pädagogik. 14 Vorträge für Waldorflehrer anläßlich der Gründung der Freien Waldorfschule›*. Dornach ^{7}1973, und: *‹Erziehungskunst. Methodisch-Didaktisches›*. Dornach ^{4}1966, sollte man sich mit den Grundelementen der Anthroposophie bekannt machen. Dazu: *‹Rudolf Steiner: Das literarische und künstlerische Werk – Eine bibliographische Übersicht›*. Dornach 1961.

Die Waldorfschulen zu Gegenwartsfragen

Wilhelm Rauthe: *‹Das Abitur – eine Notwendigkeit?›*. Stuttgart 1960.
Ernst Michael Kranich: *‹Pädagogische Projekte und ihre Folgen. Zur Problematik von programmiertem Unterricht, Frühlesenlernen und Neuer Mathematik›*. Stuttgart ^{2}1971.
Ernst Schuberth: *‹Die Modernisierung des mathematischen Unterrichts›*. Stuttgart 1971.
Heinrich Eltz: *‹Fremdsprachlicher Anfangsunterricht und audio-visuelle Methode›*. Zürich 1971.
Stefan Leber: *‹Die Sozialgestalt der Waldorfschule›*. Stuttgart ^{2}1978.
Frits Wilmar: *‹Wie wirken Rundfunk und Fernsehen auf Kinder?›*. Stuttgart 1974.

Zur Anthropologie

A. C. Harwood: *‹The Recovery of Man in Childhood›*. London ^{3}1963.
Hermann Poppelbaum: *‹Mensch und Tier›*. Dornach 1956.
Karl König: *‹Die ersten drei Jahre des Kindes›*. Stuttgart ^{6}1978.
Walter Holtzapfel: *‹Krankheitsepochen der Kindheit›*. Stuttgart ^{3}1978.
Heinz Herbert Schöffler: *‹Kind im Wandel des Jahrhunderts›*. Stuttgart 1971.
Hans Müller-Wiedemann: *‹Mitte der Kindheit, Das neunte bis zwölfte Lebensjahr. Eine biographische Phänomenologie der kindlichen Entwicklung›*. Stuttgart ^{2}1979.
Willi Aeppli: *‹Wesen und Ausbildung der Urteilskraft›*. Stuttgart 1963.
Erhard Fucke: *‹Die Bedeutung der Phantasie für Emanzipation und Autonomie des Menschen›*. Stuttgart 1972.

Kindergarten, Kinderspiele, Schule und Eltern

Elisabeth M. Grunelius: *‹Erziehung im frühen Kindesalter. Der Waldorfschulkindergarten›*. Freiburg ^{2}1975.
Caroline von Heydebrand: *‹Vom Spielen des Kindes›*. Stuttgart 1966.
Heidi Britz-Crecelius: *‹Kinderspiel – lebensentscheidend›*. Stuttgart 1979.
Rudolf Kischnick: *‹Was die Kinder spielen. 250 Bewegungsspiele›*. Stuttgart ^{5}1979.
Freya Jaffke: *‹Spielzeug von Eltern selbstgemacht›*. Stuttgart ^{9}1979.
Jakob Streit: *‹Erziehung, Schule, Elternhaus›*. Zürich 1968.
Michaela Strauss: *‹Von der Zeichensprache des kleinen Kindes›*. Stuttgart ^{2}1978.

Berufsbildung

Klaus J. Fintelmann: ‹*Die Hiberniaschule als Modell einer Gesamtschule*›. Stuttgart 1969.

Helmut Blume: ‹*Lehrlingsausbildung als soziale Aufgabe*›. Stuttgart 1963.

Zu einzelnen Unterrichtsgebieten

Diese Darstellungen sind von sehr verschiedener Art. Einige Autoren sind stärker an methodischen und menschenkundlichen Fragen interessiert, andere bemühen sich um eine gründliche Durchdringung des Stoffes im Sinne einer phänomenologischen und anthroposophischen Betrachtung.

Erika Dühnfort: ‹*Der Sprachbau als Kunstwerk*›. Stuttgart 1980.

Erika Dühnfort: Ernst Michael Kranich: ‹*Der Anfangsunterricht im Schreiben und Lesen in seiner Bedeutung für das kindliche Lernen und die Entwicklung des Kindes*›. Stuttgart ^{2}1978.

Martin Tittmann: ‹*Deutsche Sprachlehre der Volksschulzeit. Menschenkundlich begründet nach Anregungen Rudolf Steiners*›. Stuttgart ^{3}1980.

Hermann von Baravalle: ‹*Methodische Gesichtspunkte für den Aufbau des Rechenunterrichts in der Volksschule*›. Stuttgart 1952.

Ders.: ‹*Geometrie als Sprache der Formen*›. Stuttgart ^{3}1980.

Ders.: ‹*Zur Pädagogik der Physik und Mathematik*›. Stuttgart 1964.

Ders.: ‹*Physik als reine Phänomenologie*›. 3 Bände, Bern 1951–55.

Ernst Bindel: ‹*Das Rechnen. Menschenkundliche Begründung und pädagogische Bedeutung*›. Stuttgart 1966.

Ders.: ‹*Die Arithmetik. Menschenkundliche Begründung und pädagogische Bedeutung*›. Stuttgart 1967.

Frits H. Julius: ‹*Grundlagen einer phänomenologischen Chemie – Stoffeswelt und Menschenbildung*›. Stuttgart ^{2}1978.

Gerbert Grohmann: ‹*Die Pflanze*›. 2 Bände, Stuttgart 1959/68.

Frits H. Julius: ‹*Das Tier zwischen Mensch und Kosmos*›. Stuttgart 1970.

Wolfgang Schad: ‹*Säugetiere und Mensch. Zur Gestaltbiologie vom Gesichtspunkt der Dreigliederung*›. Stuttgart 1971.

Hildegard Gerbert: ‹*Menschenbildung aus Kunstverständnis. Beiträge zur Ästhetischen Erziehung*›. Stuttgart 1965.

Erich Schwebsch: ‹*Zur ästhetischen Erziehung*›. Stuttgart 1954.

Margrit Jünemann, Fritz Weitmann: ‹*Der künstlerische Unterricht in der Waldorfschule*›. Stuttgart ^{2}1980.

Fritz Graf von Bothmer: ‹*Gymnastische Erziehung*›. Dornach 1959.

Rudolf Kischnick: ‹*Leibesübung und Bewußtseinsschulung*›. Basel 1955.

Caroline von Heydebrand: ‹*Vom Lehrplan der Freien Waldorfschule*›. Neuaufl. Stuttgart 1979.

E. A. Karl Stockmeyer: ‹*Rudolf Steiners Lehrplan für die Waldorfschulen*›. Stuttgart ^{2}1965 (Manuskriptdruck).

Zeitschriften

Erziehungskunst. Monatsschrift zur Pädagogik Rudolf Steiners. Herausgegeben vom Bund der Freien Waldorfschulen, Stuttgart.

Die Menschenschule. Allgemeine Monatschrift für Erziehungskunst im Sinne Rudolf Steiners. Basel.

Child and Man. A Journal for Contemporary Education. Herausgegeben von der Steiner Schools Fellowship, London.

Vrije Opvoedkunst, Social pedagogisch tijdschrift. Den Haag.

På Väg mot en ny pedagogik. Tidskrift för Rudolf Steinerpedagogik. Bromma/Schweden.

Statistischer Anhang

Entwicklung der Waldorfschulen in Deutschland

	Schulen	Schülerzahl	Zahl der Lehrer
1954	25	12590	755
1959	26	12111	
1962	27	11730	851
1965	28	13147	
1969	29	14859	
1972	35	17383	1224
1974	37	19341	
1978	56	26100	1706
1980	69	ca. 30000	

Soziale Herkunft der Waldorfschüler

Von Schule zu Schule wechselt die Zusammensetzung der Schülerschaft sehr stark. Bisher gibt es noch keine Gesamtstatistik über die soziale Herkunft der Waldorfschülerschaft. Eine genaue Untersuchung müßte auch von Stadt zu Stadt differenzieren und das statistische Bild der Schülerschaft in Relation zur sozialen Schichtung der jeweiligen Stadt setzen. Wir geben hier die Zusammensetzung der Schülerschaft von 4 Schulen an. Diese vier Schulen haben ihre Erhebungen unter Berücksichtigung der Einkommensverhältnisse der Eltern durchgeführt. Die Gruppe A umfaßt Arbeiter, Rentner, Witwen usw. mit einem Einkommen unter 2000 DM pro Monat, die Gruppe M umfaßt Angestellte, Handwerker, Beamte der niederen Stufen usw. mit einem monatlichen Einkommen unter 3000 DM. Die Gruppe O umfaßt Akademiker, Selbständige usw. mit einem monatlichen Einkommen über 3000 DM.

	A	M	O
Schule 1 in einer Industriestadt von etwa 50000 Einwohnern	32 %	56 %	12 %
Schule 2 in einer Großstadt von über 1 Million Einwohner	29 %	26 %	45 %
Schule 3 in einer Großstadt von über 200000 Einwohnern	23 %	38 %	39 %

Schule 4 in einer Universitätsstadt etwa 50000 Einwohner	46 %	36 %	18 %

Abschlüsse mit Abitur

Der Prozentsatz der Abiturienten bezieht sich auf die Schülerzahl der 5. Klassen des entsprechenden Abiturientenjahrgangs. Waren in allen 5. Klassen 1000 Schüler und bestehen nach der entsprechenden Anzahl von weiteren 8 Schuljahren 240 Schüler das Abitur, so haben 24 % bestanden. Anzumerken ist, daß die 5. Klassen durch keine Versetzung oder Prüfung usw. ausgelesen worden sind.

1966	27,9 %
1967	26,4 %
1968	27,1 %
1969	31,3 %
1970	30,3 %
1971	28,0 %
1972	31,0 %
1973	30,6 %
1974	29,9 %

Nur ein geringer Prozentsatz der Schüler verläßt die Schulen mit dem Volksschulabschluß. Die Schüler, die nicht das Abitur anstreben, verlassen die Schulen in der Regel mit der Fachhochschulreife oder mit dem Realschulabschluß. Für die statistischen Angaben danke ich W. Rauthe und B. Vier.

Pädagogik bei rororo

Katharina Block
Geht es Ihnen gut, oder haben Sie Kinder am Gymnasium? *Insider-Tips vom Schulprofi*
(rororo sachbuch 60503)

B. Esser / Ch. Wilde
Montessori-Schulen *Zu Grundlagen und pädagogischer Praxis*
(rororo sachbuch 18556)

G. Faust-Siehl / A. Garlichs / K. Klemm u. a.
Die Zukunft beginnt in der Grundschule *Empfehlungen zur Neugestaltung der Primarstufe*
(rororo sachbuch 60156)

Christina Gille
Als Schüler im Ausland *Ein Ratgeber für Eltern und Jugendliche*
(rororo sachbuch 60825)

Manfred Lengen
Weniger Schule ist mehr *Plädoyer für eine Entrümpelung des Unterrichts*
(rororo sachbuch 60502)

Bettina Mähler / Gerlinde Hofmann
Ist mein Kind hochbegabt? *Besondere Fähgikeiten erkennen, akzeptieren und fördern*
(rororo sachbuch 60499)

Else Müller
Hilfe gegen Schulstreß *Übungsanleitungen zu Autogenem Training, Atemgymnastik und Meditation. Übungen zum Abbau von Aggressionen, Wut und Spannungen für Kinder und Jugendliche*
(rororo sachbuch 17877)

rororo sachbuch

Marie-Louise Rendant
Wo unsere Kinder lernen *Ein Leitfaden durch das Schulsystem*
(rororo sachbuch 60696)

Rolf Röhrig
Mathematik mangelhaft *Fehler entdecken, Ursachen erkennen, Lösungen finden. Arithmasthenie / Dyskalkulie: Neue Wege beim Lernen*
(rororo sachbuch 19725)

Kurt Singer
Die Würde des Schülers ist antastbar *Vom Alltag in unseren Schulen – und wie wir ihn verändern können*
(rororo sachbuch 60535)

Wulf Wallrabenstein
Offene Schule – Offener Unterricht
Ratgeber für Eltern und Lehrer
(rororo sachbuch 18752)

Weitere Informationen in der **Rowohlt Revue**, kostenlos im Buchhandel, und im **Internet: www.rowohlt.de**